aventura 1

LIBRO DEL ALUMNO

Rosa María Martín

Martyn Ellis

Hodder & Stoughton

A MEMBER OF THE HODDER HEADLINE GROUP

Acknowledgements

The authors would like to thank the following people for their contribution to the production of this book:
Tessa and Isabel Ellis Martín, our daughters; the children, families and friends of Belchite who allowed themselves to be photographed and recorded; the mayor of Belchite, Don Domingo Serrano Cubel, and his family, for his help with the location recordings; students at Eurocentre London Victoria, friends and students of the authors, all of whom gave up their time to contribute to the recordings. Finally to our editor, Catriona Watson-Brown, Gerald Ramshaw and the team at Hodder.

The authors and publishers are grateful to the following for permission to reproduce photographs:
AKG London, Archiv für Kunst und Geschichte, Berlin, p.168; AKG London, © ADAGP, Paris and DACS, London 2000, p.173 (bottom); Associated Press AP, p.107 (top); Associated Press/EFE, Ivan Artimez, p.154 (b); Associated Press/Ricardo Mazalan, p.155; Carretera General del Sur, p.8 (bottom left); CORBIS/Chris Rainier, p.146 (top right); CORBIS/Delmi Álvarez, p.144 (g); CORBIS/Douglas Peebles, p.163 (middle right); CORBIS/Fernando Alda, p.83 (top right); CORBIS/Inge Yspeert, p.73; CORBIS/Jeremy Horner, p.167 (Cartagena de Indias); CORBIS/Kevin Schafer, p.167 (Iguazú); CORBIS/Owen Franken, p.58 (top centre); CORBIS/Phil Schermeister, p.145; Eye Ubiquitous, p.144 (b); © Intermón, p.121; Life File/Andrew Ward, p.103 (top left); Life File/Eddy Tan, p.103 (top right); Life File/Emma Lee, p.18 (bottom centre), p.58 (bottom left), p.65 (top left), p.65 (top right), p.65 (bottom), p.66 (middle), p.66 (bottom), p.81 (top centre), p.92 (centre), p.99 (a, d, e), p.109 (bottom left), p.144 (c, d, f), p.151 (top left); Life File/Ken McLaren, p.167 (Macchu Pichu); Life File/Mark Ferguson, p.18 (bottom left), p.19 (middle centre), p.19 (middle right); Life File/Mike Maidment, p.102 (left); Life File/Nicola Wells, p.99 (c); Life File/Nigel Shuttleworth, p.102 (right); Life File/Richard Powers, p.81 (top right), p.167 (La Habana, Playa Dorada); Life File/Sally-Anne Fison, p.144 (e); Life File/Su Davies, p.99 (f); Life File/Xavier Catalan, p.18 (top left), p.19 (middle left); M.F. Cillmaid/Robert Harding, p.156 (left); R. Cousins/Robert Harding, p.100 (bottom); Robert Frerck/Robert Harding, p.146 (middle); Robert Harding, p.100 (top), p.129 (left); Mark Edwards/Still Pictures, p.167 (La Selva Amazónica); Telegraph Colour Library, p.154 (c, f); The J. Allan Cash Photolibrary, p.58 (second row, centre), p.83 (top left), p.83 (top centre), p.87 (bottom centre), p.99 (b), p.144 (a, h), p.150 (bottom), p.151 (top right), p.154 (a, e), p.163 (middle left); The Ronald Grant Archive, p.157 (middle and bottom).

The authors and publishers are grateful to the following for permission to reproduce text and printed material:
© Aladdin Books/SM Ediciones, p.101;,© *BRAVO ¡Por ti!*, p.10, p.156; Camiseto-Club, p.116 (a); Castelldefels Tourism Area, p.56; *Clara*, p.24 (top), p.34, p.37 (no.1), p.47, p.145 (bottom), p.150–151, p.166; Correos y Telégrafos (stamps used throughout), p.71 (bottom); © Diaro El País, S.A., p.35, p.46 (bottom); *Ecología Internacional*, edition no.94–95, p.65; Ediciones B, p.23; Editorial Presencia Gitana, p.148; El Corte Inglés, p.115 (a); Emprendedores, p.143 (no.2); Fisa-Escudo de Oro, p.134; GEO-Especial Bilbao, p.88 (bottom); Hotel Bel Air, p.53; La Vanguardia Ediciones, S.L., p.48 (bottom); Loterías y Apuestas del Estado, p.115 (c); Manos Unidas, p.120, p.121 (bottom right), p.122 (top); McGraw-Hill/Interamericana de España, S.A., p.69 (no.1); Metro de Madrid, S.A., p.88 (top right); Monasterio de Piedra, S.A., p.67; *Mujer21*, p.105 (bottom), p.107 (no.2), p.109 (no.4), p.116 (d), p.125 (bottom), p.139 (bottom); *Muy Especial*, p.104, p.161; *MUY INTERESANTE*, p.37 (no.2), p.91 (bottom right), p.107 (no.1), p.116 (b, c); *PERFILES*, p.118, p.143 (no.1); *Prima*, p.133; © Quino/Quipos, p.17, p.37 (no.4), p.107 (no.3), p.128 (bottom), p.141; *Quo*, p.37 (no.3), p.98, p.131; *Ragazza*, p.12; © Reader's Digest Selecciones, Madrid, p.50, p.61, p.119; *Revista Voluntarios*, p.140, p.152, p.155 (bottom); *SABELOTODO*, p.49 (top); Xerox International, p.115 (b); *YOU*, pp.73–74.

The publishers would like to thank the following for their illustrations:
Francesca Cassavetti, Richard Cox, Richard Duszczak and Martin Fish.

Design concept and illustration: Amanda Hawkes.
Designed and set by Julia Osorno.

The authors and publishers have made every possible effort to trace all copyright holders. In the few cases where copyright could not be traced and acknowledged, due acknowledgement will be made in future reprintings if copyright holders make themselves known to the publishers.

Orders: please contact Bookpoint Ltd, 39 Milton Park, Abingdon, Oxon OX14 4TD. Telephone: (44) 01235 400414,
Fax: (44) 01235 400454. Lines are open from 9.00am–6.00pm Monday to Saturday, with a 24-hour message answering service.
E-mail address: orders@bookpoint.co.uk

British Library Cataloguing in Publication Data

A catalogue record for this title is available from The British Library
ISBN 0 340 67018 5
First published 2000
Impression number 10 9 8 7 6 5 4 3 2 1
Year 2006 2005 2004 2003 2002 2001 2000
Copyright © 2000 Rosa María Martín & Martyn Ellis

All rights reserved. No part of this publication may be reproduced or transmitted in any form or by any means, electronic or mechanical, including photocopy, recording, or any information storage and retrieval system, without permission in writing from the publisher or under licence from the Copyright Licensing Agency Limited. Further details of such licences (for reprographic reproduction) may be obtained from the Copyright Licensing Agency Limited of 90 Tottenham Court Road, London W1P 9HE.

Printed in Italy for Hodder & Stoughton Educational, a division of Hodder Headline Plc, 338 Euston Road, London NW1 3BH by Printer Trento.

Contenido

Contenido

Contenido

Contenido

Contenido

LECCIÓN 1

¿Nos conocemos?

OBJETIVOS

- *Hablar de ti mismo/a y de los demás.*
- *Hablar de lo que haces y de lo que te gusta.*

A Hola, ¿qué tal?

1  **Escucha a Tessa que nos presenta a dos amigas y dos amigos nuevos de Aventura. Di a quién se refieren estos datos.**

1 Tiene mucha paciencia.
2 Estudia en la universidad.
3 Trabaja.
4 Le encanta el arte.
5 Es familia de Tessa.
6 No es español(a).
7 Tessa habla de su familia.
8 Es muy deportista.
9 Tessa habla de su personalidad.
10 Viaja mucho.
11 Su padre tiene un puesto de autoridad.
12 Es la persona más joven.

¿Qué más puedes decir de ellos? Toma notas.

2  **Trabajad en grupos de cuatro. Cada uno/a adopta un papel: Rocío, Gonzalo, Keane o Víctor. Preparad preguntas para hacer a los otros.**

Ejemplo Estudiante A (Rocío) : ¿Cómo te llamas?
Estudiante B (Víctor): Me llamo Víctor.

Continúa con más preguntas.

3  **Los cuatro amigos nos han escrito una postal cada uno. Complétalas con la información que tienes sobre ellos.**

Hola,
Mi nombre es Elisa Rocío, pero todos me llaman Rocío ...
Queridos amigos y amigas:
Soy Gonzalo ...
Hola, ¿cómo estáis, amigos?
Me llamo Keane ...
Hola, ¿qué tal?
Yo soy Víctor ...

4  **Ahora tú. Prepara diez preguntas personales para hacerlas a varios estudiantes de tu clase.**

Ejemplo ¿Cuándo es tu cumpleaños?

Después habla sobre ellos con otro/a compañero/a.

Reciclaje del lenguaje

Presente
Gonzalo *tiene* 18 años y *estudia* en la universidad, *vive* en España.

Me/te/le gusta/encanta
Me gusta la paella. *Te gustan* los perros.
Le encanta el arte.

B Muy personal

5  **a Mira la foto de Sara. ¿Qué sabes de sus gustos y de su personalidad? Adivina y completa su ficha: 'Muy personal'.**

Muy personal	**a** según tú	**b** según ella
1 Bebida favorita		
2 Comida favorita		
3 Una fruta		
4 Color preferido		
5 Estación favorita (del año)		
6 Animal preferido		¡no escribas aquí!
7 Un medio de transporte		
8 Lugar favorito		
9 Un personaje de cómic		
10 Deporte favorito		
11 Música o baile preferidos		
12 ¿Qué llevas en los bolsillos?		

 **b Escucha y comprueba si coinciden con lo que tú has escrito en la ficha.**

6  **Completa tu ficha 'Muy personal', sin poner tu nombre. En grupos mezclad las fichas y cada estudiante coge una, la lee e intenta adivinar de quién es.**

7  **Éste es el cantante español Enrique Iglesias. Trabaja con tu compañero/a.**

Estudiante A prepara unas preguntas sobre las siguientes partes que hay en el artículo de actividad 8.

a Amor
b Familia
c Música
d Fans (personas a las que les gusta mucho el cantante)
e Letras (de sus canciones)
f Giras musicales (o 'show')

Estudiante B prepara unas preguntas sobre las siguientes partes.

g Su país: España
h Aspecto físico (o 'look')
i Aficiones
j Meta
k Claves: sus colores, un cuento, una fruta, su programa de televisión, su película, un cómic, su comida

8 **Lee el artículo sobre Enrique.**

Estudiante A

Lee las siguientes secciones y contesta las preguntas que te hace Estudiante B.

España

'Si tuviera que elegir un sitio para vivir el resto de mi vida, elegiría España, ¡por supuesto! Cuando estoy lejos, echo de menos la gente y la comida. Vivo en Miami por mi trabajo, aunque también por costumbre, llevo allí desde los siete años.'

'Look'

Elegante, pero sencillo. Con 1,90 metros y un cuerpo musculoso, ha hecho ¡un arte! de llevar vaqueros ajustados y camiseta blanca. Los lleva siempre, al igual que sus botas negras. Tiene su propio look. *Le dijo a su estilista, Manolo, que le cortase la melena y él asegura sentirse más cómodo así, aunque a veces se tape la cabeza con gorras de béisbol.*

Aficiones

'Me encanta todo lo que implica velocidad y riesgo. Me gustan las motos y todos los deportes que tengan que ver con el mar, sobre todo el windsurf y el esquí acuático. Pero no todo es riesgo, también juego al ajedrez. Con la música ya no tengo mucho tiempo libre, y para mí el día más divertido es aquel en el que me quedo en casa y duermo, disfruto de la tranquilidad y luego salgo a cenar o al cine.'

Meta

'Mi principal aspiración es comunicarme a través de la música, triunfar en los escenarios y cantar. Pero en este empeño tengo una única ilusión: quiero ser feliz, y lo soy desde niño. La felicidad es la chispa de la vida.'

Claves

- *Sus colores: el blanco, el negro, el gris y el rojo*
- *Su película: Lo que el viento se llevó*
- *Su programa de televisión: 'Soy adicto a la MTV'*
- *Un cómic: Bugs Bunny*
- *Una fruta: el melón*
- *Su comida: sushi*
- *Un cuento: Pinocho*

Estudiante B

Lee las siguientes secciones y contesta las preguntas que te hace Estudiante A.

Amor

'El amor es la guía de los corazones que son y se sienten jóvenes. Su fuerza es incontenible. Me emociono con una sonrisa, una mirada . . . Por ahora, la música llena por completo mi vida, pero una chica podría cambiarlo todo . . . Ahora no hay ninguna mujer especial en mi vida, aunque podría aparecer en cualquier momento.'

Familia

Tiene un hermano y tres hermanas. Se lleva muy bien con ellos. Adora a la más pequeña de sus hermanas, Anita, a la que subió en el escenario en Chicago y abrazó con ternura.

Música

'Mi trabajo es lo que más quiero. Siempre he querido ser músico, era mi sueño desde niño. Canto y compongo lo que me gusta. Disfruto mucho cantando y creo que la gente capta ese sentimiento, ese toque humano. Soy una persona capaz de transmitir emociones.'

Fans

'A mis fans les debo todo y, si me tengo que quedar durante horas firmando autógrafos, me quedo y hasta les doy mi teléfono. Les quiero mucho y les doy las gracias por todo el apoyo que me dan, quiero que sepan que yo siempre voy a estar aquí.'

Letras

'En mis canciones trato de transmitir emociones, hablo de sentimientos universales, lo que compartimos todos seamos de donde seamos: el amor, el desamor, la amistad, la esperanza . . . Canto sobre todo con el corazón y, si lo que hago le gusta al público . . . ¡hemos conectado!'

'Show'

A sus 22 años y con sólo dos álbumes, Enrique Iglesias ha montado uno de los shows más impresionantes. En marzo comenzó en Odessa (EE.UU.) su primera gira mundial, Vivir. Un total de 67 conciertos que le han llevado por Estados Unidos, Latinoamérica y Europa, y un espectáculo en el que ha sorprendido a todos sus fans: dos horas de canciones románticas y marchosas, y . . . ¡hasta trucos de magia! Inolvidable para quienes lo han visto.

C Expresiones para sobrevivir

9 **Escucha los sonidos y frases siguientes. ¿Qué crees que son? ¿Dónde ocurren? Decide con tu compañero/a o en grupo.**

Ejemplo 1 el ruido de una silla

10 **a Escucha los sonidos y frases anteriores otra vez. Únelos con los dibujos correspondientes.**

b Ahora une cada dibujo con las expresiones siguientes.

1 Habla más bajo, por favor.
2 Más despacio, por favor.
3 No entiendo/No comprendo.
4 Perdone, ¿puede repetir?
5 Pasa.
6 Perdón.
7 ¿Puede hablar más alto?
8 Siéntate.
9 Siento llegar tarde.
10 ¡Vámonos!
11 ¿Cómo se dice ____ en español?
12 ¿Cómo se escribe?

c Ahora escucha los diálogos completos y comprueba.

11 **P** **'El perfil físico y psicológico de la clase'**

Completa el cuadro.

Busca a una persona de la clase que . . .

1 tiene más de tres hermanos/as.
2 es vegetariano/a.
3 no le gusta el pollo.
4 tiene los ojos verdes.
5 mide más de un metro setenta y cinco.
6 estudia más de dos veces por semana.
7 no le gustan los deportes.
8 toca un instrumento musical.
9 trabaja los sábados.
10 ha estado en España.

¡Ya sabes!

Presente: *Tengo* 18 años y *estudio* en la universidad, *vivo* en España.

Rocío *hace* atletismo y *corre* mucho. *Es* simpática.

Expresar gustos y preferencias: Le gusta mucho el arte. Mi color favorito/preferido es el rojo.

Aventura semanal

Descubre cuál es tu personalidad

Contesta cada apartado y luego busca el significado de cada respuesta al final.

1. ¡Menudo zoo!

¿Qué animal te gusta más? Puntúalos del uno al seis, poniendo un uno al que más te guste y un seis al que menos.

Caballo	❑	Oveja	❑
Tigre	❑	Mono	❑
Vaca	❑	Gato	❑

2. ¡Colores!

Piensa en seis personas súper cercanas a ti, y apunta su nombre junto al color que vaya mejor con su personalidad.

Amarillo: ....
Naranja: ....
Rojo: ....
Blanco: ....
Verde: ....
Gris: ....

3. Garabatos *Mix*

Dibuja lo primero que se te ocurra con cada uno de los siguientes signos, y escribe debajo lo que te sugiera cada dibujito:
Ejemplo:

felicidad

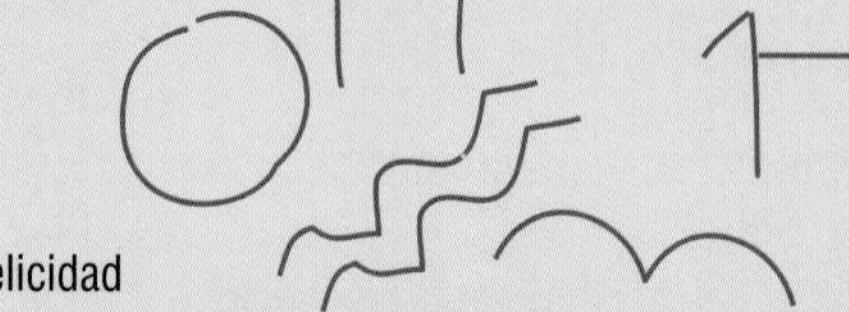

Soluciones

1. Lo más importante para ti es . . .
Mira lo que significa cada animal:

Caballo: familia	Oveja: chicos/as
Tigre: orgullo	Mono: dinero
Vaca: amistad	Gato: estudios

Pues el orden en que los hayas puesto, es el orden de importancia para ti . . .

2. ¡Colores!
La persona de amarillo: Te quiere y no te olvidará jamás.
La de naranja: Es un(a) amigo/a leal.
La de rojo: Ocupa tu corazón.
La de blanco: Es tu alma gemela.
La de verde: Nunca la olvidarás.
La de gris: Mucho cuidadito, te la puede jugar . . .

3. Dibujillos totales
Ésta es la explicación a cada dibujo. La palabra que hayas escrito significa lo que tú piensas de cada cosa.

Ejemplo: felicidad *significa que tú te consideras feliz.*

tu mismo/a

tu familia

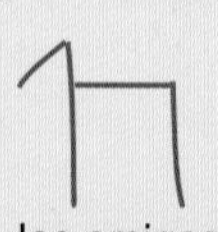

tu vida

LECCIÓN 2

Hablamos español

OBJETIVOS

- *Hablar de cómo se aprende una lengua.*
- *Ampliar conocimientos sobre el español y sus orígenes.*

A ¿Cómo se aprende una lengua?

1  **Escucha a Goreti que habla de los idiomas que estudia. Contesta las preguntas.**

1 ¿Por qué estudia idiomas?
2 ¿Cuántas veces a la semana estudia?
3 ¿Cuándo empezó?
4 ¿Cómo estudia el idioma?
5 ¿Tiene oportunidad de practicarlo?
6 ¿Qué opina del idioma o idiomas que estudia? ¿Por qué?
7 ¿Qué opina de estudiar idiomas en general?

2  **¿Y tú? Habla con tu compañero/a. Contesta las preguntas de actividad 1.**

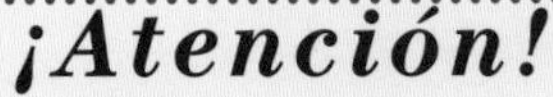
¡Atención!

Idioma y Lengua = language

3  **Piensa y escribe qué técnicas utilizas para aprender y recordar el vocabulario y la gramática, para entender lo que escuchas y lo que lees.**

4  **Ahora escucha a estos chicos y chicas que dicen qué idioma están aprendiendo y qué técnicas utilizan. ¿Con cuáles coincides tú?**

5  **Piensa en los problemas que se pueden tener para aprender un idioma. Haz una lista.**

Ejemplo Tener mala memoria para recordar las palabras.

6  **Escucha a los mismos chicos y chicas que hablan de los problemas que tienen para aprender. Compara lo que dicen con tu lista de actividad 5.**

7  **Pregunta a tus compañeros/as. Encuesta en la clase. ¿Cuál es el método más usado para aprender español? ¿Cuáles son los problemas más comunes?**

8 Lee el artículo siguiente, aparecido en una revista juvenil, 'Mejora tu memoria'. Para ilustrarlo hay varios dibujos. ¿A qué puntos se refiere cada dibujo?

Mejora tu memoria

La memoria es un factor esencial que debemos tener muy en cuenta. La memoria debe usarse y ejercitarse lo más posible. Por ello te vamos a dar unos consejos que te ayudarán no sólo en el aprendizaje de idiomas sino en todas las asignaturas.

1 En primer lugar la alimentación es muy importante. Podemos desarrollar la memoria si tenemos una dieta equilibrada y variada. Los alimentos que activan más la memoria son los ricos en vitaminas B1, B6, B12, zinc y fósforo que se encuentran en cereales integrales, legumbres, verduras crudas o en caldo, carne: hígado y riñones, leche, huevos, salmón, almejas y frutos secos. La memoria funciona mejor una hora después de comer. Por el contrario, una dieta rica en grasas, sal, carbohidratos refinados: azúcar, pan blanco, pasteles y dulces en general, pueden causar problemas de aprendizaje.

2 Escucha con atención y aprende los nombres; intenta comprender bien una información.

3 Recordamos mejor las cosas que nos motivan, las que hacen referencia a algo personal, son divertidas o resultan interesantes.

4 Procura tener una actitud relajada tanto al aprender como al recordar. Evita los nervios y el estrés. Ten confianza en ti.

5 Utiliza las reglas mnemotécnicas que consisten en asociar palabras e ideas. Intenta relacionar la información nueva con lo que ya conoces y entiendes. Toma notas, usa y escribe las palabras en contexto.

6 Los descansos ayudan a recordar mejor. Descansa 3 o 4 minutos después de estudiar entre 20 y 40 minutos. Cada dos horas hay que descansar más tiempo. Puedes hacer alguna actividad como salir con tus amigos un rato o hacer ejercicio.

7 No debes dejar las cosas para el último minuto. Estudia y repasa con regularidad. Un buen programa de repasos para grabar la información en la memoria sería: a los 5 o 10 minutos de terminar de estudiar, a las 24 horas, una semana después, un mes más tarde y seis meses después.

8 Hay que dormir lo suficiente, especialmente si tienes un examen al día siguiente porque puedes quedarte con la mente en blanco. Al parecer, es en la fase del sueño cuando se clasifica y retiene lo aprendido y recordado durante el día.

9  **Sin mirar el artículo escribe en tres minutos todos los consejos mencionados en él que recuerdas.**

Ejemplo Estudia con regularidad.

Compara con tus compañeros.

Reciclaje del lenguaje

Presente
Cuando *leo* y no *entiendo* algo, pues lo *adivino*.

Imperativos
Escucha, aprende, descansa.

B Hablamos español

10 a Haz el test de conocimientos sobre el español para descubrir cuánto sabes sobre esta lengua.

1 El español tiene su origen en el . . .
- **a** italiano.
- **b** latín.
- **c** anglosajón.

2 El español tiene influencias de otras lenguas, especialmente del . . .
- **a** árabe.
- **b** portugués.
- **c** ruso.

3 En Estados Unidos el español . . .
- **a** no es muy hablado.
- **b** es la segunda lengua más importante.
- **c** es desconocido.

4 El español lo hablan . . .
- **a** menos de cien millones de personas.
- **b** más de trescientos millones de personas.
- **c** unos cuarenta millones de personas.

5 El español se llama también . . .
- **a** catalán.
- **b** castellano.
- **c** colombiano.

b Ahora escucha a Rosa que da una clase sobre el español y comprueba tus respuestas al test.

11 a Ya hemos dicho que la mayoría de las palabras españolas vienen del latín. Pero otras vienen de otras lenguas. ¿Sabes de qué lenguas vienen? Coloca cada palabra debajo de la lengua de origen. Trabaja con tu compañero/a.

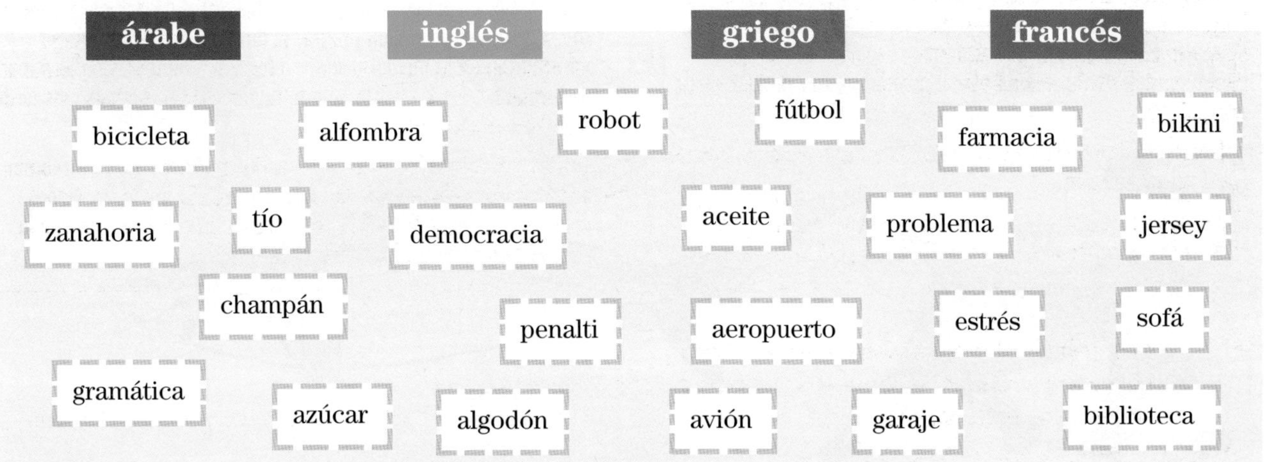

b Escucha y comprueba.

C El español de América

12 **Ahora escucha a Axa que nos habla del español de América, especialmente de México. Toma nota de las diferencias que menciona.**

Pronunciación y ortografía

Escucha este trozo del artículo sobre la memoria leído por un mexicano. Después escucha el mismo texto leído por una persona española y compara.

"Utiliza las reglas mnemotécnicas que consisten en asociar palabras e ideas. Intenta relacionar la información nueva con lo que ya conoces y entiendes. Toma notas, usa y escribe las palabras en contexto. Puedes hacer alguna actividad como salir con tus amigos un rato o hacer ejercicio."

13 a **Mira los dibujos de varias cosas que los españoles encontraron por primera vez cuando llegaron a América. ¿Cómo se llaman? Sus nombres vienen de las lenguas precolombinas.**

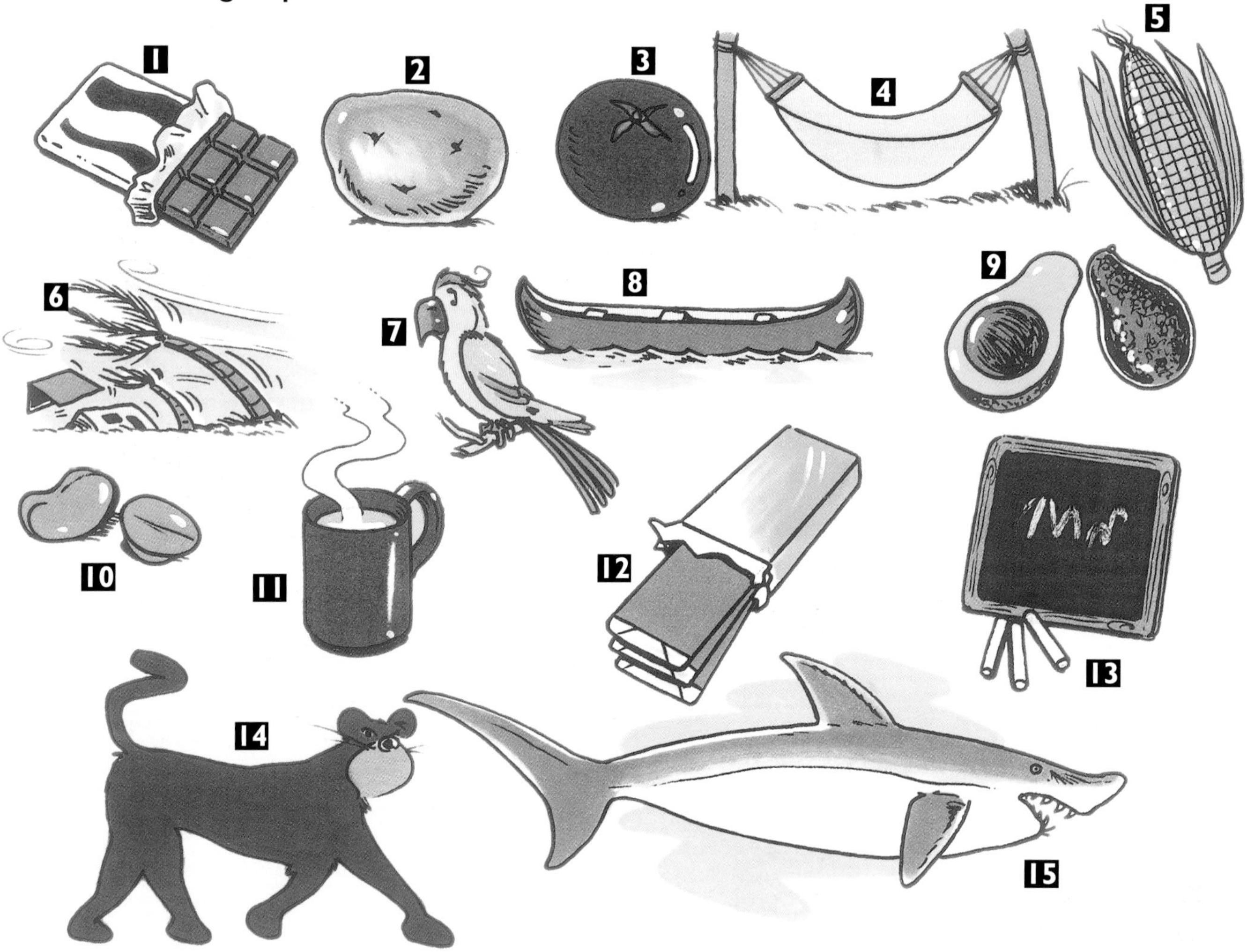

1 2 3 4 5 6 7 8 9 10 11 12 13 14 15

b **Escucha y comprueba.**

Busca varias palabras que son similares en tu idioma y/o en otros idiomas que sabes y en español.

Aventura semanal

Lee este chiste del humorista Quino. ¿Qué hablan los niños de hoy? Fíjate que los padres usan un lenguaje de 'bebé' cuando hablan con el niño: 'nene' = 'niño', 'diche' = 'dice'/'di'. Lo que dice el niño al final imita la pronunciación de los niños pequeños y quiere decir: '¿Por qué se ponen así? ¿Acaso nene no sabe hablar?'

¡Ya sabes!

Presente: *Estudio* inglés porque me *gusta* y porque *es* muy útil.

Yo *repito* cada palabra varias veces.

Imperativos: *Escucha* con atención y *aprende* los nombres.

3 Las lenguas de España

OBJETIVOS

- *Hablar de las diferentes lenguas y culturas de España.*
- *Aprender a situarlas e identificarlas.*

A Viaje lingüístico

1 

Tessa viajó el verano pasado por varias partes de España y comprobó que se hablan otras lenguas además del español. Escucha la conversación entre Tessa y su madre. Escribe las regiones donde se hablan las lenguas que mencionan.

Mar Cantábrico
Océano Atlántico
PORTUGAL
GALICIA
ASTURIAS
CANTABRIA
PAÍS VASCO
LA RIOJA
ANDORRA
CASTILLA-LEÓN
ARAGÓN
CATALUÑA
MADRID
EXTREMADURA
CASTILLA-LA MANCHA
VALENCIA
ANDALUCÍA
MURCIA
Mar Mediterráneo
Menorca
Mallorca
Ibiza
BALEARES

Sagrada Familia
Barcelona (Cataluña)

Catedral Santiago de Compostela (Galicia)

Catalán
Euskera
Gallego

Teatro Victoria Eugenia
San Sebastián (País Vasco)

2  **Escucha a Tessa que habla con su amiga Natalia. Los padres de Natalia son gallegos, pero viven en Inglaterra. Escucha y di si las frases siguientes son verdaderas o falsas.**

1 Natalia nació en Londres.
2 Tiene 15 años.
3 Hace 20 años que los padres de Natalia viven en Londres.
4 Va todos los veranos a Galicia.
5 Los padres de Natalia hablan solamente gallego.
6 Natalia no tiene hermanos.
7 Natalia habla gallego con sus padres.
8 Habla inglés con su hermano.
9 Natalia estudia castellano.
10 Natalia estudia en una escuela española todo el día.
11 Natalia no habla muy bien el castellano (español).
12 El gallego es muy similar al castellano.

B El catalán

3  **Tessa hizo varias fotos en su viaje a Cataluña (en catalán se escribe: Catalunya). Allí los carteles y letreros están en español y en catalán. Mira las fotos y compara la que está en castellano (foto A) y la que está en catalán (foto B). Muchos letreros tienen las dos lenguas juntas, e incluso añaden otras, especialmente el inglés: mira un ejemplo de esto en la foto C.**

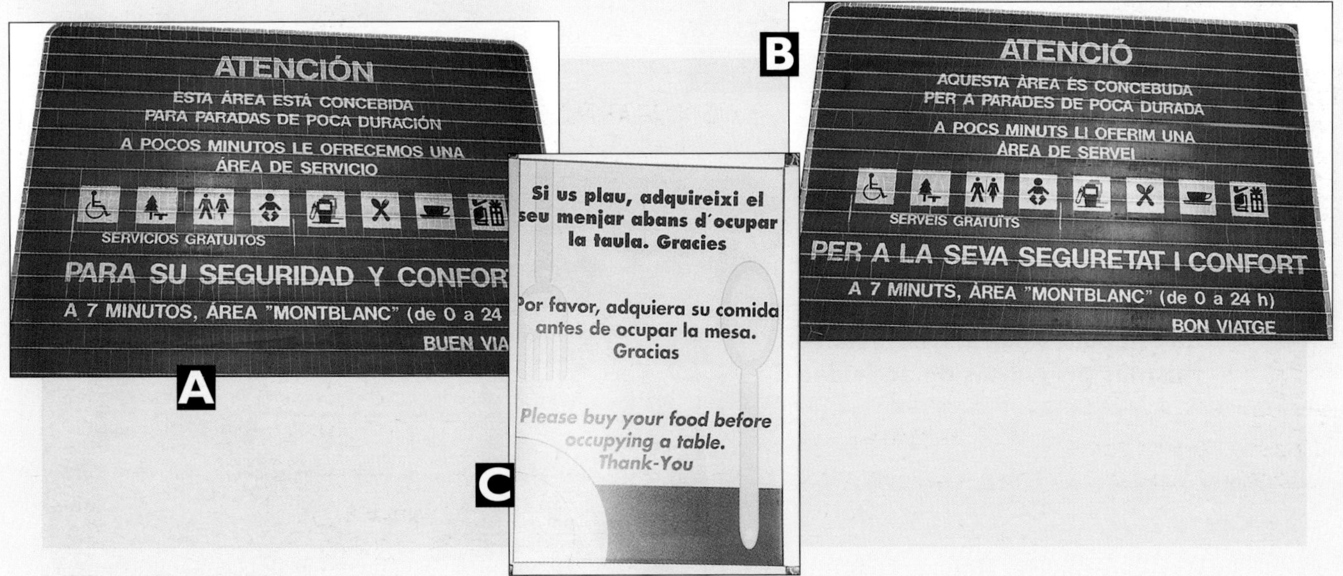

ATENCIÓN
ESTA ÁREA ESTÁ CONCEBIDA
PARA PARADAS DE POCA DURACIÓN
A POCOS MINUTOS LE OFRECEMOS UNA
ÁREA DE SERVICIO
SERVICIOS GRATUITOS
PARA SU SEGURIDAD Y CONFOR
A 7 MINUTOS, ÁREA "MONTBLANC" (de 0 a 24
BUEN VIA
A
B
ATENCIÓ
AQUESTA ÀREA ÉS CONCEBUDA
PER A PARADES DE POCA DURADA
A POCS MINUTS LI OFERIM UNA
ÀREA DE SERVEI
SERVEIS GRATUITS
PER A LA SEVA SEGURETAT I CONFORT
A 7 MINUTS, ÀREA "MONTBLANC" (de 0 a 24 h)
BON VIATGE
Si us plau, adquireixi el seu menjar abans d´ocupar la taula. Gracies
Por favor, adquiera su comida antes de ocupar la mesa. Gracias
Please buy your food before occupying a table. Thank-You
C

4  **Ahora escucha a David, que es de Barcelona, y lee los letreros en catalán.**

5  **Tessa hace una entrevista a David. Escucha lo que nos explica del catalán. Contesta las preguntas.**

1 ¿Cuántos habitantes hablan esta lengua?
2 ¿Dónde se habla más?
3 ¿Dónde se habla menos?
4 ¿Cuáles son sus orígenes?
5 ¿Cuál es la situación actual de esta lengua?

C El euskera

6  a **Tessa viajó también a Euskadi, o País Vasco. El euskera, o vasco, es una lengua muy diferente. Mira las fotos. ¿Qué palabras son similares?**

A castellano

B euskera

C euskera-castellano

D castellano-euskera

 b **Ahora escucha a Regina que lee las palabras en vasco.**

7  **Tessa hizo una entrevista a Regina, que habla euskera. Contesta las mismas preguntas de actividad 5.**

8  **a Lee los días de la semana en las cuatro lenguas oficiales de España: castellano, gallego, catalán y euskera. ¿A qué lengua corresponden?**

 **b Escucha la pronunciación. ¿Qué lengua crees que se parece más al castellano? ¿Y cuál es la más diferente?**

Lengua	Días de la semana						
Castellano	Lunes	Martes	Miércoles	Jueves	Viernes	Sábado	Domingo
	Dilluns	Dimarts	Dimecres	Dijous	Divendres	Dissabte	Diumenge
¡no escribas aquí!	Astelehena	Asteartea	Asteazkena	Osteguna	Ostirala	Larunbata	Igandea
	Luns	Martes	Mércores	Xoves	Venres	Sábado	Domingo

Aventura semanal

Cataluña se escribe en catalán: 'Catalunya'.

País Vasco es 'Euskadi' en euskera o lengua vasca.

Las ciudades más importantes de las dos comunidades autónomas tienen dos nombres: uno en castellano y otro en catalán o euskera.

Los nombres en catalán son muy similares: Barcelona y Tarragona son iguales, Lérida es Lleida en catalán y Gerona es Girona.

Los nombres en euskera son muy diferentes: San Sebastián en euskera es Donostia, Bilbao es Bilbo y Vitoria es Gasteiz.

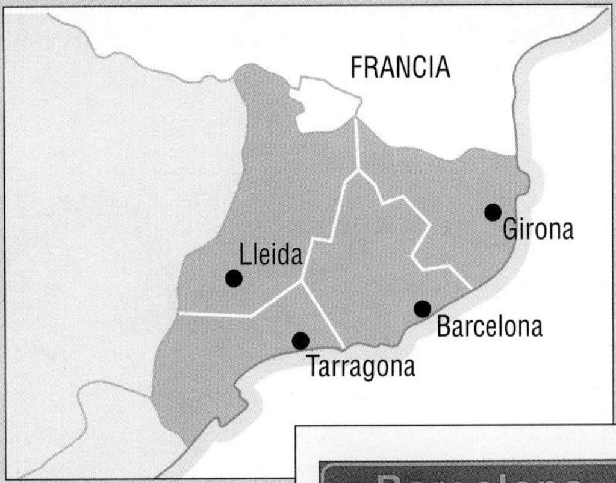

FRANCIA
Girona
Lleida
Barcelona
Tarragona

Barcelona
E-15 A-7 Girona
E-90 A-2
Tarragona
Valencia
E-15 A-7

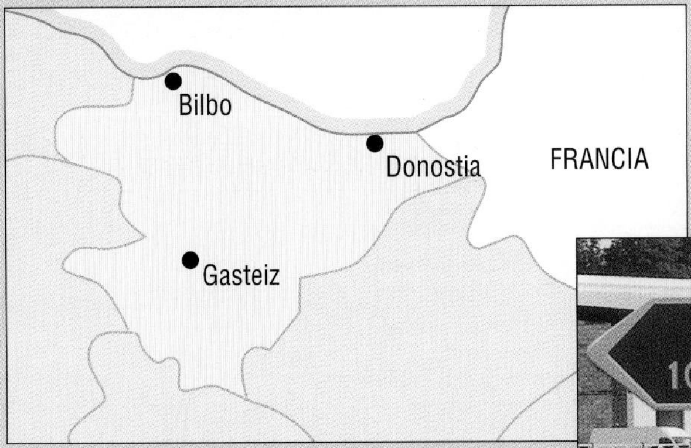

Bilbo
Donostia
FRANCIA
Gasteiz

N-I
100 Vitoria – Gasteiz
N-I
Donostia
S. Sebastián 7

¡Ya sabes!

El catalán se habla en Cataluña. El euskera se habla en Euskadi. El gallego se habla en Galicia.

LECCIÓN 4

Día a día

OBJETIVOS

- *Hablar de las actividades diarias.*
- *Hablar de las tareas de la casa y del trabajo de 'au pair'.*
- *Expresar obligación.*

A Las tareas del hogar

1  **Escucha a estas chicas y a estos chicos que hablan de su vida diaria y de cómo comparten las tareas de casa.**

1 ¿Quién menciona cada tarea? Marca los dibujos en el cuadro.
2 ¿Con quién compartes las tareas de la casa?

	 Víctor	 Sara	 Tessa	 Tatiana	 Jaime

¡no escribas aquí!

2  **¿Y tú? Habla del tema con tu compañero. Completa un cuadro como el de actividad 1.**

¿Qué haces diariamente?

¿Comparten el trabajo en casa por igual las personas de tu familia: padre, madre, hermano, hermana, otros?

¿Quién hace qué?

3  **Escribe una carta a tu amigo/a español(a) sobre el tema.**

4  **Lee los consejos de Bart Simpson para no hacer nada en casa. Contesta estas preguntas.**

1 ¿Qué excusas da Bart Simpson?
2 ¿Cuál es la estrategia que usa Bart?
3 ¿Tienes tú alguna estrategia especial para ayudar en casa?
4 ¿Qué tareas de la casa menciona el padre? Pon los dibujos en el orden en que los menciona.

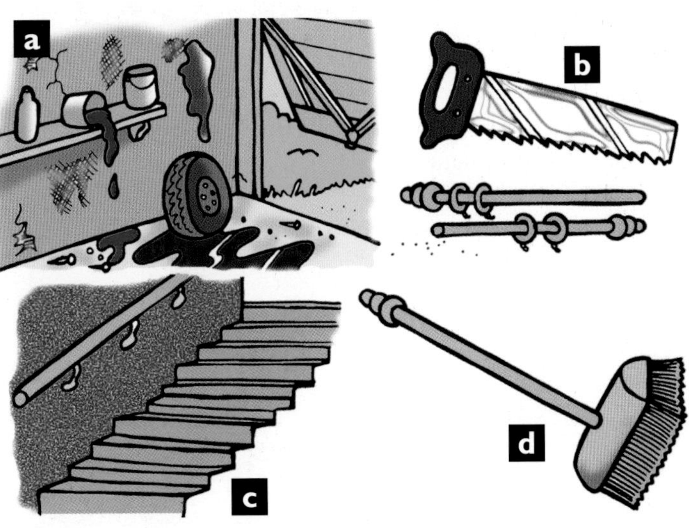

Pronunciación y ortografía

Los verbos en infinitivo siempre se pronuncian con la intensidad en la última sílaba, pero no llevan acento. Nota también cómo se pronuncia la 'r' final. Escucha y repite.

planchar limpiar pasar fregar poner
barrer recoger escribir vivir

¡Atención!

la tarea = task, chore
el hogar = home
limpiar el polvo = to dust
tender la ropa = to hang out the washing
fregar = to scrub, wash
planchar = to iron
recoger la ropa = to bring in the washing
barrer = to sweep
sacar la basura = to take out the rubbish
sacar a pasear = to take (out) for a walk
un/una canguro = kangaroo; babysitter
hacer de canguro = to babysit
¡Qué le vamos a hacer! = But what can you do about it?

B Una ayuda para todos

5  **Lee este artículo. Tu amiga quiere trabajar como 'au pair' en España y te pregunta si sabes algo sobre el tema. Explícale en tu idioma la experiencia que han tenido estas dos chicas.**

Conócelas

Una experiencia positiva

Morgane Floc'h es francesa y ejemplifica el caso de las estudiantes que quieren empezar una carrera por la práctica. A sus 18 años y con tres cursos de español, decidió presentarse con una buena base en la carrera de Filología Hispánica, practicando un año en España. Su experiencia ha sido muy positiva y está muy contenta, ya que no todos tienen tanta suerte. "Mi familia tiene una mujer que hace las tareas de la casa y yo sólo me ocupo de los dos niños–explica. Los visto, los llevo a la escuela y juego con ellos. Tengo muchas horas libres y un fin de semana entero al mes."

"Tuve que irme"

Gertrúd Martinkovics es húngara y tiene 22 años. Confiesa que desde muy pequeña se enamoró de España. En su país se conoce sobre todo por las playas y el clima. Ella descubrió algo más a través del cine –"sobre todo las películas de Almodóvar", dice – y quiso venir a conocer nuestra cultura.
Su experiencia es negativa. Llegó sin saber español hace año y medio y se malentendía en inglés. Tuvo muchos problemas con su familia, que la obligaba a hacer de todo, hasta subirle el desayuno a la señora de la casa. "Eso de que te traten como uno más de la familia no es cierto.
Me utilizaban y no mostraban interés en ayudarme con el idioma", se queja. Pero tuvo suerte, una compatriota que volvía a Hungría la presentó a la familia con la que estaba ella y cambió de casa.

6  **Escucha a Cati que nos habla de su experiencia como 'au pair'. Contesta las preguntas.**

1 ¿Por qué fue a trabajar como 'au pair'?
2 ¿A dónde fue?
3 ¿Cómo fue su experiencia?

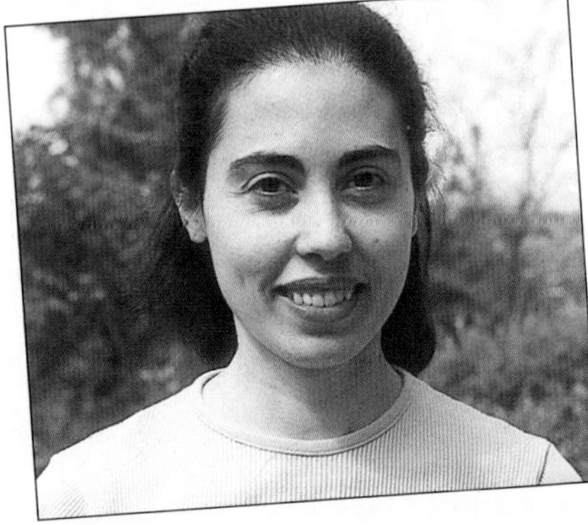

Reciclaje del lenguaje

Expresiones de obligación
Tienes que/Hay que/Debes cuidar a los niños.

Presentes
planchar ➤ plancho; barrer ➤ barro; fregar ➤ friego

Imperativos
plancha, da la comida al gato

Presente continuo
estar + gerundio: estoy limpiando la casa, estoy fregando

C ¿Qué hacer?

7  **Tu amiga quiere más información sobre el trabajo de 'au pair' en España y has escrito a una agencia para obtener información. Te envían el folleto de la página siguiente:**

a Explícale en tu idioma todo lo que necesita saber.

b Mira la sección de deberes y normas y transforma las frases. Usa las expresiones de consejo que sabes.

Ejemplo Pedir permiso para utilizar el teléfono. Tienes que pedir permiso para utilizar el teléfono.

Derechos y deberes que tienes si vas a trabajar como 'au pair'.

Derechos

- Una habitación individual.
- Entre 30.000 y 40.000 pesetas al mes para sus gastos.
- Todas las comidas incluidas.
- Trato familiar.
- Todos los domingos libres y un fin de semana entero al mes.
- Dos o tres semanas de vacaciones si se queda un año entero.

Deberes

- Cuidar de los niños durante cinco o seis horas diarias.
- Hacer de canguro dos o tres noches a la semana.
- Colaborar en las tareas sencillas de la casa: poner la mesa, arreglar la habitación del niño, etc.

Se deben cumplir unas normas esenciales:

1 Pedir permiso para utilizar el teléfono.
2 Respetar las horas de llegada por la noche.
3 No invitar a amigos sin pedir permiso.
4 Estar lavado/a y vestido/a para el desayuno, no ir en pijama.
5 Tener la habitación limpia.
6 Ofrecer té o café a la familia si vas a hacer para ti.
7 Ser flexible en el horario, algunos días se trabaja más y otros menos.
8 Avisar con dos semanas de antelación a la marcha.

8  **Escucha a la madre de la familia con la que trabajas de 'au pair'. Te dice varias cosas. Contéstale si está bien o no y por qué.**

9  **Estás trabajando como 'au pair' con una familia que tiene tres niños. Los padres deciden tomar vacaciones durante unos días y te dejan al cuidado de la casa y de los niños. Te dan una lista con todo lo que tienes que hacer. Completa las frases con los verbos adecuados (usa el imperativo).**

Ejemplo Friega los platos.

***Elige entre estos verbos*:**
limpiar llevar preparar
pasar dar fregar quitar
planchar levantarse recoger

Cosas para hacer

— los platos
— el polvo
— a las siete de la mañana
— a los niños al colegio
— la aspiradora
— la cena
— la ropa
— los cristales
— a los niños del colegio
— la comida a los gatos

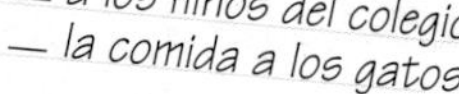

10 **Pepe ha ido a trabajar al extranjero como 'au pair'. Lee la carta en que le cuenta a su amigo lo que hace. Le manda algunas fotos. ¿A qué frases se refiere cada 'foto' o dibujo? Pon debajo lo que dice Pepe.**

Ejemplo Aquí estoy sacando a pasear a los perros.

a

b

c

d

e

f

Querido amigo:

Como sabes estoy trabajando de au pair con una familia extranjera. La familia es muy simpática, pero los niños son muy traviesos y no me dejan parar ni un momento. Son dos gemelos, un chico y una chica. También tienen tres gatos y dos perros. Te cuento cómo es un día aquí.

Me levanto todos los días a las siete y media, me ducho y me visto. Entonces tengo que sacar a los dos perros a pasear por el parque que hay enfrente de la casa. Los perros están bastante locos y el paseo es muy . . . rápido. Cuando vuelvo despierto a los niños y les doy el desayuno, yo desayuno también con ellos. Después llevo a los niños al colegio y yo voy a la academia a estudiar inglés, donde tengo tres horas de clase. Entonces vuelvo a casa, preparo la comida, pongo la mesa y comemos la madre, los niños y yo y después friego los platos. Los niños tienen que volver al colegio y claro, los llevo otra vez. Después vuelvo a casa y paso la aspiradora y limpio. Cada día tengo que limpiar un cuarto y todos los días la cocina. La verdad es que es bastante trabajo y estoy un poco harto . . . pero . . . Menos mal que las tardes las tengo libres a partir de las siete y puedo salir con mis nuevos amigos, aunque a veces estoy tan cansado que me quedo en casa y veo la tele en mi habitación. Los sábados por la mañana limpio los baños y llevo a los niños al gimnasio, allí hago gimnasia yo también. Por la tarde estoy libre, pero por las noches tengo que hacer de 'canguro'. Los domingos no trabajo. ¡Por fin! La verdad es que es demasiado y otros amigos me cuentan que ellos no tienen que hacer casi nada. En fin, ¡qué le vamos a hacer!

11  **Tú eres Pepe. Cuéntale a tu amigo lo que haces todos los días y lo que hiciste la semana pasada. Hoy es domingo, cuéntale lo que has hecho esta semana.**

12  **Escribe una carta a la agencia quejándote de los problemas que tienes en la casa donde trabajas. Usa los dibujos de actividad 10.**

13 **Haz una encuesta en la clase/el instituto, entre estudiantes y profesores, para saber quién hace las tareas de la casa y qué tareas son las que más gustan y las que menos. ¿Qué conclusiones sacas? ¿Hacen lo mismo hombres y mujeres?, ¿chicos y chicas?**

¡Ya sabes!

Vocabulario de tareas del hogar: limpiar el polvo, tender la ropa, fregar, planchar, barrer, hacer de canguro

Expresiones de obligación: tener que/hay que/deber

Presente: plancho, limpio, friego

Imperativos: barre, lava, pasa la aspiradora

Presente continuo: *Estoy fregando* los platos.

Aventura semanal

LECCIÓN 5

Antes y ahora

OBJETIVOS

- *Hablar de lo que hacías antes y de lo que haces ahora.*
- *Decir cómo ha cambiado tu vida.*
- *Contar lo que hacías todos los días y lo que hiciste un día.*

A Cuando era pequeño/a

1 **Escucha a Tatiana que habla de cómo es su vida ahora y cómo era antes. Mira los dibujos. Escribe debajo de cada uno 'Antes' o 'Ahora'.**

2 **Escribe frases sobre la vida de Tatiana. Pon cada frase debajo de la categoría correspondiente.**

Ejemplo

Antes	Ahora
comía en casa	*como en el instituto*

3  **Prepara dos listas sobre tu vida antes y ahora. Escucha otra vez a Tatiana, si lo prefieres, para recordar lo que dice. Después habla con tu compañero/a: compara tu vida ahora y tu vida antes, cuando eras pequeño/a.**

¿Dónde vivías?
¿A qué colegio ibas?
¿Qué hacías todos los días? ¿Cuáles eran tus horarios?
¿Qué hacías cuando salías del colegio?
¿A qué jugabas?
¿Qué amigos tenías?
¿Qué te gustaba hacer los fines de semana y en las vacaciones?

Y ahora: ¿qué haces?, ¿qué es diferente?

4  **Escribe una carta a tu amigo/a en español comparando tu vida antes (cuando eras pequeño/a) y ahora. Usa las preguntas de actividad 3 como guía.**

Pronunciación y ortografía

Las formas del imperfecto de los verbos en **-er** e **-ir** (**-ía**, **-ías**, **-íamos**, etc.) tienen siempre la intensidad en la **-i-** y además la **-i-** lleva acento en todas las formas. Escucha cómo se pronuncian: 'yo comía', 'tú escribías', 'él salía', 'nosotros vivíamos', 'vosotras comíais', 'ellas bebían'.

SOS Gramática SOS

Pretérito imperfecto con acciones

Lo usamos cuando:

- hablamos de acciones en el pasado sin especificar el tiempo y sin decir cuándo ocurrieron: '*Antes vivía* en un piso, *ahora vivo* en una casa'.
- hablamos de acciones repetidas o habituales: 'Todos los días comíamos en este restaurante'.

Diferencia entre el imperfecto de acción y el indefinido: 'Todos los días íbamos a la playa, un día fuimos al museo'.

174

B Mi vida cambió

5  a **Mira este anuncio de cursos de idiomas. ¿Cómo ha mejorado la vida de Ramón desde que hizo el curso? La sección de antes expresa lo opuesto de la de ahora. Complétala. Te damos el primer ejemplo.**

INSTITUTO DE IDIOMAS INTERNACIONAL

Aprende idiomas con I.I.I.

¡Cambiará tu vida!

Nuestro estudiante Ramón R. lo confirma.

BUENOS DÍAS

Ahora hablo tres idiomas.	Antes no hablaba idiomas.
Ahora tengo un trabajo muy interesante.	
Ahora viajo por todo el mundo.	
Ahora tengo muchos amigos en otros países.	
Ahora gano mucho más dinero.	
Ahora conozco a mucha gente.	
Ahora trabajo en varios países.	

 b **Escucha el anuncio en la radio y comprueba.**

6 a Lee este otro anuncio de un curso musical que ha hecho Magda. ¿Cómo crees que ha cambiado su vida? Escribe el anuncio.

b Prepara anuncios similares para la radio.

ACADEMIA MUSICAL

Centro Autorizado

Canto, piano, guitarra eléctrica, batería . . .

Práctica individual y en grupos

Antes	Ahora

C ¿Qué hacías? o ¿Qué hiciste?

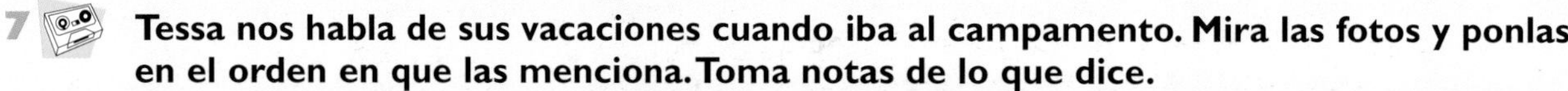

7 Tessa nos habla de sus vacaciones cuando iba al campamento. Mira las fotos y ponlas en el orden en que las menciona. Toma notas de lo que dice.

a

b

c

d

e

8 Tessa escribe una carta a su amigo/a contándole lo que hacía en los campamentos. Completa la carta. Usa la información que tienes y las fotos.

Querido amigo:
Hasta hace dos años iba a campamentos de vacaciones. Allí lo pasaba muy bien . . .

9 **Un día algunos chicos y chicas del campamento salieron de excursión. Mira las fotos. ¿Qué hicieron? Habla con tu compañero/a.**

1

2

3

10 **Ahora Tessa cuenta lo que pasó. Compara con tu versión. ¿Qué fue diferente aquel día y qué fue igual?**

Ejemplo Igual: todos los días desayunaban leche con cacao y tostadas.
Diferente: Todos los días se levantaban a las 8.30 de la mañana, aquel día se levantaron a las 6.30 de la mañana.

4

11 **Escribe una carta sobre tus vacaciones pasadas. ¿Qué hiciste y qué hacías? Si lo prefieres, usa las fotos de actividad 9 y escribe lo que hiciste.**

12 **Trae fotos de cuando eras pequeño/a y de cuando empezaste el instituto, y escribe algo sobre cada una. Preparad un álbum de la clase con el tema: 'Nuestra vida antes y ahora'.**

Aventura semanal

Alex y Agus son dos de los cuatro componentes de un famoso grupo musical español llamado 'Buen Color'. Aquí tienes su álbum de fotos. Así eran de pequeños. ¡Qué cambio! ¿verdad?

¡Ya sabes!

Imperfecto: Antes *jugaba* con mis amigos, *comía* en casa, *vivía* en un piso. Antes *iba* al colegio, ahora voy al instituto. Todos los días *íbamos* a la playa, un día fuimos al parque. Todos los días *cenábamos* en casa, un día cenamos en un restaurante.

Chicos y chicas

OBJETIVOS

- *Expresar enfado y discutir.*
- *Expresar opinión.*
- *Hablar de los cambios en las costumbres y las diferencias entre generaciones.*

A ¡En mis tiempos . . . !

1  **Lee estas frases de una encuesta hecha a varias personas y con tu compañero/a decide si corresponden a ideas modernas o a ideas más tradicionales.**

1 Tengo veinte años, pero mis padres no me dejan volver a casa después de las nueve de la noche.
2 Este verano fui de vacaciones sola con mis amigas.
3 Si quiero puedo salir hasta las cinco o las seis de la mañana y mis padres no me dicen nada.
4 Mi padre se plancha las camisas.
5 Mi hermano no hace nada en casa. Tengo que ayudar en todo yo.
6 Mis padres no me dejan maquillarme.

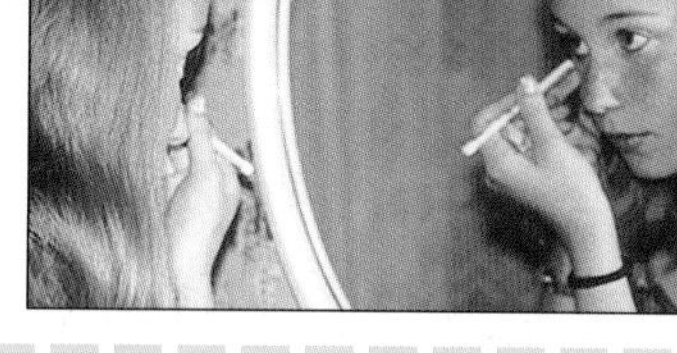

2  **Con tu compañero/a piensa en otras cosas que corresponden a ideas modernas y tradicionales.**

3  **Estos padres son un poco anticuados. Escucha los diálogos con sus hijos e hijas. Une cada diálogo con el dibujo correspondiente.**

> **Reciclaje del lenguaje**
>
> **¡Qué . . . ! exclamativo**
> ¡Qué vergüenza! = *What a disgrace!*
> ¡Qué barbaridad! = *How awful!*
> ¡Qué desobediente eres! = *You are so disobedient!*
> ¡Qué anticuado eres! = *You are so old fashioned!*
> ¡Qué pesado eres! = *You're so boring!*

4 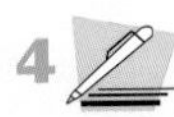 **Pero este padre ha perdido la memoria. Mira el dibujo de los padres cuando tenían la edad de sus hijos. Descríbelo.**

¡Atención!

un puñetazo = punch
Nada, nada = Don't keep going on
el maquillaje = make-up
maquillarse = to put on make-up
¡Venga! = Come on!
¿Me oyes? = Do you hear me?
sacar buenas notas = to get good marks
sobresaliente = outstanding
anticuado = old fashioned
en mis tiempos = in my day

5  **¡Qué drama! Representa los diálogos anteriores con tu compañero/a.**

Pronunciación y ortografía

Escucha estas expresiones que se usan para mostrar enfado y repítelas: ¡Qué vergüenza! ¡Qué barbaridad! ¡Qué pesado! ¡Qué desobediente eres! ¡Qué anticuado eres! ¡Venga! ¡Que no, que no y que no! ¡No quiero!

B Los chicos con las chicas

6  **Escucha la conversación entre Sara, Tatiana y Tessa sobre la situación de las mujeres en España.**

a Contesta.

1 ¿Quién opina que la situación está mejorando mucho?
2 ¿Quién cree que la situación ha mejorado un poco?
3 ¿Quién piensa que la situación no ha mejorado en el fondo?

b Haz un resumen de las opiniones de cada una.

c Escribe todas las expresiones de opinión que usan.

d ¿Qué significan las siguientes expresiones que utilizan?

en la actualidad   **en el fondo**
de todos modos   **desde pequeñas**
ya vale   **en muchos casos**

- **Expresiones de opinión**
  Pedir opinión: ¿qué opinas?, ¿qué piensas?, ¿qué opináis?
  Dar opinión: (yo) creo que, (yo) opino/pienso/veo que, muchos creen que . . .
- **Expresiones para la conversación**
  sí, bueno
  de todos modos
  y lo que también pasa
  eso tendría que . . .
  pero es que . . .

7  **¿Y tú qué opinas? Haz una conversación parecida con tus compañeros/as. Usa las expresiones estudiadas.**

C Hace muchos años . . .

8  **Lee el artículo sobre la vida familiar y, en especial, de las mujeres españolas hace cien años. ¿Cómo ha cambiado? ¿Qué te parece?**

Una época para recordar: 1898

Cómo vivían las españolas hace cien años

Han pasado cien años y, menos mal, las cosas han mejorado mucho para la mujer española. A finales del siglo XIX todo era muy diferente, tanto en los pueblos como en las ciudades del país. El de 1898 fue un año clave para España, que ejemplifica el final de una época.

Familias poco afectuosas

El padre y cabeza de familia era una figura incuestionable y a la que se debía un obligado y respetuoso distanciamiento. Los hijos le hablaban de usted, y éste evitaba que le vieran en mangas de camisa. En general, no eran hogares muy afectuosos. Por ejemplo, en las solemnes comidas familiares, el padre repartía el pan y se servía primero, reservándose siempre los mejores bocados.

Destino: el matrimonio

A finales del siglo XIX, el 70% de las mujeres españolas se casaban entre los 16 y 25 años. El cuidado de la familia y las funciones procreadoras ocupaban gran parte de su vida. En los pueblos, el matrimonio apañado entre primos hermanos era muy frecuente. De esta forma, se evitaba la dispersión de la herencia familiar.

Pocas mujeres percibían un salario. La ocupación fuera del hogar estaba condenada por los males que se le suponían: abandono de las obligaciones para con la familia y pérdida de moral –provocada por el contacto permanente con los hombres–.

El trabajo femenino sólo se aceptaba cuando era algo obligatorio y transitorio, eso sí, siempre ligado a las clases sociales obreras. En 1898 la cifra de trabajadoras censadas era de 1,3 millones, el 18% del total de la población activa, y tan sólo el 14% de las mujeres en edad activa. Y muchas horas de trabajo. Jornadas de sol a sol para las campesinas, unas 15 horas diarias en las fábricas y todo el día para las trabajadoras a domicilio y servicio doméstico. Los salarios percibidos eran mínimos y siempre inferiores a los del hombre: entre una y dos pesetas al día.

Un 71% de analfabetas

La media nacional de analfabetismo femenino se situaba en un elevadísimo 71%. Y la mayor parte de las mujeres supuestamente alfabetizadas apenas sabía firmar y no pasaba del nivel primario. En el ciclo de enseñanza secundaria sólo había matriculadas oficialmente 5.550 jóvenes, frente a los 52.000 varones. La mayoría de mujeres estudiantes cursaban estudios de Magisterio, Real Conservatorio y Escuela de Artes e Industrias. En la universidad, la presencia femenina era un simple testimonio. Tan sólo 15 mujeres consiguieron el título en el período entre 1880 y 1900, y en este último año hubo una única estudiante matriculada en toda España.

A finales del siglo pasado, la vida de la mujer estaba subordinada a la de un hombre, ya fuera el padre o el marido al que debía completa obediencia.

La tarea de la mujer era el cuidado de su casa y sus hijos. Sólo se admitía que trabajaran fuera del hogar por falta de dinero.

Los hombres dominaban la vida social del momento, dejando a las mujeres en un segundo plano.

La mayoría de mujeres que trabajaban en la ciudad, lo hacían en el servicio doméstico.

9 Elige una época que te interesa de tu país (hace cien años, en los años sesenta, hace veinte años, hace quinientos años . . .), pregunta a personas mayores que pueden informarte y lee algún libro o artículo sobre esta época. Di cómo crees que era la vida de la familia y de las mujeres en la época: ¿quién hacía las tareas de la casa? ¿quién era la persona que mandaba en el hogar? ¿iban a la escuela las niñas?

¡Ya sabes!

¡Qué . . . ! exclamativo: ¡Qué barbaridad! ¡Qué pesado eres!

Pedir opinión: ¿qué opinas?, ¿qué piensas?, ¿qué opináis?

Dar opinión: (yo) creo que, (yo) opino/pienso/veo que, muchos creen que . . .

Expresiones para la conversación: sí, bueno, de todos modos, pero es que . . .

Aventura semanal

Las cosas han cambiado para las mujeres españolas en la actualidad.

Lee esta historieta de un famoso dibujante y humorista español: Romeu.

Autoevaluación

Primera parte (nivel básico)

1 Escribe diez frases sobre ti mismo/a.
Nombre/dirección/edad/nacionalidad/familia/personalidad/descripción física/gustos/pasatiempos o aficiones (10)

2 Escribe diez frases sobre una persona de tu familia o un(a) amigo/a.
Nombre/dirección/edad/nacionalidad/familia/personalidad/descripción física/gustos/pasatiempos o aficiones (10)

3 ¿Qué dices si . . . ?

1 llegas tarde
2 alguien te habla muy rápidamente
3 das un empujón o pisas a alguien sin querer
4 alguien quiere entrar en tu cuarto y llama
5 alguien te habla en voz muy baja y no puedes oír
6 no sabes decir una palabra en español y preguntas a tu profesor (6)

4 Contesta las preguntas con frases completas.
1 ¿Cuántas veces a la semana estudias español?
2 ¿Cuándo empezaste a estudiar este idioma?
3 ¿Cómo estudias? (6)

5 ¿Qué haces todos los días? Menciona diez actividades. (10)

6 ¿Qué haces para ayudar en casa? (8)

Total 50 puntos

Segunda parte (nivel superior)

7 Éstas son las cosas que tienes que hacer en casa hoy. Tu padre te ha dejado una nota con las instrucciones. Completa las frases con los verbos adecuados en el imperativo.
Ejemplo: Prepara el desayuno.

Usa estos verbos.

llevar pasar fregar dar limpiar planchar

1 _____ los platos.
2 _____ el polvo.
3 _____ la ropa.
4 _____ la aspiradora.
5 _____ a tu hermano al colegio.
6 _____ la comida a los gatos. (6)

8 Escribe frases completas.
Ejemplo: Ahora voy al instituto, antes iba al colegio.

Ahora	Antes
1 comer en un restaurante	comer en casa
2 viajar en coche	viajar en autobús
3 salir con amigos	jugar
4 levantar pronto	levantar tarde
5 estudiar por las tardes	ver la televisión
6 vivir en casa grande	vivir en casa pequeña
7 ir a la discoteca	ir al cine

(14)

9 Contesta estas preguntas sobre tu vida antes de empezar a estudiar la secundaria en el instituto.

¿Qué hacías todos los días en el colegio? Menciona cinco cosas.

¿Qué hacías en tu tiempo libre? Menciona cinco cosas. (20)

10 El año pasado fuiste de vacaciones con tus amigos/as. Lee el programa. ¿Qué hacíais tú y tus amigos todos los días?

1 levantarse a las ocho
2 desayunar
3 ir a la playa
4 nadar en el mar
5 tomar el sol un poco
6 comer en el restaurante
7 dormir la siesta
8 salir de paseo
9 cenar en el hotel
10 acostarse (10)

Total 50 puntos

Algo más

1 Lee el artículo 'La palabra de nuestra era' y contesta.

1 ¿En qué año aparecieron las palabras 'aspirina' y 'minifalda'?
2 ¿Cuál es la palabra más característica del siglo?

La palabra de nuestra era

Para la elección de la "palabra del siglo", los especialistas de los diccionarios Collins confeccionaron una lista de 102 neologismos como tarea previa, haciendo corresponder cada uno de ellos a un año desde 1896 hasta 1997. La lista era de gran interés, con una curiosa mezcla de los avances científicos, tecnológicos y hechos sociales o políticos relevantes, figurando términos como aspirina (1897), alergia (1907), esquizofrenia (1912), Gestapo (1933), gigoló (1922), tupperware (1945), minifalda (1965) o autopista de la información (1993). En la lista de las veinte palabras finalistas figuraban chip, penicilina, aldea global, bikini, Internet, holocausto, etc. Después de una votación realizada a través del diario "The Times", la palabra elegida como más característica del siglo fue "televisión" seguida por "tecnología", "comunicaciones" y "ordenador".

2 ¿Hay más hombres o mujeres en el mundo? Para saberlo lee la sección 'Demografía' de esta revista.

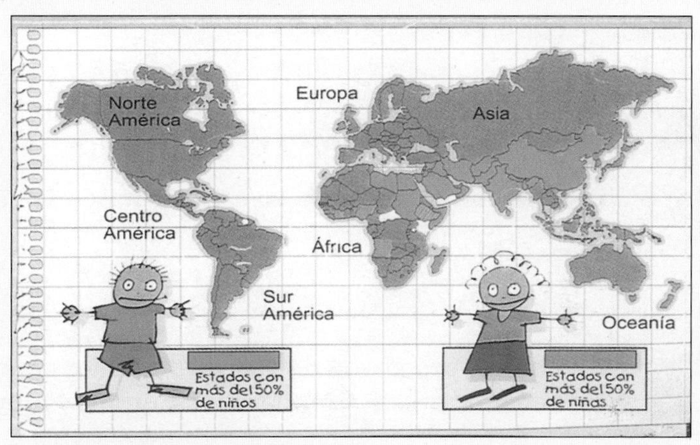

3 ¿Quién hace las tareas del hogar? Lee el artículo 'Limpio mi casita'.

Las mujeres españolas dedican más de cuatro horas diarias a la limpieza del hogar como media; los hombres, sólo treinta minutos. En total, cada pareja emplea unos 68 días al año para mantener a raya el polvo. No hacerlo nos expone a alergias, asma o salmonelosis.
Para tener la casa a punto es necesario realizar una limpieza general a fondo al menos una vez al mes, aunque los expertos aseguran que la frecuencia óptima es cada quince días y, mientras tanto, hacer limpiezas rotativas por habitaciones. El primer paso consiste en poner las cosas en orden. Lo mejor es empezar por el trabajo más pesado, que suele concentrarse en la cocina, y seguir por los baños, el salón-comedor y los dormitorios.

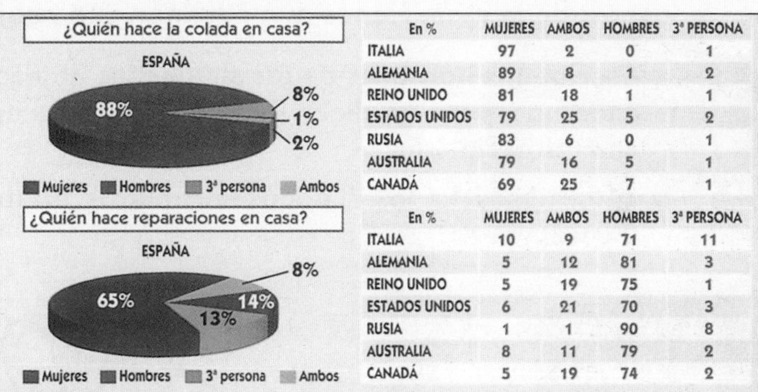

En %	MUJERES	AMBOS	HOMBRES	3ª PERSONA
ITALIA	97	2	0	1
ALEMANIA	89	8	1	2
REINO UNIDO	81	18	1	1
ESTADOS UNIDOS	79	25	5	2
RUSIA	83	6	0	1
AUSTRALIA	79	16	5	1
CANADÁ	69	25	7	1

En %	MUJERES	AMBOS	HOMBRES	3ª PERSONA
ITALIA	10	9	71	11
ALEMANIA	5	12	81	3
REINO UNIDO	5	19	75	1
ESTADOS UNIDOS	6	21	70	3
RUSIA	1	1	90	8
AUSTRALIA	8	11	79	2
CANADÁ	5	19	74	2

4 Lee la historieta de Mafalda. La madre de Mafalda está limpiando la casa.

LECCIÓN 7

¿A qué piso vas?

OBJETIVOS

- *Hablar de la casa: habitaciones, muebles y objetos.*
- *Describir algo: decir para qué sirve, cómo es y cómo está.*
- *Pedir información para alquilar un apartamento.*

A ¿Tienes buena memoria?

1 Escribe con tu compañero/a tres listas, en cinco minutos, de lo siguiente.

1 Habitaciones de la casa
2 Muebles
3 Objetos que hay en la casa que no sean muebles

2 Escucha el programa de televisión: es un concurso en que se hacen estas preguntas a tres concursantes. Compara los nombres que dicen con los que tienes tú.

3 Sigue jugando. Escucha a estos chicos y chicas que dicen lo que hacen en diferentes partes de la casa. Tienes que adivinar qué habitación es.

4 a Escribe los nombres de los siguientes objetos. Tessa y Goreti dicen para qué sirve cada uno, pero no dicen qué objeto es. Escucha y marca a qué objeto corresponde cada descripción.

b Ahora escucha los diálogos completos, en los que se nombran los objetos y comprueba.

5  **Piensa más objetos y escribe sus descripciones. Tus compañeros/as tienen que adivinar qué objeto es.**

6  **Describe tu casa. Tu compañero/a la dibuja con todos los detalles.**

B Se alquila apartamento

7  **Unos amigos de la familia de Tessa quieren alquilar un apartamento en España, en la playa, pero como no hablan español Tessa llama por teléfono a dos números que le han dado.**

a Escucha y elige los dos anuncios que corresponden a cada diálogo.

b Tus amigos no entienden el español y te piden que les expliques lo que dicen los anuncios.

a **CAMBRILS PLAYA**
Se alquilan apartamentos 3/4 personas, dos dormitorios, cocina y gran salón, equipados con terraza, ascensor, muy céntricos, frente a puerto deportivo. Piscina privada, a 8 km de Port Aventura, a 2 minutos playa, 1ª quincena de agosto 90.000, 2ª quincena agosto 85.000, semanas septiembre 30.000. Tel.: (977) 782617

b **SUESA**, a 28 km de Santander, zona rural. Alquilo apartamento (4/5 personas) todo nuevo, a 2 km playas de Somo. Tres dormitorios, cocina-comedor, salón, televisión, garaje, jardines. Totalmente equipados. Julio 125.000. Agosto 150.000. Septiembre 100.000 ptas. Tel.: 922 246604

c **TORREMOLINOS**
4/5 personas. Se alquila ático. Tres dormitorios, cocina, salón muy confortable, teléfono, TV color, lavadora, terraza. Muy cerca de las piscinas de Acquapark. Al lado de la playa 2ª quincena de agosto 88.000 ptas. 1ª septiembre 75.000. Tel. 95-2629911

8  **Ahora haz tú un diálogo similar con tu compañero/a. Usa la información del anuncio que queda.**

9  **Una de las agencias ha enviado un anuncio a tus amigos que quieren alquilar un apartamento en la playa, pero como no entienden español tienes que traducir lo que dice. Pero, ¡atención! la agencia ha cometido un error. ¿Cuál es?**

CAMBRILS - COSTA DORADA

Complejo Residencial MARINA

EXCELENTES APARTAMENTOS JUNTO AL MAR

- A 5 Km. Acceso Autopista A-7
- A 12 Km. de Port Aventura

Hipoteca al 5'95% de interés amortizable en 15 años

- *Fachada de obra vista.*
- *Zona ajardinada y piscinas comunitarias.*
- *Pisos de 2 y 3 dormitorios, con acabados de 1ª calidad, amplio salón comedor, cocina totalmente equipada con electrodomésticos, baño principal con bañera de hidromasaje y amplias terrazas.*
- *Plaza de parking opcional.*

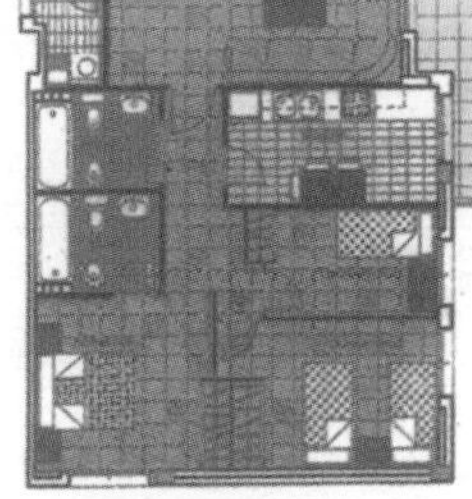

VIVIENDAS DE LUJO AL MEJOR PRECIO
A PARTIR DE 9.360.000 PTAS.

VENTA DE LOCALES COMERCIALES

INFORMACIÓN Y VENTAS:

PROMOCIONES PROYECTOS DAVA, S.L.
C/ Del Pal, 28 (Urb. Cambrils Mediterráneo)
43850 CAMBRILS (TARRAGONA)
Teléfonos: (977) 79.15.62 / (977) 36.41.04 / 939 30.93.57

- **Preposición 'para'**
  ¿Para qué sirve un cuchillo?
  Para cortar el pan.
- **Se alquila (un) apartamento.**
  Se alquilan apartamentos.
- **ser/estar/hay**
  En el apartamento *hay* seis habitaciones; *es* muy grande, pero *está* sucio.
  Estoy en un apartamento – *estoy* de vacaciones
- **'ser'/ 'estar' con el mismo adjetivo: su uso depende del contexto y cambia el significado de la palabra.**
  Ana *es* nerviosa (personalidad).
  Ana *está* muy nerviosa (hoy, porque tiene un examen).

176

10 **Para soñar. Lee los anuncios de esta revista sobre 'villas de lujo'. Lee lo que dicen estas personas y busca una villa para cada uno.**

CASTILLO MEDIEVAL (IRLANDA)

¿Dónde? En las afueras de Headford.
Descripción: este castillo del siglo XIV ha sido habilitado conservando todo su encanto. Dividido en tres plantas, tiene capacidad para doce personas y consta de salón comedor con chimenea, seis habitaciones (tres de ellas abovedadas), baño y cocina.
Lo mejor: las tres hectáreas de verde y lagos.
Precio: de 215.000 a 378.000 ptas semanales.
Información: Villas y Vacaciones (tel: 91/733 5497).

VILLA PELANGI (INDONESIA)

¿Dónde? En Bali.
Descripción: una mansión estilo templo con siete niveles. El diseño interior refleja los colores de un prisma, coronado en el tejado por un loto dorado y un cristal de cuarzo gigante. Hay estanques de lotos, una cabaña para masajes y jardines tropicales.
Lo mejor: la habitación del rajá.
Precio: entre 22.500 y 120.000 pesetas por persona y día.
Información: Mon Villas (tel: 93/302 09 53).

PALACIO DE LA QUINTA (ESPAÑA)

¿Dónde? En el Puerto de Santa María (Cádiz).
Descripción: histórico palacete situado a diez minutos del centro y a veinte de la playa. Provisto de siete dormitorios, siete cuartos de baño, dos comedores, dos salones, cocina, patio central con galerías y grandes jardines.
Lo mejor: cuenta con personal de servicio propio.
Precio: 4.815.000 pesetas por semana.
Información: Mon Villas (tel: 93/302 09 53).

NECKER ISLAND (ISLAS VÍRGENES)

¿Dónde? En el Caribe.
Descripción: isla privada de Richard Branson, propietario de la cadena Virgin. Dispone de una casa de estilo balinés y dos anexos. Piscina, dos 'jacuzzis' y cinco dormitorios con terrazas y baños. Se llega a ella por helicóptero.
Lo mejor: el personal de servicio.
Precio: desde 1.600.000 pesetas por día.
Información: International Villa Rentals (tel: 93/415 07 88).

1 Nos gustan las flores exóticas.
2 Necesitamos mucho espacio para comer.
3 Nos gustan los edificios muy antiguos.
4 Nos gusta comer el pescado muy fresco.
5 Nos gustan los deportes de invierno.
6 Estamos rodeados de agua por todas partes.
7 Sólo podemos volar hasta allí.
8 Parece un edificio religioso.
9 Quiero practicar mi español.
10 Queremos la más barata.
11 Yo quiero la más cara.
12 Me encantaría estar en un sitio tranquilo cerca de la playa y de la ciudad.
13 Si no tiene piscina, no vamos.

CHALETS RÚSTICOS (AUSTRIA)

¿Dónde? En Salzburger Land, en Voralberg y en Carintia.
Descripción: casas rústicas de dos a diez personas en la montaña. Las estaciones de esquí quedan al lado; también se puede pescar o ir a la sauna.
Lo mejor: su emplazamiento en plena montaña y la mezcla de tradición y confort.
Precio: de 85.000 a 247.000 ptas por semana.
Información: International Villa Rentals (tel: 93/415 07 88).

C ¿Ser o estar?

11 **Une cada dibujo con la frase correspondiente y después completa las frases con 'ser' o 'estar'.**

1 Ana ____ muy simpática pero ____ muy deprimida porque su gato ha muerto.
2 Esta habitación ____ muy oscura porque tiene las persianas cerradas.
3 Este abrigo ____ muy caro, pero en las rebajas ____ muy barato.
4 Este actor ____ muy viejo pero se ha hecho la cirugía estética y ____ mucho más joven.
5 Su hija ____ muy pequeña, sólo tiene seis años, pero ____ muy alta para su edad.

12 **El complejo residencial Marina tiene algunos apartamentos para alquilar. Tessa va a pasar quince días con sus amigos y escribe una carta. Rellena los espacios en blanco. Elige entre 'ser', 'estar' y 'hay'. Te damos un ejemplo.**

Querida amiga:
¡Ya **a** estoy *de vacaciones y por fin* **b** ____ *tranquila porque: ¡he aprobado mis exámenes! Aquí tengo muchos amigos que* **c** ____ *muy simpáticos. Esto* **d** ____ *estupendo.*

En los apartamentos **e** ____ *una piscina muy grande. Nuestro apartamento no* **f** ____ *muy grande, pero* **g** ____ *muy limpio y tiene todas las comodidades necesarias.*

También **h** ____ *un pueblo muy bonito, muy cerca, que* **i** ____ *un pueblo de pescadores. Las casitas del puerto* **j** ____ *muy viejas, pero* **k** ____ *muy bien pintadas y conservadas. El pueblo* **l** ____ *muy tranquilo porque los coches y motos no pueden circular por el centro. ¡ Ah, y* **m** ____ *muy morena!*

Muchos besos

Tessa

13  **Escucha a estas personas que están en los mismos apartamentos y suben en el ascensor con Tessa. ¿A qué piso van?**

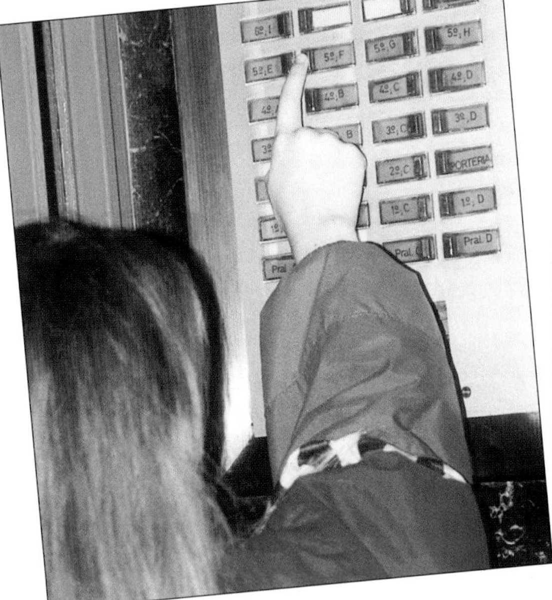

¡Atención!

quinto = 5°
sexto = 6°
séptimo = 7°
octavo = 8°
noveno = 9°
décimo = 10°
ático = attic

¡Ya sabes!

Preposición 'para': *¿Para qué* sirve esto? *Para* mirarse.

Se alquila (un) apartamento./Se alquilan apartamentos.

ser/estar: Ana *es* nerviosa./Ana *está* muy nerviosa.

La habitación *es* oscura./La habitación *está* oscura.

14 Ⓟ **Encuesta en la clase: la casa ideal.**

Aventura semanal

Una casa muy especial.

LA CASA DE BILL GATES: CASI CIENCIA FICCIÓN

El hombre más rico de Estados Unidos es el principal impulsor del hogar del futuro. En el suyo se ha gastado 5.000 millones de pesetas.

La nueva vivienda de Gates dispone de todos los automatismos posibles para no mover ni un dedo y contar con todas las comodidades imaginables. Residentes y visitantes tan sólo deben colgarse un chip en forma de pin en la solapa. En él estará programada cada una de las apetencias de quien lo lleve.

Todo en la casa de este multimillonario es descomunal. La mansión ocupa 3.250 metros cuadrados y no le falta ningún lujo. Dispone de una sala de cine, un campo de golf, una pista deportiva, un garaje para sus 20 coches de época, una piscina con hilo musical acuático... y un sistema de cien microcomputadores velando por el mínimo detalle. Una obra faraónica que ha tardado seis años en rematarse.

"La tecnología tiene que estar a nuestro servicio. Dentro de unos años, la mayoría de las casas funcionará como la mía y nos resultará extraño pensar cómo podíamos vivir sin estos inventos", vaticina el propio Gates.

La mansión ocupa más de 3.000 m².

UNA OBRA FARAÓNICA

El rey Midas de la informática no ha reparado en gastos para convertir su futura casa en un alarde de tecnología, sin olvidarse de la espectacularidad.

1. Teatro. 2. Biblioteca. 3. Garaje. 4. Oficinas y sala de recepción. 5. Casa del barquero y amarre de los yates. 6. Edificio de la piscina cubierta. 7. Comedor para los actos oficiales.

LECCIÓN 8

¡Qué cambio!

OBJETIVOS

- *Describir lugares en el pasado.*
- *Describir personas en el pasado.*
- *Decir qué pasó.*

A ¿Y aquí, qué había?

1  **Leticia habla de su nueva casa y su barrio con Tessa que ha ido a pasar unos días con ella. Le explica las diferencias con el piso y el barrio donde vivía antes. Completa el cuadro.**

	Ventajas	**Desventajas**
Casa nueva		
Piso anterior		¡no escribas aquí!
Barrio nuevo		
Barrio anterior		

2 **Habla con tu compañero/a. Ponte en el lugar de Leticia. Mira las fotos de actividad 1 y describe la casa y el barrio donde vivías antes y donde vives ahora.**

SOS Gramática SOS

Descripción de lugares y personas en el pasado

¿Cómo era el piso? Era bastante pequeño.
¿Dónde estaba? Estaba en un barrio cerca del centro de la ciudad.
¿Qué había en el barrio? Había un mercado y un cine.

B ¿Era o estaba?

3  **Completa las frases.**

1 Antes Juan ___ muy simpático, pero ahora tiene muy mal genio.
2 Pedro antes siempre ___ muy nervioso al viajar en avión.
3 Mi hermano ahora es bastante tranquilo, pero de pequeño ___ muy travieso.
4 Ana siempre ___ muy tranquila cuando tenía exámenes, no lo comprendo.
5 Juan ___ muy moreno el año pasado porque fue a la playa.

Pronunciación y ortografía

Escucha algunas frases con el imperfecto del verbo 'ser'.

Yo era muy travieso; eras muy rico; él era muy simpático; éramos amigos; erais muy traviesos; eran muy malos.

Fíjate que siempre lleva la intensidad en la primera sílaba, en este caso la **-e-**, pero sólo lleva acento en 'éramos'.

4 **a Lee el texto de los anuncios, completa con los verbos 'ser' o 'estar' y une cada texto con el dibujo correspondiente.**

 **b Después escucha los anuncios y comprueba.**

a

b

c

1 Calmante Nervosín: Excelente para los nervios.

Julito ___ muy tranquilo normalmente, pero antes, en los exámenes, siempre ___ muy nervioso. Un día su amigo le dio **Nervosín** y . . . Julito ahora nunca ___ nervioso en los exámenes.
Unas gotas de calmante **Nervosín** en un vaso de agua y verá cómo se calma. Antes de un examen, antes de su boda . . . **Nervosín** . . . para relax total.

2 Poción Jovial.

Elixir de juventud y belleza.
El señor M. usó la Poción Jovial y ahora podemos ver los resultados.

Antes su nariz ___ grande, ahora pequeña.
Antes sus ojos ___ pequeños y ahora ___ grandes.
Antes su cara ___ llena de arrugas y ahora ___ lisa y suave.
Antes su pelo ___ graso y sucio, ahora ___ brillante y limpio.

Poción Jovial – ¡Mejor que la cirugía!

3 Pastillas Delgatín para su gato

Minino ___ muy gordo, comía demasiado. Un día su dueña le dio Delgatín. Y . . . ¡Oh, sorpresa! Ahora Minino ___ muy delgado y esbelto. Gatos delgados con Delgatín.

5  **Preparad más anuncios similares y representadlos para los demás compañeros/as.**

C ¿Qué pasó?

6  **Mira estos dos dibujos del señor Marqués. Describe cómo era y estaba antes y cómo es y está ahora.**

7 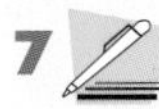 **a Mira estos dibujos de la vida de Mario Marqués. ¿Cómo cambió su vida? ¿Por qué cambió su vida? Mira los dibujos, escribe la historia y piensa un final.**

 **b Escucha el reportaje radiofónico y compara con tu historia.**

8  **Con tu compañero/a piensa una historia similar y cuéntala a otros/as compañeros/as que tienen que adivinar el final.**

9  **A algunas personas no les gustan los cambios. Una chica ha escrito al señor Feliciano Alegre, que presenta un programa de problemas del corazón. Lee la primera parte de la carta y escribe la segunda parte. Imagina cómo es ahora Antoñito y descríbelo. Decide qué le pasó. Compara con tus compañeros/as.**

Estimado señor Alegre:
Estoy muy triste y deprimida. Mi novio Antoñito ha cambiado mucho en los últimos meses. Antes era muy buenecito y tímido y muy elegante, llevaba trajes serios y de colores oscuros. Antes tenía unos granos muy simpáticos en la cara que a mí me encantaban, aunque no eran muy bonitos, pero . . . También tenía unas arrugas muy atractivas en la frente y en los ojos. Estaba bastante calvo, pero ya resultaba muy agradable ver su cabeza redondita de color rosa . . . Llevaba unas gafas negras y grandes, muy bonitas. En fin . . . Escuchábamos juntos música clásica a todas horas y veíamos la tele los fines de semana porque queríamos ahorrar para casarnos pronto. Leíamos poemas juntos y paseábamos por el parque . . . Pero ha cambiado y yo no sé lo que le ha pasado. Le mando una foto de cómo era antes y de como es ahora.
Ahora dice que no se llama Antoñito, sino Tony y . . .

10 Ⓟ **Elige un personaje interesante y escribe algo sobre su vida. Preparad el álbum de personajes de la clase.**

¡Ya sabes!

Imperfecto para describir: El piso *era* muy bonito. *Estaba* en un barrio muy grande. *Había* un mercado y un cine.

'Ser' y 'estar' en el imperfecto: *Era/Estaba* muy gordo.

Aventura semanal

La película 'Grease' fue un gran éxito cuando se estrenó en 1978. Ahora continúa siendo muy popular. Pero, ¿qué ha pasado con los actores y actrices?

Mira cómo eran entonces los actores y actrices de la famosa película 'Grease'. ¿Qué les pasó? ¿Qué hacen ahora? Lee y descúbrelo.

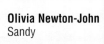

Olivia Newton-John
Sandy

Tras su papel en 'Grease' y aparte de 'Xanadú' y la canción 'Let's get physical', apenas se supo de ella, aunque ha grabado discos con éxito en ciertos mercados. Del cine desapareció rápidamente. Escribió un libro de niños y ahora es militante ecologista.

John Travolta
Danny

Sin duda, el miembro del reparto al que mejor le ha ido. Su ingreso en la Iglesia de la Cienciología y su vuelta a la popularidad a lomos de 'Pulp Fiction' son de sobra conocidos. Piloto de avión, también ha escrito un libro para niños. Su consagración es 'Primary colors', donde se parece mucho a Bill Clinton.

Stockard Channing
Rizzo

Esta actriz teatral tenía ya una carrera antes de 'Grease' y supo mantener el tipo después. Interpretó en Broadway la popular 'Six degrees of separation' y repitió el papel en la adaptación al cine. Colaboró con Paul Auster en 'Smoke' y ha hecho papeles en películas de éxito como 'El club de las primeras esposas'.

Jeff Conaway
Kenickie

Aparte de Travolta, es el actor que más películas ha hecho después de 'Grease'. Claro que cantidad y calidad no siempre van unidas. Conaway participó en telenovelas matinales de Estados Unidos y en la serie 'Babylon 5', más títulos de series sub-Z como 'Total exposure'.

Didi Conn
Frenchy

He aquí la veterana de 'Grease' que con más fervor se ha aferrado al clavo de ese fenómeno cultural. Frenchy se apuntó a 'Grease 2' (con Michelle Pfeiffer, en 1982). Conn ha publicado 'Frenchy's Grease scrapbook', un libro de memorias del rodaje con multitud de fotos y anécdotas.

LECCIÓN

Vuelta al pasado

OBJETIVOS

- *Hablar de cómo era la vida hace mucho tiempo.*

A Hace más de cien años

Trabajo	Salud	Transporte
Vivienda	Comida	

1  **Habla con tu compañero/a sobre cómo era la vida hace cien o ciento veinte años en relación con las siguientes categorías.**

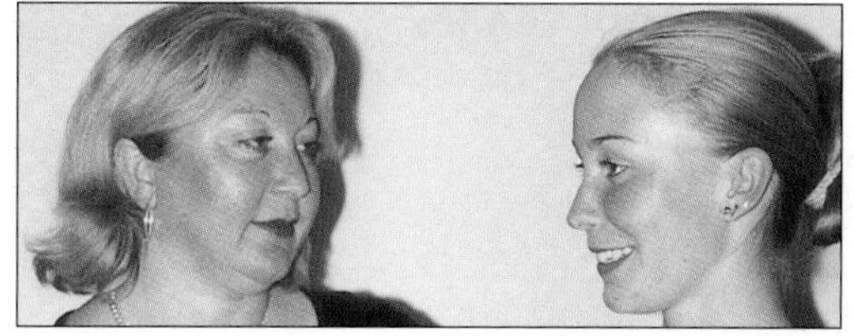

2  **Ahora Tessa hace una entrevista a su madre sobre el tema. Escucha lo que dice. Toma notas y compara con lo que has escrito tú en relación con los temas de actividad 1.**

3 **Tessa ha buscado también información en libros y revistas y ha encontrado este artículo. Añade más información a la que ya tienes y di a qué categoría de actividad 1 pertenecen.**

Elevada mortalidad

España tenía 18 millones de habitantes y una elevada tasa de mortalidad, sobre todo infantil. Uno de cada cuatro niños nacidos a finales del siglo XIX moría antes de cumplir un año.

La gente pudiente

Las clases dirigentes a finales del siglo XIX vivían en una opulencia material sin precedentes. No sólo por la riqueza acumulada, sino por la divulgación de una serie importante de inventos, que hacían la vida más agradable, como el teléfono, telégrafo y la electricidad. Y también se anunciaban muchos cambios que configurarían el siglo XX: el automóvil, el cine, la aviación, incluso los Juegos Olímpicos –los primeros fueron en 1896– y la publicidad que invadía las calles con carteles de afamados artistas, como Casas o Toulouse Lautrec.

Vida campesina

En el campo, el culto a la sobriedad se llevaba a rajatabla. Apenas se comía, casi nunca probaban la carne y el vino era considerado como bebida de lujo. La comida habitual era el pan más o menos negro, y legumbres sazonadas con un poco de aceite.

En la ciudad

En los centros urbanos la vida mejoraba sustancialmente. Allí las clases sociales estaban rígidamente distribuidas en calles y barrios. Los labradores acomodados, los comerciantes y los funcionarios vivían en torno a la plaza y a la iglesia principal.
La marca distintiva era el atuendo. Los jornaleros vestían uniformemente gorra, blusón negro o gris y alpargatas; los señores, por el contrario, levita y sombrero. Por su parte, las mujeres pobres usaban pañolón en verano y mantón de lana burda en invierno. Las ricas, vestido completo y guantes. Ninguna mujer usaba maquillaje.
En cuanto a las faldas, caían siempre por debajo de los tobillos.

Poco aseo

La higiene brillaba por su ausencia. No sólo por la falta de instalaciones, sino por la existencia de muchos prejuicios acerca del aseo diario. Había el convencimiento de que el agua era perjudicial para la salud.

La vivienda aparente

Los interiores de las casas solían ser lóbregos y tristes. Para colmo, la estancia mejor iluminada y más amplia se desaprovechaba. Decorada con los mejores muebles, era destinada a ser salón de respeto o sala de recibir, adonde se pasaba, con mucha ceremonia, a las visitas.

Los campesinos vivían en un ambiente muy sobrio. Su único lujo era el traje de los domingos para lucir en la iglesia.

El deporte comenzaba tímidamente a popularizarse. En 1896 se habían celebrado los primeros Juegos Olímpicos.

4  **Tú tienes que escribir un trabajo como el de Tessa. Usa la información que has recogido.**

5  **Usa las notas que tienes sobre el tema y habla de él con tu compañero/a.**

Pronunciación y ortografía

Las formas del imperfecto de los verbos en **-ar** (**-aba, -abas, -aba, -ábamos, -abais, -aban**) tienen siempre la intensidad en la **-a-**, pero la **-a-** sólo lleva acento en la primera persona plural: **-ábamos**.

Escucha cómo se pronuncian: yo cenaba, tú cenabas, él cenaba, nosotros cenábamos, vosotras cenabais, ellas cenaban.

B Hace más de 2000 años

6  **Jaime ha hecho un trabajo sobre los iberos, unos de los primeros habitantes de España. Éstos son los materiales que ha usado.**

7 **Jaime escucha al profesor que le explica este dibujo de los iberos. Une cada parte del dibujo con la frase correspondiente que dice el profesor.**

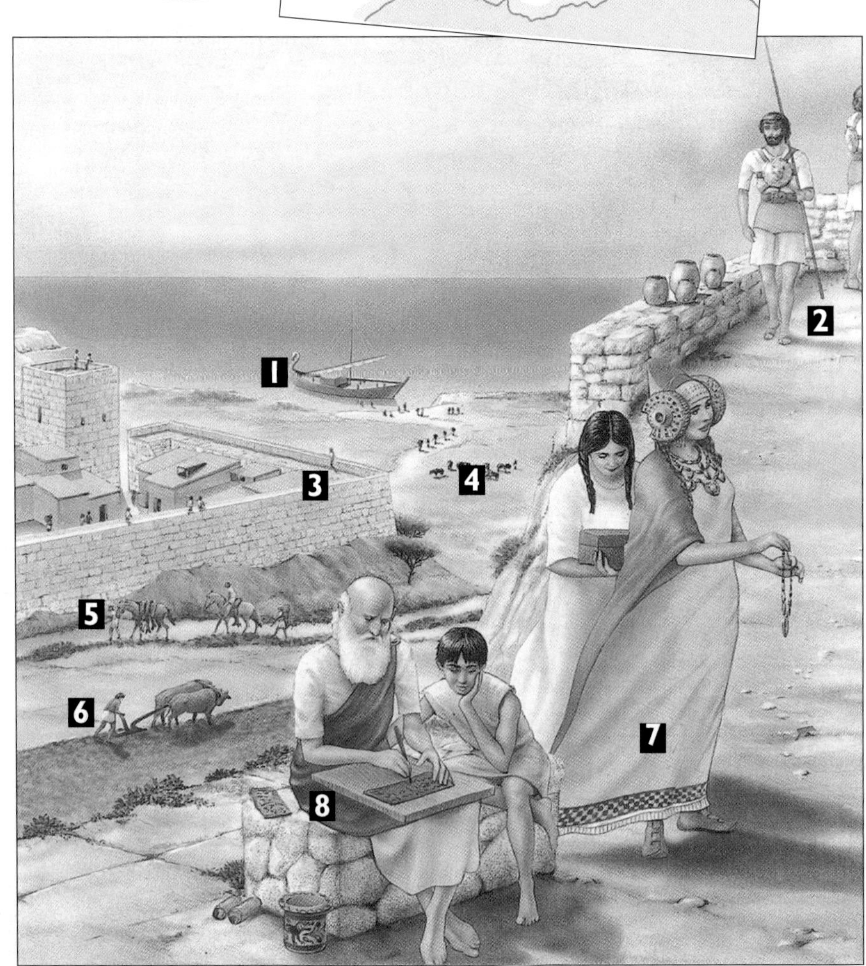

8  **El profesor le dio a Jaime este artículo sobre lo que comían los iberos. Escribe el menú.**

Un menú ibérico

La carta de un restaurante ibero tendría primeros platos basados en los cereales que cultivaban, aderezados con las aceitunas y el aceite introducidos por los fenicios. Como segundos, predominarían las carnes de vacuno, ciervo o jabalí. Y de postre, frutas, leche y queso de oveja o de cabra. Todo ello regado con el buen vino mediterráneo que ya conocían desde su encuentro con los fenicios.

En zonas de costa se comía también pescado mediterráneo, las salazones y otros frutos del mar. Junto a estas delicias, había quien, después de comer, se dedicaba a la artesanía textil y a la orfebrería.

Restaurante
'EL IBERO'
MENÚ DEL DÍA
Primer plato
Segundo plato
Postre
Bebida
¡no escribas aquí!

9  **Mira estos objetos de la época ibera que hay en el museo. ¿Qué crees que eran? ¿Para qué servían? Decide. Escucha y compara con lo que dice el guía sobre dos de ellos.**

C Un día en la época victoriana: 'Arriba y abajo'

10 **Escucha a esta persona que habla de la época victoriana y completa las agendas.**

Agenda del servicio (empleados de la casa)	Agenda de los señores
5 mañana: levantarse	7 mañana: despertarse (el señor) 8 mañana: despertarse (la señora)

11 **Elige una época del pasado y escribe una descripción sobre cómo crees que era un día normal. Por ejemplo, qué se comía en la época 'Tudor' o qué se hacía por la mañana en la época romana. Busca información, dibujos, fotos, objetos. Preparad un álbum con todo el material recogido por la clase.**

Aventura semanal

Antiguamente ya se consideraba el juego como un aspecto esencial de la educación de los niños y las niñas. Se jugaba con muñecas, aros, yoyós y pelotas y también tenían columpios. Mira estas fotos de esculturas y pinturas egipcias, griegas y romanas.

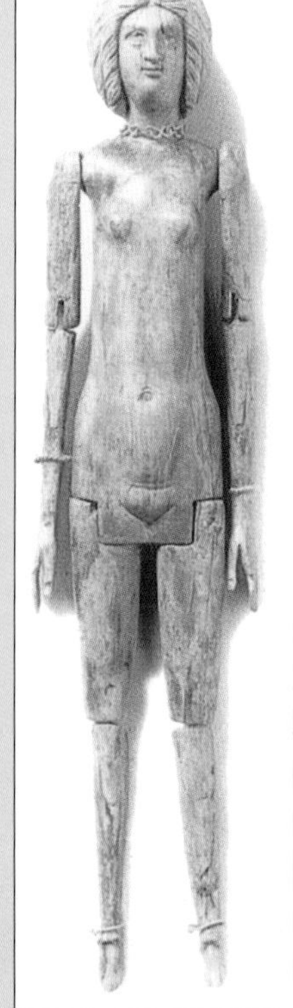

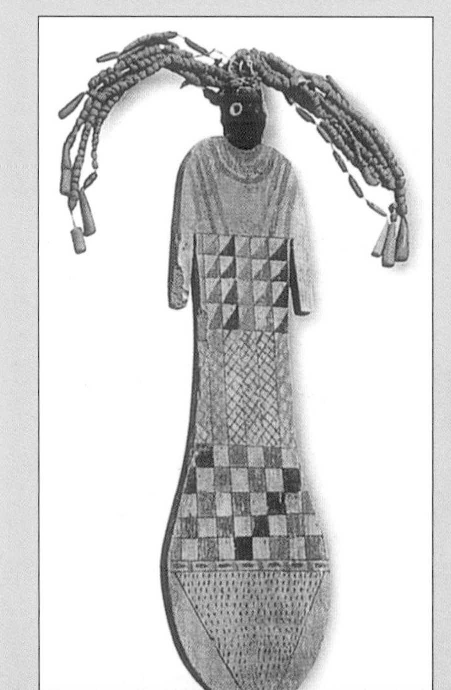

¡Ya sabes!

Más práctica con el imperfecto: España en 1898 *tenía* 18 millones de habitantes. En la ciudad la vida *mejoraba*. *Había* algunos hombres que *sabían* escribir.

LECCIÓN 10

Vamos al hotel

OBJETIVOS

- *Obtener y dar información sobre alojamiento en el hotel y en la agencia de viajes.*
- *Reservar habitación en un hotel.*
- *Explicar problemas y expresar quejas.*

A Quiero una habitación

1  **a Mira los símbolos de un folleto de hoteles. Los nombres están mezclados. Une cada símbolo con su nombre.**

 **b Después escucha y comprueba.**

1 habitaciones con ducha
2 media pensión
3 desayuno solo
4 pensión completa
5 primera línea playa
6 céntrico
7 habitaciones dobles
8 calefacción
9 aire acondicionado
10 habitaciones con baño
11 ascensor
12 tiendas
13 habitaciones individuales
14 accesos sillas de ruedas
15 terraza

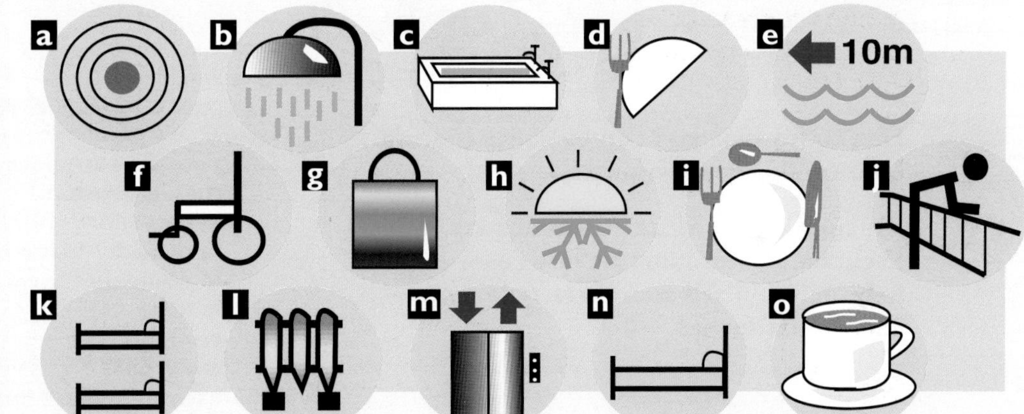

2 **Dos personas reservan habitación en un hotel. Escucha los dos diálogos y elige los dibujos correspondientes a cada uno. Pon el número del diálogo en cada dibujo.**

Ejemplo a 1

3 Escucha la continuación del segundo diálogo y pon en orden los dibujos según la conversación.

a

b

c

d
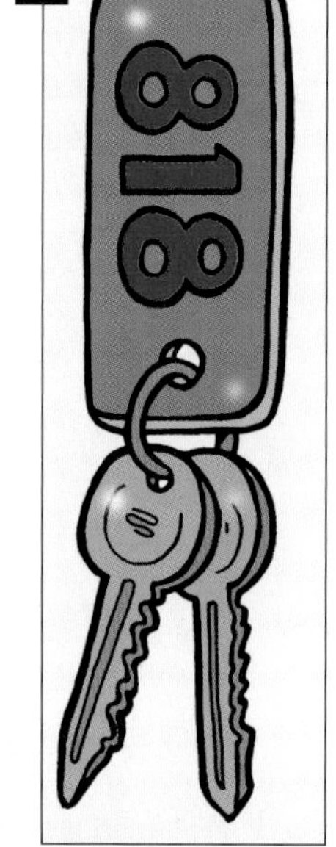

e
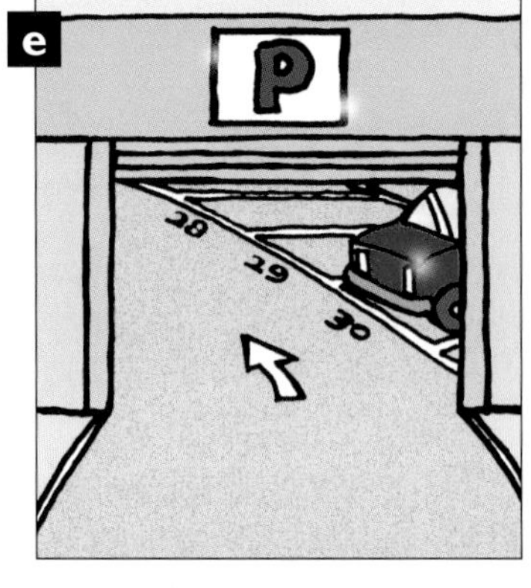

f

g

4 Haz tú los diálogos con tu compañero/a. Uno es el/la recepcionista.

5 ¿Recuerdas los meses? Practica las fechas. Escucha a estos clientes que reservan habitación. ¿Para cuándo la quieren? Escribe las fechas.

Ejemplo 1 25/3 al 2/4

¡Atención!

pensión completa = full board
media pensión = half board
el ascensor = lift
la maleta = suitcase
el equipaje = luggage
la llave = key
triple = triple, treble
cuádruple = quadruple, four times as much
estropeado/a = broken down, out of order

B Un viaje de estudios

6 Un grupo de estudiantes del instituto de Tessa quiere ir de viaje de estudios a Barcelona y pasar unos días en un hotel en la playa. Tessa tiene el folleto de un hotel y llama por teléfono. Escucha la conversación con el recepcionista y completa el texto del folleto.

* * *
HOTEL *BelAir*
Castelldefels

- Hotel situado a pie de ___ , a ___ kilómetros de Barcelona y muy cerca del ___ .
- 45 habitaciones ___ , ___ , de ___ camas y de ___ camas.
- Todas las habitaciones con ___ , ___ , ___ y ___ con vistas al mar.
- ___ en algunas habitaciones.
- El hotel tiene ___ , sala de televisión, ___ , sala de conferencias, ___ , ___ .
- Precios económicos: habitación individual: ___
  habitación doble: ___
  de tres camas: ___
  de cuatro camas: ___
- Estos precios son por ___ e incluyen ___ .

¡no escribas aquí!

Descuentos grupos de más de ___ personas: ___ %
El restaurante ofrece: desayuno ___ ; ___ pensión y pensión ___ .
Autobuses a Barcelona cada ___ minutos. Parada ___ del hotel.

7  **Tú eres el encargado o la encargada de obtener información sobre el hotel BelAir y ahora debes darla a tus profesores y compañeros que no comprenden el español. Prepara un folleto en tu idioma sobre el hotel BelAir.**

8  **Escucha otra vez la llamada de Tessa al hotel para reservar las habitaciones. Toma notas de lo que quiere y después completa la carta de confirmación de la reserva.**

Estimado señor:
Le escribo para confirmar la reserva de ___ habitaciones para . . .

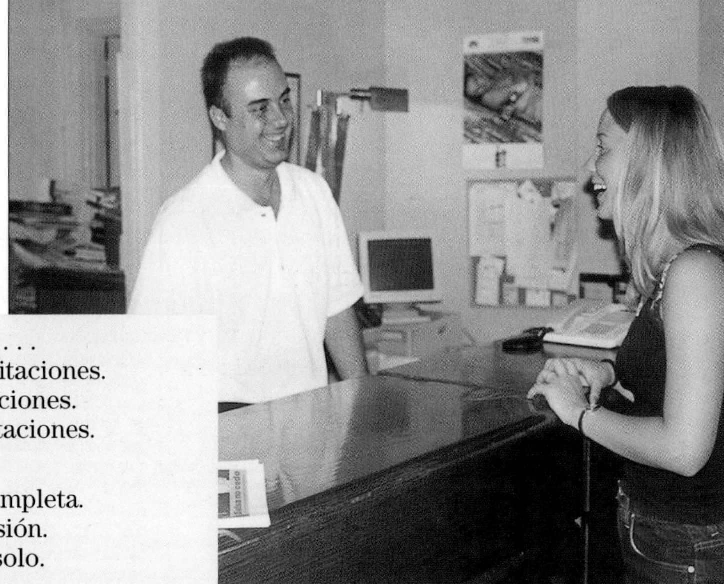

9  **a Tessa y sus amigos llegan al hotel. Escucha la conversación entre el recepcionista y Tessa. Toma notas y marca la respuesta correcta.**

 **b Haz un diálogo similar.**

1 La reserva es para . . .
a una semana.
b diez días.
c dos días.

2 Los compañeros están . . .
a en el aeropuerto.
b en la entrada del hotel.
c en la piscina del hotel.

3 Han llegado . . .
a hace mucho tiempo.
b hace muy poco tiempo.
c esta tarde.

4 En total son . . .
a cuatro habitaciones.
b tres habitaciones.
c cinco habitaciones.

5 Quieren . . .
a pensión completa.
b media pensión.
c desayuno solo.

6 Hoy quieren . . .
a solamente cenar en el hotel.
b comer en el hotel.
c dormir en el hotel.

C En la agencia de viajes

10  **a Estas tres personas quieren ir a un hotel y van a una agencia de viajes. Escucha lo que dicen y elige el hotel que crees que les recomienda la empleada de la agencia.**

a HOTEL LOS GALEONES * * * *

	01/05 - 30/06 16/09 - 31/12	01/07 - 15/09
Sólo Aloj.	7.300	6.300
A.D.	8.630	7.630
M.P.	12.230	11.230
Sto. Indiv.	4.010	4.010
Cama Extra Aloj.	6.200	5.350
1 niño 0/12 años Aloj.	GRATIS	GRATIS

OFERTA 01/07 - 15/09: 7x6

PRECIO POR PERSONA Y DÍA EN HABITACIÓN DOBLE

Avda. Madrid, 21
Telf.: 986 / 48 04 05
36204 VIGO

Moderno Hotel inaugurado en 1994. Situado a 100 m. de Plaza de España. 80 habitaciones totalmente insonorizadas con baño completo, teléfono directo, Tv. vía satélite, vídeo, hilo musical, mini-bar, caja fuerte y aire acondicionado. Salón de Tv., salas de conferencias y auditorio. Bar, cafetería, pub, restaurante internacional y garaje gratuito.

b HOTEL COMBARRO * — COMBARRO

San Juan de Poio
Telf.: 986 / 77 21 31
36995 PONTEVEDRA

Situado en el centro de Poio a 250 m. de Combarro, pueblo histórico-artístico y a 800 m. de la playa. Habitaciones amplias y alegres con baño completo, Tv. y teléfono. Dispone de salón social, cafetería y parking.

	01/05 - 14/07 01/09 - 31/12	15/07 - 31/07 26/08 - 31/08	01/08 - 25/08
A.D.	2.170	2.930	3.890
Sto. Indiv.	1.250	1.250	1.460
Cama Extra A.D.	1.680	1.680	2.110
1 niño 0/6 años	GRATIS	GRATIS	GRATIS

OFERTA 7x6 (Excepto 15/07 al 25/08)

PRECIO POR PERSONA Y DÍA EN HABITACIÓN DOBLE

c HOTEL PIPO *

	01/08-31/08	01/05-31/05 01/10-31/12	01/06-30/06 01/09-30/09	01/07-20/07	21/07-31/07
A.D.	----	1.960	2.030	2.230	2.710
M.P.	6.190	3.380	3.790	4.060	5.150
P.C.	6.330	3.790	4.330	4.600	5.520
Sto. Indiv.	1.220	1.220	1.220	1.220	1.220
Cama Extra A.D.	----	1.350	1.350	1.350	1.350
Cama Extra M.P.	4.960	2.710	3.030	3.250	4.120
Niños 0/10 años Dto. sobre A.D	40 %	40 %	40 %	40 %	40 %

PRECIO POR PERSONA Y DÍA EN HABITACIÓN DOBLE

Telf.: 986 / 74 34 00
Soutullo - La Lanzada

Establecimiento muy próximo a la Playa de La Lanzada (800 m.) y también de Sangenjo (9 km.), a pie de la carretera que discurre hacia El Grove. Goza de aceptación por la afabilidad del trato y la sencillez de su cocina. Habitaciones con baño y en un porcentaje pequeño también con terraza. Espacio abierto para vehículos y bar.

b Escucha ahora a la empleada de la agencia que les recomienda el hotel adecuado. ¿Cuál es? ¿Por qué les recomienda ese hotel?

D El hotel 'Maravillas'

11  **a La mayoría de los hoteles son estupendos, pero hay uno, el hotel 'Maravillas', que es un desastre. Mira el dibujo de la habitación y del cuarto de baño: ¡nada funciona! ¿Qué problemas hay? Escribe una lista.**

Ejemplo La cama está rota.

 **b Escucha al cliente que se queja a la recepcionista y comprueba.**

12 **Ahora quéjate tú en recepción. Explícale a la recepcionista qué problemas hay.**

13 **Escucha el diálogo del cliente con la directora del hotel. ¿Qué soluciones le da?**

14 **a Tu compañero/a es el/la recepcionista y tú el/la cliente. Haced un diálogo similar con lo siguiente. Mira los dibujos.**

En el cuarto de baño . . .

1 ducha/rota/arreglar
2 grifos/rotos/arreglar
3 espejo roto/cambiar
4 bañera/sucia/limpiar
5 luz/no funciona/reparar
6 papel higiénico/no hay/traer
7 toallas/no hay/traer

 **b Escucha y comprueba. ¿Es tu diálogo similar a éste?**

15 **P** **Escribe un folleto con información de los hoteles que hay en tu pueblo/ciudad/zona para un grupo de estudiantes españoles que quieren venir a tu ciudad de viaje de estudios.**

Aventura semanal

Lee este folleto sobre una ciudad turística, de playa, en Cataluña: Castelldefels.

Tiene mar

La playa de Castelldefels, con 5 kilómetros de longitud y una superficie de 500.000 m^2, es una de las playas mejor dotadas de Catalunya.
Hoteles, apartamentos, restaurantes, bares, kioscos de helados y bebidas, hamacas, motos acuáticas, patines, vela ligera, escuela de windsurf, tobogán acuático, zonas deportivas, áreas de juegos infantiles, rampas de acceso, servicio de vigilancia y socorrismo, un buen acceso por ferrocarril y carretera son algunos de los servicios que ofrece.

Está a 20 minutos de Barcelona

Barcelona está muy cerca de usted: por carretera, autovía, autopista, ferrocarril o autobús. Podrá disfrutar de todas las actividades turísticas y culturales de una gran ciudad: museos, monumentos, compras, espectáculos . . . y descansar en Castelldefels.

Desde la playa, usted podrá organizar sus visitas a cualquier punto geográfico a través de las sugerencias de su hotel y de las oficinas de información turística que se encuentran cada verano a su disposición.

Ruta verde

Si le apetece pasar un día en la montaña y ver orquídeas, perdices, águilas o construcciones típicas del siglo XII, sin duda su ruta está en el Parque Natural del Garraf. Con una extensión de 10,638 hectáreas, es visitado por 30.000 personas al año.

La Escuela de Naturaleza le facilitará numerosos itinerarios para conocer el Parque. El Palacio de la Plana Novella es una construcción del siglo XIX con una mezcla de estilos neoclásico, barroco y árabe.

Algunos datos

Castelldefels es una ciudad costera de 40.000 habitantes que se encuentra tan sólo a 20 minutos de Barcelona y a 10 minutos del Aeropuerto.

¡Ya sabes!

Vocabulario de hotel: habitación doble con ducha, individual con baño, media pensión, desayuno solo, pensión completa, primera línea playa, céntrico, la llave.

Reservar una habitación.

Confirmar una reserva.

Quejarse: la ducha está rota, ¿puede arreglarla?

LECCIÓN 11

Intercambio

OBJETIVOS

- ***Hablar de viajes de estudios e intercambios.***
- ***Tomar parte en las diferentes situaciones que se presentan en estos viajes.***
- ***Hablar de viajes y experiencias en el extranjero.***

A Estudiantes al extranjero

1  **Josefina, que es profesora de inglés en un instituto de Zaragoza, nos habla de un intercambio que hicieron ella y sus estudiantes con un instituto inglés. Escucha y completa el cuadro con la información que nos da.**

Lugar	
Familias	
Instituto	¡no escribas aquí!
Programa de actividades	
Proyectos	

2  **Uno de los estudiantes, Víctor, estuvo en tu casa y lo pasasteis muy bien.**

a Llamas por teléfono a tu amigo/a español(a) y le cuentas lo que hicisteis. Usa la información de Josefina y añade más cosas si quieres.

 **b Escribe una carta a tu amigo/a español(a) contando lo que hicisteis en el intercambio.**

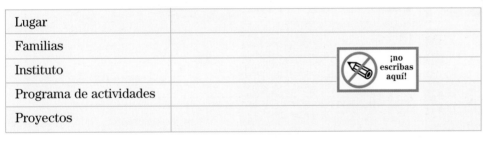

Querido amigo:
En mayo mi amigo de Zaragoza, que se llama Víctor, vino a mi casa porque hicimos un intercambio con su instituto y . . .

Reciclaje del lenguaje

Usar el pretérito indefinido y el imperfecto mezclados en las situaciones adecuadas: '*Fui* a la montaña y abajo *se veía* un valle . . .'; '*estuve* en un hotel y todos los días *íbamos* a pasear a la montaña'.

¡Atención!

el intercambio = exchange
la frontera = border
una cabina = cabin
tratar bien/mal a alguien = to treat someone well/badly
nos trataron muy bien = they treated us very well
chiquitos/chiquititos = tiny
el Canal de la Mancha = the Channel

B Y ahora qué digo . . .

3 **Después los estudiantes ingleses fueron a Zaragoza. Lee el programa de las actividades que hicieron. Mira las fotos y di a qué día corresponde cada una.**

a

b

c

d

e

f

g

h

i

j

k

l

Programa del viaje de intercambio a Zaragoza

Lunes	Llegada a las casas de los amigos españoles y cena con la familia.
Martes	Mañana: ir al instituto. Tarde: visita a la ciudad.
Miércoles	Mañana: libre para compras. Tarde: visita a la catedral.
Jueves	Excursión al campo. Tarde: Museo de escultura.
Viernes	Mañana: visita al mercado, compras y entrevistas. Noche: cine o teatro.
Sábado	Comida restaurante típico. Noche: discoteca.
Domingo	Excursión a las montañas de los Pirineos en tren.

4  **Escucha estos diálogos que se dan en varias situaciones y di a qué actividad del programa anterior pertenecen.**

5  **Te toca a ti. Haz la parte del estudiante en los diálogos anteriores. Usa las fotos de actividad 3 como ayuda.**

1 Tu amigo te presenta a su madre.
2 Compras un billete de autobús.
3 Enseña el instituto a tu amigo.
4 Pregunta dónde están los sitios más importantes de la ciudad.
5 Compra algo de regalo en una tienda de regalos.
6 Compra entradas para el teatro o/y el cine.
7 Compra algo de comer en el mercado.
8 Pregunta dónde está el museo y compra una entrada.
9 Pide comida en un restaurante.
10 Saca a alguien a bailar.
11 Compra billetes de tren en la estación para ir a los Pirineos.

6  **Lee el programa otra vez y cuenta a tu amigo/a lo que hiciste durante el viaje de intercambio. Después escribe una carta.**

C No estamos solos

7 **Tatiana y Goreti nos hablan de sus experiencias en otros países.**

a Primero escucha a Tatiana y di si las frases siguientes son verdaderas (V) o falsas (F).

1 Hace tres años Tatiana fue de vacaciones a la montaña.
2 Estuvo una semana.
3 El hotel era muy moderno.
4 Todos los días iba a pasear por las montañas.
5 Varios días subió hasta Candanchú, hasta la frontera con Francia.
6 No le gustaba ir a la frontera.
7 Desde la parte francesa de la frontera llamó por teléfono.
8 En la parte francesa había un valle con dos pueblecitos solamente.

b Ahora escucha a Goreti y completa las frases.

1 Hice un viaje de estudios con ____ .
2 Fui a ____ .
3 El tiempo fue ____ .
4 Vimos ____ .
5 También hicimos muchas ____ .
6 Viajamos en ____ y pasamos a Inglaterra por ____ .
7 Goreti pensaba que ____ .
8 El viaje fue ____ .
9 Tardaron en cruzar el Canal de la Mancha ____ .
10 La experiencia fue ____ .

8  **Y tú, ¿has tenido alguna experiencia similar? Habla de los siguientes aspectos con tu compañero/a. Primero prepara las preguntas.**

- ¿Medio de transporte?
- ¿A dónde?
- ¿Con quién?
- ¿Dónde?
- Descripción del hotel /camping /apartamento/ familia de intercambio
- Descripción de la ciudad/pueblo
- Actividades (todos los días/una o dos veces)
- Lugares visitados

9  **Lee el artículo 'Idiomas: inmersión total'.**

Idiomas: inmersión total

Recapitulemos: carné de identidad o pasaporte, diccionario, cámara de fotos, cepillo de dientes . . . ¿Todo a punto para el viaje al extranjero:? Sólo te queda prepararte mentalmente para la inmersión lingüística cultural que te espera. ¡Qué te diviertas!

¿Son ellos? ¡Son ellos!

¡Ya estás allí! Una estación de ferrocarril, grupos de personas que sonríen, un guirigay de palabras incomprensibles . . . Un poco más allá, las caras de las fotos que recibiste como respuesta a la carta (con tu propia foto) que enviaste antes de llegar. En realidad, no son exactamente como te los habías imaginado. ¡Aunque parecen simpáticos! Por lo menos, intentan agradarte . . .

¿Qué? ¿Cómo?

Si comprendieras más de una palabra de cada diez, tu sonrisa sería algo más natural . . . ¡Claro que el acento no es exactamente igual que el de tu profesor! Pero no hay que asustarse: durante la primera hora, lo normal es no entender nada. Luego, a medida que van pasando los días, vas comprendiendo cada vez mejor . . . aunque aún no te atrevas a hablar. Hasta que, de pronto, te lanzas. ¡Has perdido el miedo a hacer el ridículo! Cuando vuelvas a España, ¡responderás en inglés, francés o alemán . . . sin darte cuenta!

At home . . .

Por fin, llegas a la casa. Te puedes encontrar de todo. Tres perros o treinta periquitos . . . O que la familia viva en el piso 15 de una enorme torre, o en un chalet, o en una granja, o que tengas que compartir la habitación . . . ¡Eso es lo divertido! Lo desconocido es desconocido, pero siempre es apasionante. ¡Y hay que contemplarlo con humor!

Haciendo cola . . .

Ya sabemos que los ingleses conducen por la izquierda. «Y qué», piensas tú. «¡Yo no voy a conducir!» Lo sabemos, pero, antes de cruzar la calle, tú siempre sueles mirar a la izquierda. ¡Y más te vale mirar primero a la derecha en Inglaterra, si no quieres que te arrolle un coche! En Holanda, el problema son las bicis. ¡Están por todas partes! Incluso es posible que te ofrezcan una para que te desplaces hasta el centro, si la casa está en el extrarradio. Por lo general, los conductores europeos suelen respetar las señales de tráfico . . . Si tu medio de transporte es el autobús, no intentes colarte . . . ¡Eso está mal visto en todas partes!

¡Vaya costumbres!

Cuando se está en el extranjero, la mejor virtud es el sentido común. Y conviene recordar que también estás ahí para aprender cómo vive la gente en otros países. Observa, pues, sus costumbres. Si intentas comprenderlos, todo te resultará más fácil. Como invitado, tienes derechos y deberes. Por supuesto, tienes derecho a ser tratado como un miembro más de la familia. Normalmente, no suele haber problemas en eso. Pero si algo te hace sentirte mal, no dudes en hablar con la persona de contacto del centro que ha organizado tu viaje (¡apunta su número de teléfono antes de salir!). Puede buscarte otra familia con la que estar.

¿Los deberes?

Recuerda siempre que, para la familia con la que vas a convivir, tú representas a tu país. ¡Ser educado y ordenado te hará ganar muchos puntos y facilitará, sin duda, la convivencia! También, intenta respetar los hábitos de la familia y mantén una actitud abierta. Si hay algo que te choca, lo mejor es preguntarles directamente acerca de ello . . . Seguramente apreciarán tu franqueza. Participa al máximo en todas las actividades: descubrirás un montón de cosas, ya sea en los campos de deporte, en la escuela . . .

El regreso

¡Ya es la hora de volver a tu país! ¡La de cosas que tienes para contar! Traes un montón de recuerdos: fotos, entradas de los espectáculos a los que has asistido, postales, la receta de la tarta de moras de la dueña de la casa . . . Y están también los regalos, objetos comprados, recogidos o, simplemente, reunidos. Si, durante tu estancia, has procurado salirte del círculo de estudiantes españoles, habrás hecho muchos progresos en el idioma del país. Y, a partir de ahora, cuando oigas la palabra Inglaterra, Alemania, Francia . . . , pensarás en caras concretas: en la sonrisa de Peter, o la de Françoise, o la de Ingrid . . .

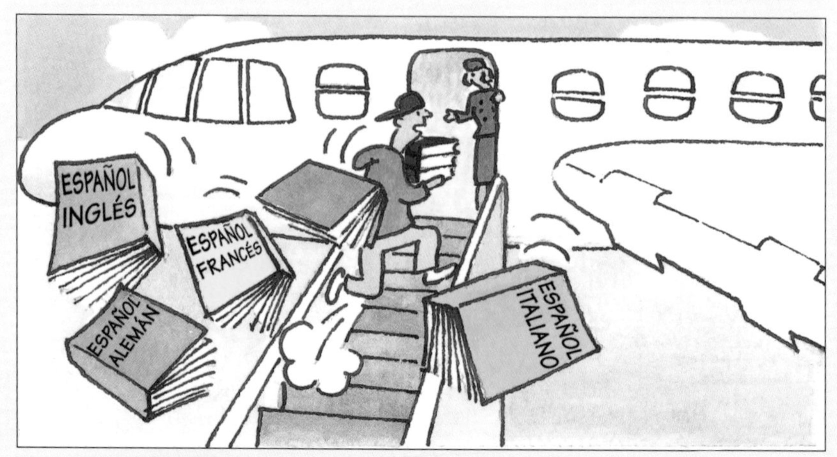

a El artículo contiene consejos útiles para intercambios. Con la información obtenida completa el cuadro.

problemas que puedes encontrar	
consejos para las diferentes situaciones	
tus derechos	¡no escribas aquí!
tus deberes	

b Ahora vuelve a leer la sección 'El regreso' y contesta.

1 ¿Qué llevas a casa cuando vuelves?
2 ¿Qué experiencia has tenido?

a Escribe un librito de frases/folleto bilingüe para tus amigos españoles que puede ser útil para un viaje de estudios o un intercambio. Incluye también información sobre aspectos culturales diferentes/sorprendentes (horarios de tiendas, de comidas, etc.)

b Preparad un diario de la clase con las experiencias que tuvisteis en un viaje de estudios o intercambio: usad fotos, mapas, cosas que recogisteis, como entradas de cine o museos, trabajos que realizasteis, etc.

¡Ya sabes!

El pretérito indefinido y el imperfecto: Fui a la montaña y abajo se veía un valle . . .
Estuve en un hotel y todos los días íbamos a pasear a la montaña.
Nos trataron muy bien.

Vocabulario: el intercambio, la frontera, el viaje de estudios.

Aventura semanal

Los primeros viajes de estudios

En la segunda mitad del siglo XVIII los caballeros ingleses que terminaban su educación realizaban viajes a las grandes ciudades de Europa, especialmente a París y a Roma, para admirar el arte clásico y perfeccionar su francés o su italiano.

El viaje se hacía en coche de caballos o en carroza privada. Primero cruzaban el Canal en barco, después pasaban por París y llegaban hasta Marsella. Allí podían tomar un barco, hasta Italia, pero podían ser capturados por los piratas. Por eso la mayoría prefería ir por tierra. También esta ruta era muy difícil y tenían que cruzar los Alpes en mula. En Italia había buenos caminos hasta Roma y de allí iban a Nápoles. En estos viajes gastaban mucho dinero y compraban muchas cosas, especialmente obras de arte.

El turismo ecológico

OBJETIVOS

- ***Hablar de lugares turísticos.***
- ***Hablar y opinar sobre los cambios ocurridos en estos lugares.***
- ***Dar y recibir consejos para tener unas vacaciones 'ecológicas'.***

A ¡Qué cambio!

1  **Aquí tienes dos fotos: A y B.**

a Mira la foto A y contesta las preguntas.

1 ¿Qué puedes hacer con el 'Bus turístico'?
2 ¿En qué fechas circula este 'Bus'?
3 ¿A qué hora empiezan los viajes por la mañana?
4 ¿A qué hora terminan por la tarde?
5 ¿A qué horas no circula el 'Bus' a mediodía?
6 Si has perdido el autobús de las 11.30, ¿a qué hora tomarás el siguiente autobús?
7 ¿Cuántas paradas tiene el 'Bus'?
8 ¿Cuánto cuesta el billete?
9 ¿Dónde compras el billete?
10 ¿Cuántos viajes puedes hacer con un billete?

b Mira la foto B y di si las frases son verdaderas (V) o falsas (F).

1 En este servicio hay varias oficinas nuevas de información turística.
2 Hay diez puntos de información turística.
3 Este servicio existe durante todo el año excepto en julio y en octubre.
4 Los guías están en la calle para guiar al turista.
5 Este servicio está organizado sólo por el ayuntamiento de la ciudad.

2  **Escucha a la guía que nos lleva a visitar la ciudad en el 'Bus turístico'. Mira el plano de la ciudad como es ahora. Indica el itinerario y escribe lo que había antes en su lugar.**

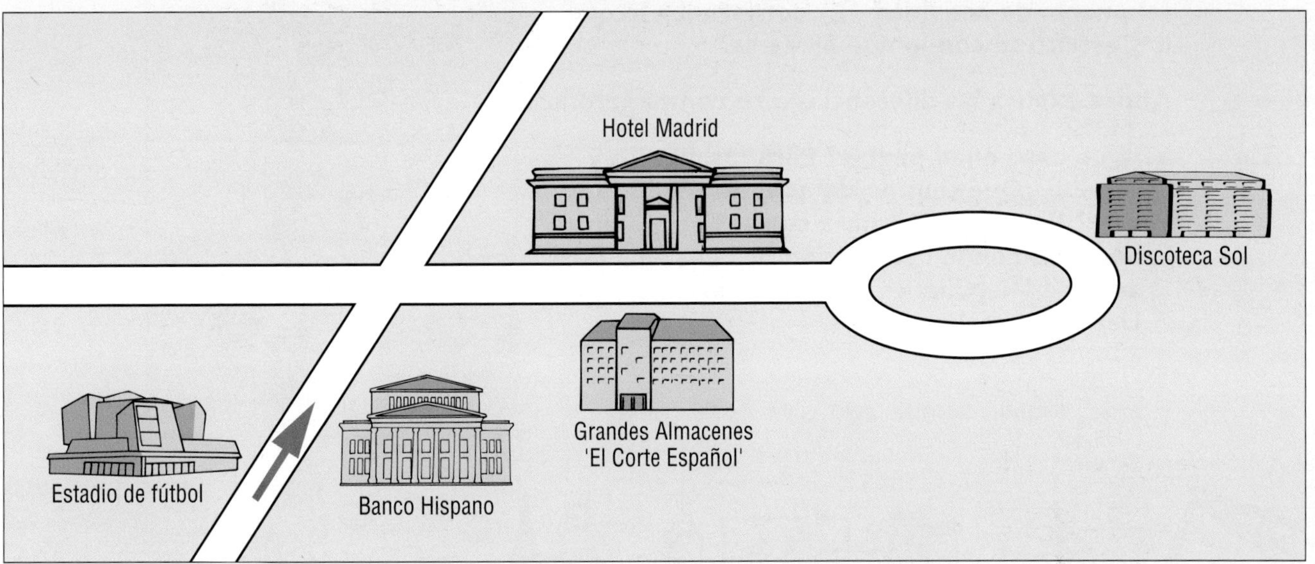

3  **Ahora tú: Mira el dibujo de la ciudad con los edificios modernos de actividad 2. Escribe debajo el nombre de lo que eran antes y explica los cambios a tu compañero/a.**

B El turismo, ¡qué gran invento!

4  **Mira los dibujos de este pueblo español en los años sesenta y ahora, y describe con tu compañero/a las diferencias que hay. Fíjate en el tiempo que usas para describir la escena del pasado: ¿cuál es?**

Ejemplo Antes había una montaña con muchos árboles, ahora no hay árboles en la montaña.

5  **Escucha a Rosa que habla a su hija Tessa del pueblo adonde iba de pequeña de vacaciones (el pueblo de actividad 4) y comprueba lo que has escrito tú con lo que dice ella.**

6  **Ahora explica las diferencias a tu compañero/a.**

7  **a ¿Qué pasó en el pueblo? Mira los dibujos y escribe. ¿Qué tiempo del pasado tienes que usar?¿Por qué? Compara con el tiempo que has usado en la descripción de la escena de actividad 4. ¿Cuál es la diferencia? Usa estos verbos:**

destruir construir quemarse quitar cortar abrir instalar

 **b Ahora escucha a Rosa y comprueba.**

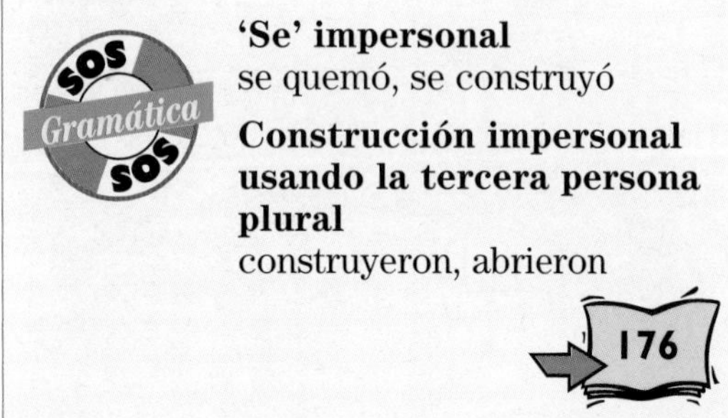

'Se' impersonal
se quemó, se construyó

Construcción impersonal usando la tercera persona plural
construyeron, abrieron

176

Pronunciación y ortografía

Hay verbos en **-er** y en **-ir**, en que la raíz termina en vocal, como: '**destru**-ir', '**constru**-ir', '**o**-ír', '**le**-er'. Cuando les añadimos la terminación de la tercera persona singular o plural del pretérito indefinido – **-ió**, **-ieron** – la **-i-** se convierte en **-y-**, y suena como consonante '**y**'.

Escucha y repite: destruyó, destruyeron, construyó, construyeron, oyó, oyeron, leyó, leyeron.

C Vacaciones sanas

8  **Lee el artículo sobre el turismo ecológico.**

a Mira las fotos y elige los puntos correspondientes a cada una.

b Tus compañeros de instituto que no comprenden el español pueden beneficiarse de estos consejos. Haz una lista de ellos en tu idioma.

c Análisis del vocabulario. Busca en el texto las expresiones equivalentes a las siguientes.

1 limpian
2 los animales
3 antes
4 comprar
5 maletas, mochilas y bolsos
6 echado
7 del campo
8 el camping
9 usar en exceso
10 límites
11 del bosque
12 muy temprano

d Análisis de la gramática.

1 Busca los verbos en imperativo y di cuál es su infinitivo, por ejemplo: lleva ➝ infinitivo: llevar.
2 ¿Qué expresiones condicionales (con 'si') hay en el texto? Por ejemplo: Si vas a la playa . . .
3 Señala los verbos que están en el futuro.

Vacaciones sanas y ecológicas

España es uno de los países más turísticos del mundo. Cada año visitan el país más de cuarenta millones de turistas (hay 39 millones de habitantes en España). El turismo ha traído grandes beneficios a España pero también ha causado grandes daños ecológicos. Uno de los problemas ha sido la falta de respeto de los turistas, tanto nacionales como extranjeros, hacia el medio ambiente y las costumbres locales. Pero aún estamos a tiempo de hacer algo. A continuación te damos unas ideas para aprovechar al máximo las vacaciones, disfrutar y conocer al máximo el lugar elegido y contribuir a que otros puedan disfrutarlo en el futuro:

1 Si vas a la playa contribuye a mantenerla limpia. Lleva siempre contigo una bolsa para la basura. También puedes ayudar a los grupos ecologistas que recogen la basura de las playas.

2 Respeta la flora y la fauna del lugar. No debes llevarte 'recuerdos' naturales como piedras o plantas.

3 Si viajas a otros países, infórmate previamente de su cultura y costumbres y sé respetuoso con ellos una vez allí.

4 Lleva poco equipaje. Es mejor adquirir muchas cosas en el lugar de destino (en muchos lugares son más baratas). Además, para favorecer el desarrollo económico de la zona, compra y consume los productos del lugar.

5 Visita los lugares interesantes y los monumentos históricos de la zona. Aprenderás mucho más que si estás todo el día tumbado en la playa.

6 A la hora de buscar alojamiento, las casas y hoteles rurales son una excelente alternativa y así evitarás que sólo se beneficien del turismo las grandes cadenas de hoteles.

7 La acampada es una alternativa más de alojamiento que, además de ser barata, te permitirá disfrutar directamente de la naturaleza.

8 No debes malgastar recursos como el agua o la electricidad. En muchos lugares los habitantes de la zona ven limitado su uso para que los turistas puedan disfrutarlos sin restricciones.

9 Respeta el silencio. Si quieres escuchar música en la playa o en un parque, utiliza cascos para no molestar a los demás.

10 Los fuegos forestales son desgraciadamente muy comunes cada verano en nuestro país. Nunca debes encender fuego en una zona de bosque o vegetación. Sólo se puede hacer en lugares permitidos y con mucho cuidado.

11 Graba los sonidos de la naturaleza, te puede sorprender. Las mejores horas para hacerlo son las del amanecer y del anochecer.

12 Viaja lo más posible en bicicleta y anda lo más posible. Si tienes que hacer recorridos largos, recuerda que el medio de transporte más ecológico es el tren.

a

b

c

9 Tessa hace una entrevista a la empleada de la oficina de turismo sobre los cambios en España causados por el turismo. Escribe los aspectos positivos y los negativos.

Aspectos positivos	Aspectos negativos

ANTES

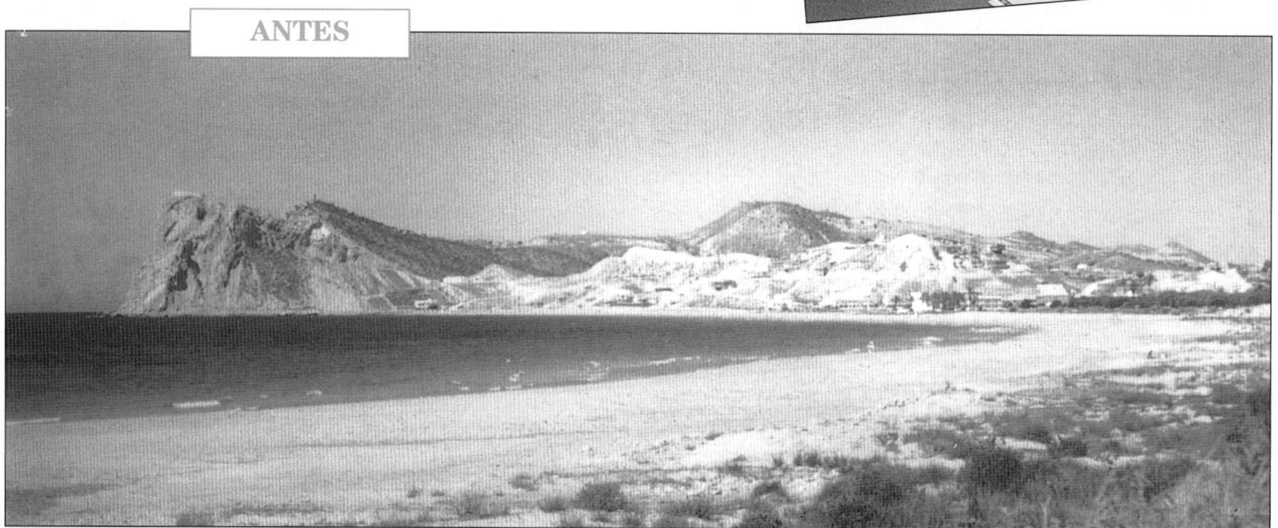

AHORA

10 Y tú, ¿qué opinas? Habla del tema con tus compañeros/as.

11 a Pregunta a varias personas mayores cómo era tu ciudad – o un lugar que te gusta – antes y cómo ha cambiado. Busca fotos, si puedes.

b ¿Conocéis algún lugar turístico de vuestro país? Podéis analizar los cambios y considerar los aspectos positivos y negativos.

Aventura semanal

Uno de los mejores lugares para pasar unas vacaciones diferentes y ecológicas es el Monasterio de Piedra. El Monasterio de Piedra es un parque natural escondido en el interior de España, en el nordeste. Está en la provincia de Zaragoza. Es un paisaje verde y exótico, lleno de lagos y cascadas. Hay un magnífico hotel que está instalado en el antiguo edificio de un monasterio del siglo XII. Las habitaciones tienen vistas fantásticas al parque. Recorrer el itinerario del agua es una experiencia única y espectacular.

¡Ya sabes!

Antes había una iglesia, ahora hay un banco.

La iglesia se quemó.

Construcción impersonal: *Construyeron* nuevos edificios.

'Se' impersonal: se quemó, se construyó

Repaso 2

Autoevaluación

Primera parte (nivel básico)

1 Escribe los nombres de cinco habitaciones de la casa y cinco muebles. (10)

2 Contesta.

Ejemplo ¿Para qué sirve un libro? Para leer/estudiar.

1 ¿Para qué sirve una lavadora?
2 ¿Para qué sirve un coche?
3 ¿Para qué sirve un ordenador?
4 ¿Para qué sirve un cuchillo?
5 ¿Para qué sirve un frigorífico? (5)

3 Describe tu casa. Escribe ocho frases. (8)

4 Completa el diálogo. Quieres alquilar un apartamento en la playa y has visto un anuncio. Llamas por teléfono.

Tú
Señora Sí, tenemos un apartamento muy bonito.
Tú
Señora Tiene un dormitorio y un salón con un sofá-cama.
Tú
Señora Pues está enfrente de la piscina.
Tú
Señora Sí, el centro del pueblo está muy cerca.
Tú
Señora Son cien mil pesetas por quince días. (10)

5 Completa las frases con 'ser' o 'estar'.

1 Juan ____ muy tranquilo, nunca se enfada.
2 Este cuarto ____ muy oscuro, no tiene ventanas.
3 Las cosas ____ muy baratas ahora porque es época de rebajas.
4 Su hija ____ muy pequeña, sólo tiene cinco años.
5 El apartamento ____ muy limpio.
6 La casa ____ muy sucia, hay que limpiarla.
7 Este cuarto ____ muy oscuro, abre la ventana. (7)

6 Completa el diálogo en un hotel.

Recepcionista Buenos días.
Tú
Recepcionista Lo siento pero no tenemos con baño.
Tú
Recepcionista Sí, ¿prefiere la comida o la cena?
Tú
Recepcionista Son diez mil pesetas.
Tú
Recepcionista Está en el último piso.
Tú
Recepcionista El desayuno se sirve desde las ocho a las diez. (10)

Total 50 puntos

Segunda parte (nivel superior)

7 Completa las frases con 'era' o 'estaba'.

1 Mi hermana ____ muy traviesa de pequeña.
2 Juan antes ____ enfermo, pero ahora ya está bien.
3 Juan ____ muy nervioso cuando lo vi ayer, porque tenía un examen.
4 Cuando vi a María la semana pasada ____ muy preocupada porque su padre estaba enfermo.
5 Ayer Pepe ____ muy triste porque su gato se perdió. (10)

8 Tienes unos problemas en el hotel; explícaselos al recepcionista y pide ayuda. Escribe ocho frases.

Ejemplo La bañera está sucia, ¿pueden limpiarla?

(16)

9 Lee el programa del viaje de estudios y escribe lo que hiciste.

Lunes Llegada al hotel, cena, paseo por la ciudad.
Martes Mañana: visita a la ciudad. Tarde: libre, compras.
Miércoles Mañana: playa. Tarde: excursión a la montaña, merienda en el campo. Noche: discoteca.
Jueves Vuelta a casa. (10)

10 ¿Cómo era tu ciudad antes? Completa los espacios en blanco.

Mi ciudad **1** ____ mucho más pequeña. **2** ____ menos tráfico. No **3** ____ tantos edificios altos. **4** ____ muchas plazas y parques. **5** ____ rodeada de un bosque y el río **6** ____ muy limpio. Mis amigos y yo **7** ____ en la calle porque no había peligro. (14)

Total 50 puntos

Algo más

1 **En el año 1800 Goya pintó este cuadro de una familia muy importante en España: La familia del rey Carlos IV. ¿Cómo crees que era la vida de esta familia? ¿Qué hacían los hombres? ¿y las mujeres? ¿Cómo era la vida de los niños y de las niñas? ¿A qué jugaban los niños y las niñas?**

2 **Tessa fue con sus amigos al hotel BelAir y, como le gustó mucho, volvió en verano con su familia. Después escribió una postal a Leticia. Imagina que tú eres Tessa. Mira las fotos y la postal y escríbela. Puedes hacerlo en el presente o en el pasado.**

Querida Leticia:
El pasado mes de agosto . . .

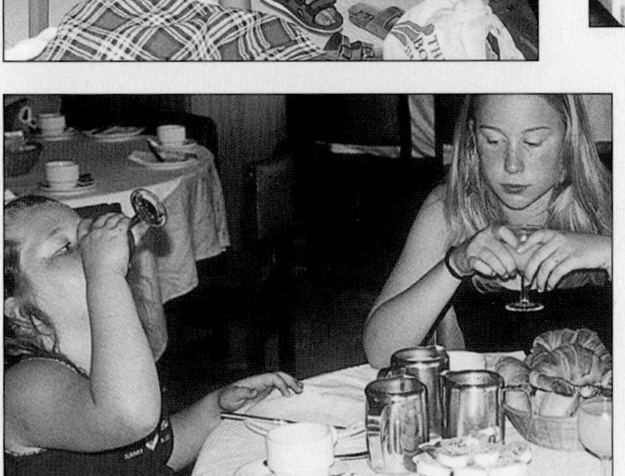

LECCIÓN 13 Los medios de comunicación 1: La palabra viajera

OBJETIVOS

- *Comprar sellos y realizar otras operaciones en correos.*
- *Hablar de la Internet.*

A Correos y Telégrafos

1  **Con tu compañero/a piensa qué puedes hacer en correos. ¿Para qué vas allí?**

2  **Tessa quiere enviar algo a sus amigas. Escucha la conversación en correos. Contesta las preguntas.**

1 ¿Cuántos sellos quiere?
2 ¿Cuánto vale un sello para carta?
3 ¿Y para postal?
4 ¿Cuánto cuesta una carta certificada?
5 ¿Por qué debe llegar pronto el paquete?
6 ¿Cuánto tarda en llegar el paquete?
7 Mira el sobre. Escribe lo que falta.

3 **Haz un diálogo con tu compañero/a en correos, similar al de actividad 2.**

Reciclaje del lenguaje

tardar
No tarda mucho.

faltar/hacer falta
Falta el código postal. No hace falta mandarlo exprés.

Imperativos con pronombres
Ponla, dímela.

B Otros servicios

4  **a Lee los letreros que hay en correos (a–g) y di adónde tienes que ir si quieres . . .**

1 enviar dinero.
2 mandar una carta a otro país.
3 mandar unos libros.
4 enviar un documento que tiene que llegar inmediatamente.
5 mandar una carta con sellos especiales con seguridad de llegada.
6 recibir cartas en las oficinas de correos.
7 enviar una carta normal.

a CERTIFICADOS

b GIRO POSTAL
c VENTA SELLOS
d PAQUETES
e APARTADO DE CORREOS
f TELEGRAMAS Y BUROFAX
g EXTRANJERO

b Ahora escucha los diálogos siguientes y di en qué lugar de correos está Tessa. ¿A qué letrero corresponde cada diálogo?

5  **Ahora haz diálogos similares a los anteriores (actividad 4b) con tu compañero/a.**

6  **Estás de vacaciones en el sur de España con tu familia y quieres visitar a tu amigo español que vive en otra ciudad cercana, pero quieres avisarle antes. Mándale un telegrama con la información siguiente.**

- Pregúntale primero si puedes estar en su casa unos días (si no, puedes ir a un hotel con tus padres).
- Tus padres necesitan alojamiento mientras están allí, pídele a tu amigo la dirección y el teléfono de algún hotel económico de su ciudad.
- Dile en qué fechas quieres ir y cuántos días quieres estar en su casa.
- Dile en qué medio de transporte vas a viajar y pregúntale si puede ir a buscarte a una hora específica.

7  **Tu amiga española quiere mandar un telegrama a Inglaterra. Escucha lo que te dice y escribe el mensaje en inglés. Completa los datos necesarios. Lee las normas que hay detrás del formulario para hacerlo correctamente.**

EL EXPEDIDOR DEBE RELLENAR ESTE IMPRESO, EXCEPTO LOS RECUADROS EN TINTA ROJA
SE RUEGA ESCRIBA CON LETRAS MAYUSCULAS O CARACTERES DE IMPRENTA

INDICACIONES TRANSMISION

INS. O NUMERO DE MARCACION | SERIAL | N.º DE ORIGEN

TELEGRAMA

LINEA PILOTO

DIA | HORA | IMPORTE EN PESETAS

OFICINA DE ORIGEN | PALABRAS

¡no escribas aquí!

INDICACIONES:

DESTINATARIO:

SEÑAS:

TELEFONO:

DESTINO:

TELEX

TEXTO:

UNE A-5 (148 x 210) T. G. - 1

TFNO.:

POBLACIÓN

SEÑAS DEL EXPEDIDOR | NOMBRE: | DOMICILIO:

ADVERTENCIA

Para ayudarle a redactar este telegrama, se ruega tenga presente las siguientes normas:

DATOS A RELLENAR POR EL EXPEDIDOR

INDICACIONES: Urgente, acuse de recibo, etc., conforme a su deseo.

DESTINATARIO: Nombre y apellidos o razón social a quien se dirige el telegrama.

SEÑAS: Dirección con todas las indicaciones necesarias para asegurar la entrega del telegrama: Calle, plaza, número, etc.

TELEFONO: Número del teléfono del destinatario si se precisa o estima conveniente.

TELEX: Número del télex del destinatario.

DESTINO: Oficina telegráfica de destino y país.

TEXTO: Mensaje que se desea comunicar al destinatario.

SEÑAS DEL EXPEDIDOR

NOMBRE: Nombre y apellidos o razón social.

DOMICILIO: Hotel, residencia o señas actuales.

8 **Un día en la vida de una mujer-cartero. La madre de Tatiana trabaja como mujer-cartero. Escucha lo que hace diariamente y lo que opina de su trabajo. Toma notas y completa la carta que Tatiana escribe a su amigo.**

Querido amigo:
Me preguntabas por la profesión de mi madre, pues es mujer-cartero y tiene una vida bastante ajetreada. Por la mañana ____ . Después ____ . Su trabajo le gusta mucho porque ____ .
Y tu madre, ¿qué hace?, ¿en qué trabaja? Escribe pronto.
Un abrazo, Tatiana.

C Todavía más rápido: Ciberespacio

9 **Pero ahora puedes comunicar con tus amigos de una manera mucho más rápida y divertida: por la red. Lee el artículo 'Amplía tu red . . . de amigos, ligues y coleguillas'.**

a Contesta las preguntas.

1 ¿Dónde empezó Silvia a 'chatear'?
2 ¿Qué es un 'chat'?
3 ¿Por qué se empieza a 'chatear' generalmente?
4 ¿Cómo empezó José?
5 ¿Qué son los 'emoticones'?
6 ¿Cómo tienes que escribir para comunicarte?
7 ¿Qué le pasó a Bárbara cuando 'chateaba'?
8 ¿Qué chicos le gustan a Bárbara?
9 ¿Cuál es el consejo que se da al final del artículo?

Pronunciación y ortografía

Muchas palabras relacionadas con la Internet proceden del inglés y se han adaptado más o menos al español. Éstas son algunas. Escucha cómo se pronuncian y repítelas.

un chat, chatear, un módem, un cibercafé, un cibernauta, realidad virtual, un emoticón, un nick (nickname).

b Señala los problemas y las ventajas que tiene el uso de este sistema de comunicación.

c Lee las definiciones que da el diccionario español de las siguientes palabras y elige la adecuada para cada una. ¿Qué quieren decir en tu idioma? Consulta tu diccionario.

1 charlar	**a** Cada una de las personas que toman parte en una conversación.
2 teclear	**b** Compañero/a.
3 ligar	**c** Conjunto de vías de comunicación.
4 coleguilla/colega	**d** Hablar, conversar sobre temas indiferentes.
5 enganchar	**e** Mover las teclas.
6 interlocutor	**f** Dicho gracioso.
7 una broma	**g** Atraer a uno. Hacerse adicto.
8 la red	**h** Atar, unir, formar una relación amorosa.

Amplía tu red

. . . de amigos, ligues y coleguillas

Ahora puedes conocer un montón de gente e incluso echarte un ligue desde casa. Sólo tienes que conectarte a un ***chat***, ponerle un poco de ingenio y lanzarte sin cohete a la conquista del ciberespacio. ¿Preparados para las relaciones virtuales?

Silvia se inició en esto del ***chateo*** en un Ciber-Café, y "fue una suerte porque al principio no tenía ni idea de lo que era un ***chat***, ni de cómo entrar". ¿Y tú sabes lo que es? Pues un lugar virtual en el que se charla, se discute, se pasa el rato, se liga, se intercambia información . . .

Y todo eso desde la pantalla del ordenador ¡y sin levantarte de la silla!

Hablan los cibern@utas

Todos confiesan haber empezado a ***chatear*** por curiosidad o por casualidad, y la mayoría han acabado convirtiéndose en adictos. José, diseñador, se conectó al canal #canarias para informarse sobre el clima antes de ir de vacaciones y "ahora estoy totalmente enganchado".

Una vez entras en el juego, la dificultad radica en poder pensar y teclear lo que dices mientras hablas ¡con tres o cuatro personas al mismo tiempo! y a una velocidad de alucine. Claro que, como todo, esto es cuestión de práctica.

S-Wiitch es ya un experto, "con el tiempo adquieres una gran rapidez mental y eres capaz de hablar de diferentes cosas a la vez. Al final dominas los emoticones (símbolos que expresan sentimientos) y aunque escribes muy de prisa, con este lenguaje puedes llegar a ser súper expresivo."

Doble personalidad

Lo bueno de estas conversaciones virtuales es que por fin puedes ser todo lo que siempre habías querido ser: inventarte un nombre, una profesión, tu edad, tu físico . . .

Aunque, claro, el resto de interlocutores también tienen todo el derecho a dejar volar su imaginación. Por ejemplo, Bárbara ligó con su mejor amiga: "Me quería hacer una broma, así que se cambió el nick y se hizo pasar por un chico irlandés porque sabía que son mi debilidad".

A pesar de todo, hay parejas y amigos de verdad que se han conocido en la red. "La gente no se lo cree, pero se puede conocer muy a fondo a las personas por este sistema, sin el obstáculo de la fachada y otras cosas por el estilo", explica Bárbara.

Parece que si lo pruebas, corres el peligro de convertirte en una adicta. Y es que hay que controlar, bromea Bárbara. "Todavía no me tiemblan las manos cuando veo un teclado, pero si estoy más de tres o cuatro días sin conectarme un ratito, noto que me falta algo." Además, está el tema de la factura de teléfono. La verdad es que algunos confiesan haber tenido problemas familiares por su vicio y al final han optado por la comodidad de los cibercafés o de las tiendas de informática que facilitan la conexión por horas.

Ya sabes, ¡conéctate! y comprueba que detrás de la pantalla de tu ordenador hay un montón de gente con ganas de explicar cosas. Eso sí, no olvides que existe un mundo real y que la verdad está ahí fuera, ¿vale?

10  **Lee la continuación del artículo anterior. ¿Qué necesitas hacer para 'chatear'? ¿Dónde y cómo puedes hacerlo?**

Para 'chatear'

Necesitarás un ordenador, un módem, un proveedor de Internet y el programa necesario para poder conectarte a un servidor IRC (Internet Relay Chat).

¿Ya lo tienes todo? Pues ahora sólo has de elegir un servidor IRC. Abre algunas páginas web de tu buscador preferido (Yahoo, Olé, Altavista . . .) haciendo una búsqueda con la palabra "chat". ¿Ya estás en tu servidor IRC? Ahora rellena los datos para configurarlo: el Real Name (tu nombre, aunque no sea el verdadero), tu e-mail (si quieres), un ***Nickname*** (tu apodo) y un Alternate (un apodo alternativo por si el otro existe ya).

Café y charla

Aparecieron aproximadamente en el año 1995 y se han propagado por todas partes. Son los ciber-cafés, lugares en los que se mezcla la charla real con la virtual, y que te permiten unas horas ante el ordenador, charlas, juegos y alguna bebida que otra. Pagas una cuota según el tiempo de conexión y te sumerges en un medio especializado en el que cuentas con todo el apoyo técnico necesario y sin salir del anonimato. Si quieres conocer dónde se encuentran los bares de Internet de todo el mundo, la mejor guía se llama 'Cybercafes'.

11  **Lee los comandos básicos para usar este medio de comunicación. Escucha a Keane que se los explica a su amigo. Une cada explicación con el comando correspondiente.**

1 /join#	**4** /part<#canal>	**7** /msg	**10** /quit
2 list	**5** /clear	**8** /nick	**11** /quit:<razón>
3 whois<usuario>	**6** help	**9** query<nick>	**12** /who<#canal>

12 Ⓟ **Escribe unos 'telegramas' o 'e-mails' (mensajes por correo electrónico) para enviar a tus amigos/as españoles con la información que tu prefieras.**

¡Ya sabes!

Vocabulario de correos: un sello, una carta certificada, un paquete, un giro postal, un telegrama, un fax, apartado de correos.

Vocabulario de Internet: chatear, cibercafé, emoticones, virtual, un módem, buscador, correo electrónico, usuario.

Aventura semanal

Un lenguaje muy particular para chatear.

Sonriente	Enfadado	Risa	Risas
:)	:(	:D	:DDD
Carcajada	**Carcajadas**	**Besos**	**Guiño ojos**
XD	XDD	:***	;)
Sin palabras	**Sin comentarios**	**Sorpresa**	**Sacar la lengua**
:l	:X	:O	:P

LECCIÓN 14

Noticias y sucesos

OBJETIVOS

- *Describir objetos (en la oficina de objetos perdidos).*
- *Contar un suceso: un robo, un ataque.*
- *Denunciarlo a la policía.*
- *Comprender y analizar noticias.*

A Comisaría y objetos perdidos

1  **a ¿Cómo se llaman los objetos que están en la oficina de objetos perdidos? Escribe una lista con tu compañero/a en un tiempo límite.**

 **b Escucha y comprueba.**

2  **a Ahora describe cada objeto con más detalle.**

1 ¿De qué color es?
2 ¿De qué material está hecho?
3 ¿De qué tamaño es?
4 Otras características . . .

b ¿Qué otros objetos se pueden perder? Escribe una lista con tu compañero/a.

3  **Escucha estos diálogos en la oficina de objetos perdidos. Estas dos personas han perdido unas cosas. Escucha y completa la ficha del empleado.**

	1	2
Nombre del dueño o de la dueña:		
Objeto:		
Color:		
Material:		
Tamaño:		
Otras características:		
Perdido en (lugar):		
Fecha:		
Hora:		

¡no escribas aquí!

Reciclaje del lenguaje

Pronombres posesivos
¿Este paraguas es el tuyo?
¿Es este paraguas el suyo?
¿Es éste el nuestro?
No, no es el mío.

el mío, la mía, los míos, las mías
el tuyo, la tuya, los tuyos, las tuyas
el suyo, la suya, los suyos, las suyas
el nuestro, la nuestra, los nuestros, las nuestras
el vuestro, la vuestra, los vuestros, las vuestras
el suyo, la suya, los suyos, las suyas

Atención: el pronombre es masculino o femenino si la cosa poseída lo es.

Esta cartera es la mía.
Este bolígrafo es el mío.

4  **Lee los siguientes diálogos.**

a Una persona mayor pregunta a una señora mayor (diálogo formal: 'usted').

A ¿Es este paraguas el suyo?
B No, no es el mío.

A ¿Son estos pendientes los suyos?
B No, no son los míos.

b Un empleado pregunta a un chico joven (diálogo informal: 'tú').

A ¿Es esta cartera la tuya?
B No, no es la mía.

A ¿Son estas gafas las tuyas?
B No, no son las mías.

c Un policía pregunta a dos personas mayores, un hombre y una mujer (diálogo formal: 'ustedes').

A ¿Es este coche el suyo?
B No, no es el nuestro.

A ¿Son estas maletas las suyas?
B No, no son las nuestras.

d Un policía pregunta a un chico y a una chica jóvenes (diálogo informal: 'vosotros').

A ¿Es esta mochila la vuestra?
B No, no es la nuestra.

A ¿Son estos billetes de avión los vuestros?
B No, no son los nuestros.

a

b

c

d

5 **Ahora practica con tus compañeros/as. Usa los dibujos de actividad 1 y otros objetos. Haz diálogos similares a los anteriores, usando los pronombres posesivos (formal e informal, con una persona o con dos, con dos objetos o con uno solamente).**

6 **A uno de los chicos que está de viaje de estudios con Tessa le han robado la mochila. Tessa le acompaña a denunciar el robo en la comisaría.**

a **Piensa qué preguntas les van a hacer allí. Escucha y comprueba si tus preguntas coinciden.**

b **¿Cómo ocurrió el robo? Elige una de las tres fotos.**

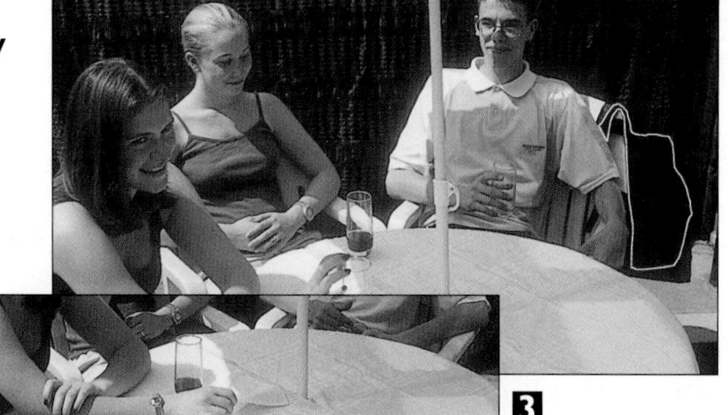

c **¿Quién robó la mochila? Escucha la descripción y elige al ladrón.**

d **¿Cómo era la mochila? Elige la correcta.**

e **¿Qué llevaba en la mochila? Marca con una cruz los objetos que llevaba el amigo de Tessa en la mochila.**

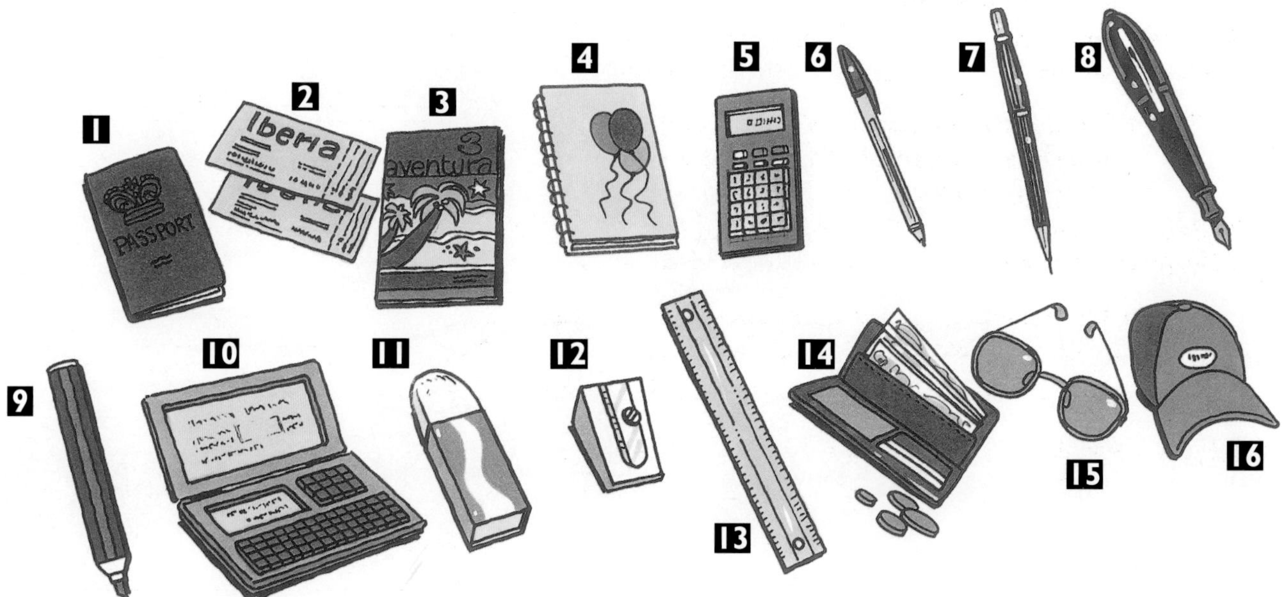

7  **Con todos los detalles que has obtenido en actividad 6 completa la ficha de la denuncia del amigo de Tessa.**

Nombre:
Objeto:
Descripción (material/color/tamaño/algún detalle específico):
Hora robo:
Lugar:
Descripción sospechoso:
Como ocurrió:

¡no escribas aquí!

¡Atención!

un robo = theft, robbery
robar = to steal
el ladrón = thief
delincuente = delinquent, criminal
delito = crime, offence
crimen = crime
denunciar = to report (a crime)
una denuncia = report
un suceso = event, incident
suceder = to happen
un/una testigo = witness

8  **Haz un diálogo similar con tu compañero/a. Ahora tú denuncias un robo. Cambia los detalles e inventa una situación (objeto robado diferente, contenidos, ladrón, hora, lugar diferentes). Tu compañero/a completa una ficha como la de actividad 7.**

9  **Ayer te robaron la mochila. Escribe a tu amigo una carta contándole lo que pasó. Elige detalles de la actividad 8.**

B ¿Qué pasó?

10 a Escucha a esta persona que cuenta lo que le pasó. Pon en orden los dibujos.

1 2 3 4 CINE 5
6 7 8 9
10 11 12 13

 **b Escucha otra vez y comprueba. Escribe la historia.**

11  **Completa las frases siguientes con las preposiciones adecuadas y di a qué dibujo de la historia anterior corresponde cada frase.**

1 El hombre pasó ___ mi lado.
2 Era ___ noche.
3 Eran las doce menos veinte ___ la noche.
4 Iba ___ mi casa ___ pie.
5 Me volví ___ atrás.
6 No había nadie ___ la calle.
7 Oí unos pasos ___ ___ mí
8 Un día volvía ___ el cine.
9 Vi ___ un hombre.
10 Yo llevaba el bolso colgado ___ hombro.

Reciclaje del lenguaje

Preposiciones:
a, de, hasta, por, detrás (de), hacia.

- **Imperfecto en circunstancias que rodean la acción:** Un día volvía del cine, iba a mi casa. No había nadie por la calle. Yo llevaba el bolso. De repente oí unos pasos, me volví y vi a un hombre.
- **Expresiones que se usan en la narración:** entonces, después, por eso, al poco rato, cuando, de repente, en ese momento.
- **Pretérito pluscuamperfecto:** haber + participio (–ado/–ido). Cuando llegó la policia el hombre *había desaparecido.*

12 **Tessa escribió a su amiga Tatiana una carta contándole un incidente que le pasó. Pon los trozos de la carta en el orden correcto.**

a Entonces decidí entrar a un gran hipermercado que está cerca de mi escuela de baile. Entré y al poco rato noté que me seguían dos chicas.

b Una me cogió del pelo y me hizo mucho daño y la otra cogió mi monedero, pero miró y no había dinero. Entonces se enfadó y me pegó en la espalda.

c Yo recuerdo que eran dos chicas de unos quince años, como yo, y llevaban un uniforme de color azul, pero no pude ver bien sus caras, una llevaba el pelo largo y otra corto.

d Eran las cinco de la tarde. Era de día porque era verano, julio y hacía calor. Yo llevaba el uniforme pero no llevaba la chaqueta, y por eso tenía el monedero en la mano.

e La profesora se asustó mucho al verme llegar porque iba despeinada y llevaba el uniforme sucio. Llamó a la policía y buscaron a las chicas, pero no las encontraron. Entonces uno de los policías me hizo varias preguntas.

f Iba por la calle, andando, a mi clase de ballet. Había mucha gente por la calle. Yo miraba escaparates y quería comprar algo.

g En ese momento vi a un hombre que pasaba por la calle y grité, pero el hombre no hizo caso. Las chicas se fueron corriendo y yo me levanté del suelo y fui a mi clase.

h Cuando salí de la tienda, las chicas salieron detrás de mí. Después no las vi ya. Entonces fui a la escuela por una calle un poco solitaria y de repente alguien me sujetó por detrás y me tiró al suelo. En ese momento miré y eran las dos chicas.

13  **Cuenta una historia que te pasó a ti o a alguien que conoces y/o escríbela. Puedes contar una historia verdadera o inventada.**

C Noticias de la radio

14 **Escucha estas noticias de la radio.**

a Une los titulares de los periódicos con la noticia correspondiente.

Titulares

a Una sorpresa musical.

b El campeón ha vuelto a ganar.

c El mal tiempo es peligroso.

d Y se dejaron la mitad.

e En su propia casa.

b Ahora contesta las preguntas siguientes para cada historia.

1 ¿Cuándo ocurrió?
2 ¿Qué ocurrió?
3 ¿Cómo terminó la historia?

15 P **Preparad un periódico de noticias y sucesos. Podéis inventar o elegir noticias de periódicos en vuestra lengua y hacer un resumen en español.**

¡Ya sabes!

Describir: Un bolso muy grande de plástico transparente con flores de colores.

Materiales (repaso): de cuero, de plástico, de piel, de lana, de cartón, metálico.

Pronombres posesivos: ¿Esta cartera es la tuya? ¿Es este libro el suyo? ¿Es esta clase la vuestra? ¿Es el nuestro? No, no es el mío.

Preposiciones (repaso): a, de, hasta, por, detrás (de), hacia.

Imperfecto en circunstancias que rodean la acción:
Un día volvía del cine, iba a mi casa. No había nadie por la calle. Yo llevaba el bolso. De repente oí unos pasos, me volví y vi a un hombre.

Expresiones que se usan en la narración: entonces, después, por eso, al poco rato, cuando, de repente, en ese momento.

Aventura semanal

Cuidado con los 'Euroladrones'

Los ladrones usan signos especiales para comunicarse entre ellos. Ahora este lenguaje se ha vuelto internacional y han desarrollado un código muy sofisticado. Si ves uno de estos signos en la puerta de tu casa ¡cuidado!

Buen objetivo	Casa muy interesante	Casa con gente amable	Casa con gente generosa
Casa desocupada	Aquí viven mujeres con corazón	Mujer sola	Casa recien "visitada"
No insistir	No es interesante	Casa con perro	Casa con perro grande
Casa de policia	Casa de militares	Casa de gente con armas	Peligro
Casa de empresario	Gente disponible	Noche	Domingo
Por la tarde	Por la manana	Casa de ricos	Casa con control electrónico

LECCIÓN 15

Los medios de comunicación 2: Información y diversión

OBJETIVOS

- *Hablar y opinar sobre los medios de comunicación.*
- *Leer y comprender material relacionado con el tema.*
- *Contar una película y opinar sobre ella.*

A Información

1  **Con un compañero/a escribe palabras relacionadas con cada uno de los siguientes medios de comunicación.**

Televisión

Radio

Prensa

2 **a Ahora lee las siguientes palabras, comprueba si las tienes tú y colócalas en la categoría correspondiente. Ten en cuenta que alguna de ellas puede pertenecer a más de una categoría.**

Ejemplo noticias: radio, televisión, prensa

noticias artículo telenovela periódico revista oyente lector(a) periodista locutor concurso televidente cadena programa televisor canal

 **b Escucha y comprueba.**

3 **Escucha a Elena, Sergio y Leticia que hablan de los medios de comunicación en España.**

Completa el cuadro con la información que nos dan.

	Televisión	Radio	Prensa
¿Le gusta?			
¿Por qué (no) le gusta?			
Frecuencia			
Tipo de programas/prensa que prefiere			

¡no escribas aquí!

4  **Habla con tu compañero/a sobre los temas de actividad 3 y completa tú una ficha similar.**

5  **Lee el anuncio sobre un canal de televisión para saber qué tipo de programas ponen. ¿Cuál es el mensaje que este canal quiere ofrecer a los televidentes?**

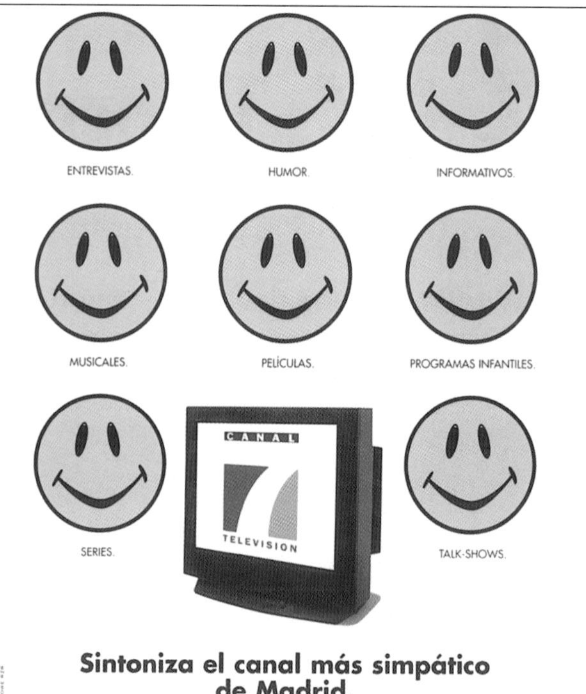

ENTREVISTAS.
HUMOR.
INFORMATIVOS.
MUSICALES.
PELÍCULAS.
PROGRAMAS INFANTILES.
CANAL
7
TELEVISION
SERIES.
TALK-SHOWS.
Sintoniza el canal más simpático de Madrid.

Todos los programas que a tí te interesan. Con todas las sonrisas que Madrid necesita. Vivas donde vivas Canal 7 estará a tu lado. Sintonízanos en el canal 47 y 35 de UHF. Si no recibes bien la señal solicita al Presidente de tu Comunidad los Servicios del antenista habitual o llama al teléfono **91 469 39 63. CANAL 7 TELEVISION**
EL CANAL DE LA SIMPATIA

6  **Cartas de los Televidentes.**
Lee las siguientes cartas, tres en total, que expresan opiniones sobre programas de televisión. Completa el cuadro con la información obtenida en ellas.

	Carta 1	Carta 2	Carta 3
Queja/Crítica			
Petición/Sugerencia		¡no escribas aquí!	
Felicidades			

1
¡Música, por favor!
¡Hola! Soy una chica de quince años y me encanta la música Pop. Creo que en la tele no hay suficientes programas de música Pop y los que hay son bastante malos. Me gustaría ver a mis cantantes favoritos al menos una vez a la semana. ¡Por favor!, por favor, ¿por qué no ponéis un buen programa para nosotros, quizás los sábados por la mañana? Os estaría eternamente agradecida.
¡Ah! Me encantan los documentales que ponéis sobre animales. ¡Son estupendos!
Ana Rodríguez.

2
¡Deporte a todas horas!
Me gusta mucho el deporte pero como salgo con mis amigos todos los domingos nunca veo el programa deportivo de los domingos por la tarde. ¿Podríais repetirlo a otra hora o quizás echarlo por las noches cualquier otro día de la semana? De todos modos creo que los programas deportivos que hay ahora en vuestro canal son excelentes. Gracias.
José.

3
¡Ya basta!
Estoy harta de tanta violencia como hay en los programas de televisión, incluso en vuestra cadena. Siempre he sido fiel a vuestros programas porque me parecía que erais más serios que los demás. Pero veo que no. Por eso os digo ¡ya basta! ¿Por qué una cadena seria como la vuestra muestra esa basura? Creo que deberíais volver a poner más documentales y buenas películas que todos podamos ver con nuestros hijos sin sentir vergüenza. Por favor, ¡cambiad vuestros programas o yo cambiaré de canal!
María García.

B Diversión

7  **Escucha los diálogos siguientes y decide a qué medio se refieren: cine, literatura o teatro.**

8  **Haz diálogos similares con tu compañero/a.**

9 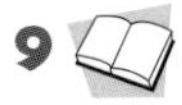 **Lee la carta de Keane en la que nos habla de cine, teatro y literatura.**

a Contesta.

1 ¿Qué tipo de libros lee?
2 ¿Qué clase de cine le gusta?
3 ¿Por qué no va mucho al teatro?

b Di qué hace . . .

1 de cuando en cuando.
2 a menudo.
3 menos de lo que le gustaría.
4 a veces.
5 muy poco.
6 de vez en cuando.
7 últimamente.
8 siempre que puede.

Expresiones de tiempo y frecuencia

a menudo   a todas horas
a veces   cada dos semanas
de cuando en cuando
de vez en cuando   siempre que puedo
dos veces a la semana

Querida amiga:

Me preguntas en tu carta si me gusta leer en español. Pues te diré que me encanta, aunque no leo mucho, leo menos de lo que me gustaría porque no tengo tiempo, pero de vez en cuando leo un buen libro. Últimamente he leído mucho a Arturo López Reverte, me gusta mucho como escribe porque habla muy claro y si tiene que decir algo pues lo dice. Me gustan los libros que me hacen pensar, los libros de misterio y de intriga. Los de amor no me gustan mucho. A veces prefiero libros no muy complicados, claro, pero con un buen contenido, una buena historia. También me gustan los libros de Muñoz Molina y de Soledad Puértolas.

Con el cine me pasa lo mismo. Me encantan los buenos argumentos. Al cine voy a menudo, siempre que puedo. Me encanta el cine español, sobre todo los directores Almodóvar y Amenábar.

Al teatro suelo ir muy poco, unas cuatro o cinco veces al año. El problema es que es bastante caro y no echan muchas obras interesantes aquí, bueno, de cuando en cuando ponen alguna buena comedia y no me la pierdo, me encantan sobre todo las comedias.

Bueno, espero ir al cine contigo pronto.

Un abrazo, Keane

10  **a Habla con tu compañero/a sobre los temas siguientes: cine, teatro, literatura. ¿Te gustan? ¿qué prefieres? ¿cuántas veces vas al cine o al teatro? ¿lees? ¿qué tipo de libros lees? ¿cuándo lees?**

 **b Después escribe una carta sobre el tema a tu amigo/a español(a).**

C Cuéntame la película

11 **Escucha a Tessa y a Tatiana que hablan de una película que han visto.**

a ¿Qué opinan? Rellena el cuadro.

b ¿Qué deciden hacer el sábado?

c Estas son algunas de las expresiones que se utilizan para describir la película y los actores. ¿Quién las dice?

	Tessa	*Tatiana*
la película		
la historia/argumento		
los actores		
la música		

¡no escribas aquí!

1 es buenísima
2 me gustó muchísimo
3 ¡qué miedo!
4 miedo exactamente no . . . tensión
5 ¡es como una pesadilla!
6 a mí no me gustó mucho
7 a mí me encantó.
8 yo no la entendí
9 es fenomenal
10 yo la encontré un poco aburrida
11 el protagonista . . . está fenomenal
12 yo creo que es muy original
13 tiene mucha imaginación
14 prefiero un argumento fácil de entender

¡Atención!

el argumento = plot
la máscara = mask
la pesadilla = nightmare

12  **Lee la ficha de la película 'Abre los ojos' y compara con lo que han dicho Tessa y Tatiana. ¿Qué información extra hay?**

13  **Ahora haz un diálogo similar con tu compañero/a.**

14 **Escucha ahora a Tessa que nos cuenta el argumento de la película: 'Abre los ojos'. Toma notas. Cuenta la película en tu idioma a un(a) amigo/a que no comprende el español.**

ABRE LOS OJOS
ALQUILER

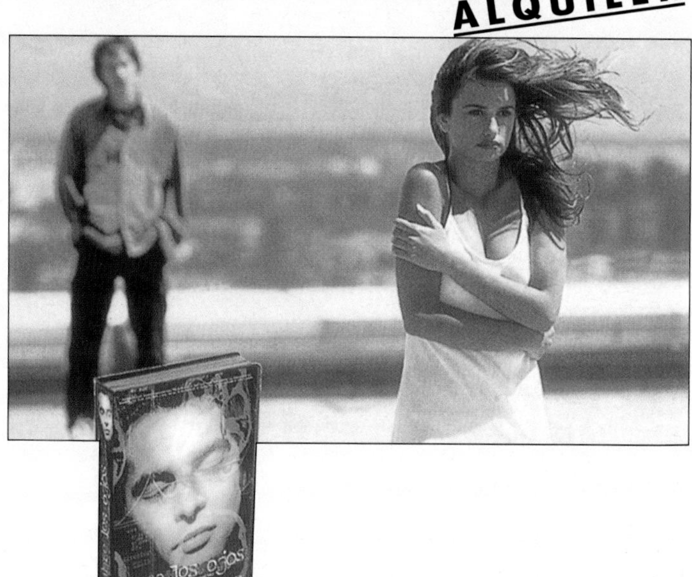

Dir.: Alejandro Amenábar. Int.: Penélope Cruz, Eduardo Noriega, Chete Lera, Najwa Nimri. (Sogepaq) ★★★★★

Pocas ocasiones se han creado, en nuestro cine, unas expectativas tan enormes ante el segundo trabajo de un director como con el jovencísimo Alejandro Amenábar – debutante con la exitosa *Tesis* con solo 23 años –. En su segunda película el director ha arriesgado con una historia que nada tiene que ver con su anterior film.

César (Eduardo Noriega), es un chico guapo y rico, con gran éxito entre las mujeres. Una noche, en una fiesta, su amigo Pelayo (Fele Martínez) le presenta a Sofía (Penélope Cruz), con la que conecta al instante. La aparición de Nuria (Najwa Nimri), una chica obsesionada con él, le llevará al borde de la muerte, sufriendo un accidente que le dejará completamente desfigurado. Pero ése es, tan solo, un nivel de realidad en un film en el que se confunden las pesadillas y la realidad, la verdad y la imaginación, con toques de ciencia-ficción.

La crítica: **Obra maestra concebida desde la sensibilidad de un adolescente y materializada con el pulso cinematográfico de un maestro (Antonio Trashorras).**

15  a **Habla con tu compañero/a: cuenta tú una película que has visto y di lo que opinas sobre ella.**

 b **Después escribe una carta a tu amigo/a sobre la misma película u otra diferente.**

16 (P) **En grupo mirad los carteles de la famosa película 'Titanic' y escribid un reportaje sobre ella contando la historia y añadiendo también las opiniones de todos los estudiantes del grupo. Podéis elegir otra película si queréis.**

Aventura semanal

En el sudeste de España, hay un lugar llamado 'Tabernas', en la provincia de Almería, donde se hicieron unas 230 películas del oeste. Ahora este 'Mini-Hollywood' es un lugar turístico donde se puede ver el pueblo y los paisajes en los que se hacían estas películas.

Oeste de un vistazo

Cómo llegar

Por la CN-340, carretera de Almería a Murcia (no por la autovía), km. 464; muy cerca de Tabernas.

Instalaciones

Mini-Hollywood está en el desierto de Tabernas, una zona rodeada de las sierras de Filabres, Alhamilla y la Alpujarra almeriense.

Tiene todo el aspecto de un auténtico pueblo como en las películas del Oeste, con escuela, iglesia, banco, cuadras, oficina de telégrafos, funeraria, cementerio, empalizada y tipis indios en las afueras. Una tienda de souvenirs vende camisetas y otros objetos; hay restaurante, parque infantil y pizzería.

En el saloon sirven bebidas.

¡Ya sabes!

Hablar de medios de comunicación y de películas.

Vocabulario de medios de comunicación: prensa, noticias, artículo, telenovela, oyente, locutor, televidente, cadena, canal.

Vocabulario para hablar de películas: el argumento, los protagonistas.

Expresiones de tiempo y frecuencia: a menudo, a todas horas, de cuando en cuando, de vez en cuando, siempre que puedo, una vez al día.

LECCIÓN 16

Transporte público

OBJETIVOS

- *Pedir información y comprar billetes en diferentes medios de transporte: metro, autobús y tren.*
- *Dar instrucciones y direcciones en un taxi.*
- *Realizar distintas operaciones en el aeropuerto.*

A Viajamos por la ciudad

1 **Mira estos billetes. ¿A qué medio de transporte pertenecen? ¿Qué información hay en cada billete?**

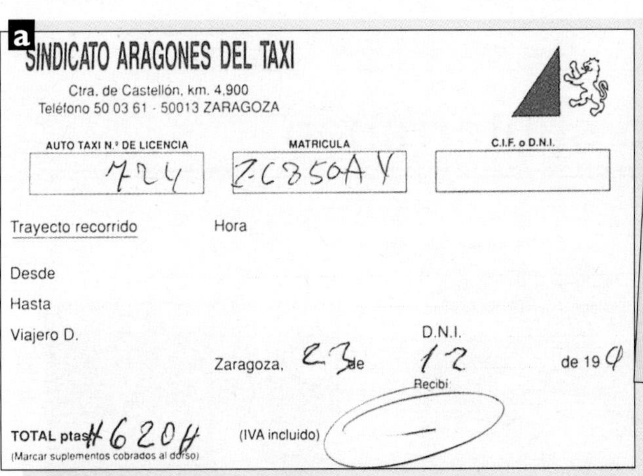

a

SINDICATO ARAGONES DEL TAXI
Ctra. de Castellón, km. 4.900
Teléfono 50 03 61 - 50013 ZARAGOZA

AUTO TAXI N.º DE LICENCIA	MATRICULA	C.I.F. o D.N.I.
724	Z-C850AY	

Trayecto recorrido Hora

Desde

Hasta

Viajero D. D.N.I.

Zaragoza, 23 de 12 de 19 9

Recibí

TOTAL ptas. 6 204 (IVA incluido)
(Marcar suplementos cobrados al dorso)

b

RENFE
CIF. G. 28016749

TREN	TARIFA	IMPORTE	CLASE
53	00	00.110	

NO ES VALIDO SIN IMPRESION DE MAQUINA
ENTREGUESE A LA LLEGADA, INCLUIDO S.O.V. e I.V.A.

c

El bus, bueno para ti, mejor para todos.
Presentar a petición de agentes de T.U.Z.S.A. y municipales.
Precio según tarifa vigente. I.V.A. incluido.
Teléfono de atención al cliente: 976 59 27 27
Museo Pablo Gargallo.
Plaza San Felipe. Zaragoza.
549523 M
No doblar

d

METRO
249
SENCILLO
UTILIZACION SEGUN TARIFAS
CONSERVESE HASTA LA SALIDA
72974

2  **a Escucha los diálogos y di qué tipo de transporte utilizan Tessa, Leticia y Jaime.**

b Después escucha otra vez y di si las frases siguientes son verdaderas (V) o falsas (F).

1 Tessa no tiene que cambiar de línea para ir a la estación de Atocha.
2 Atocha está en la línea roja.
3 Atocha está en dirección norte.
4 En total son tres estaciones hasta la estación Ópera.
5 El taxi va al número 220 de la avenida de San Miguel.
6 La avenida de San Miguel es una avenida muy larga.
7 El trayecto en taxi cuesta 425 pesetas.
8 Un abono vale 2.500 pesetas.
9 Vale para diez viajes.
10 Con el abono sólo puede viajar por el centro de la ciudad.

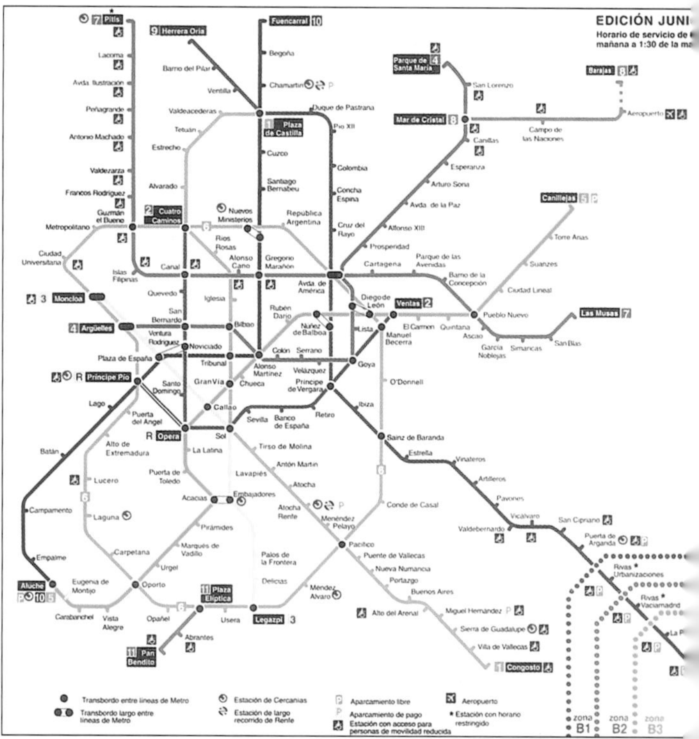

3  **Mira el plano del metro de Madrid y contesta las preguntas.**

1 ¿Cuántas líneas hay?
2 ¿De qué color son las líneas: 1, 3, 4, 5, 7, 10?
3 Explícale a tu amigo qué tiene que hacer para ir desde:
- Atocha a Goya
- Nuevos Ministerios a Chamartín
- Sol a Alfonso XIII

4 Piensa más trayectos y pregunta a tu compañero cómo se puede ir desde uno a otro.

4  **Lee este artículo sobre el nuevo Metro de Bilbao. Elige la frase correcta.**

Un gran espacio subterráneo

Bilbao es una de las ciudades españolas más importantes. Está en el norte de España, en el País Vasco y tiene aproximadamente un millón de habitantes.
La ciudad está creciendo cada día más y necesita ampliar sus medios de transporte.

En el año 1995 se inauguró la primera línea de metro y se calcula que la red completa estará terminada en el año 2011. Al poco tiempo de abrirse, el número de pasajeros aumentó inmediatamente en un treinta por ciento, desde 1996 a 1997. A la vez, desde que el Metro está en funcionamiento, ha mejorado la calidad del aire de la ciudad. Como consecuencia del Metro cada día entran diez mil coches menos en la ciudad. El Metro de Bilbao es un gran espacio subterráneo muy original, especialmente son originales las entradas o 'bocas', que son una especie de 'cañones' transparentes y luminosos, de acceso directo. El viajero desciende por unas escaleras mecánicas a las estaciones sin tener que atravesar largos pasillos que crean inseguridad. Un total de treinta y siete ascensores trasladan al subsuelo a personas de movilidad reducida. El metro de Bilbao fue diseñado por el británico Norman Foster y por eso a las originales entradas al Metro se las llama 'fosteritos'.

Al entrar se tiene una imagen de luminosidad y de limpieza, una impresión de espacio sorprendente en un metro.

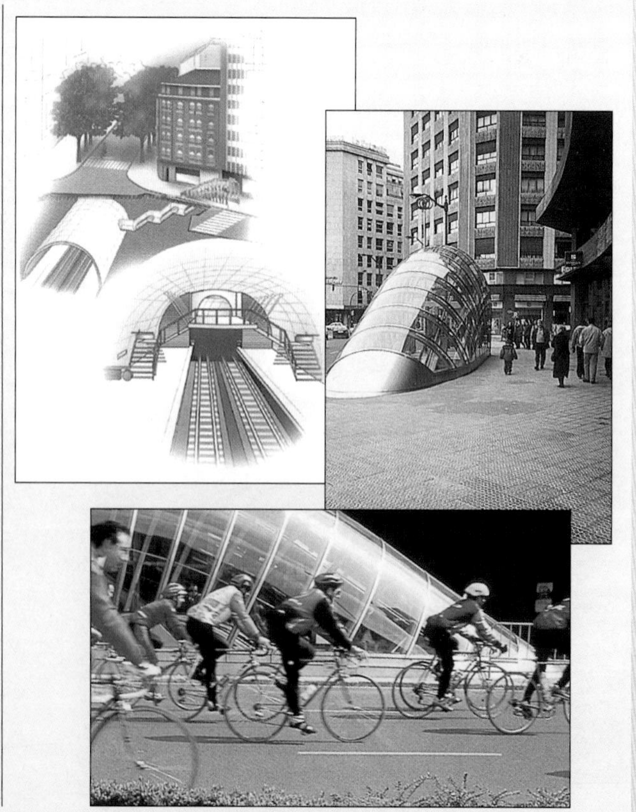

1 a En 1995 se terminó la red completa del Metro de Bilbao.
b En 1995 se terminó una línea de Metro.
c El Metro de Bilbao se empezó a construir en 1995.

2 a Un 30% de personas dejan el coche en casa y usan el Metro.
b En un año aumentó el número de personas que utilizan el Metro en un 30%.
c Después de dos años usaban el Metro menos personas que al abrirse.

3 a El tráfico es menor ahora después de construir el Metro.
b El tráfico es mayor a causa del Metro.
c El tráfico es igual que antes de construir el Metro.

4 a El Metro es muy tradicional.
b El Metro es muy original.
c El Metro es muy oscuro.

5 a El Metro está muy sucio.
b El Metro está muy limpio.
c El Metro es muy peligroso.

B Vamos en tren

5  **Jaime va de excursión en tren con sus amigos a una ciudad que se llama Teruel. Escucha el diálogo en la estación. Completa el billete y después contesta las preguntas.**

1 ¿Cuántos trenes hay para Teruel mañana?
2 ¿A qué hora sale el Intercity?
3 ¿Cuál es el tren que va más despacio?
4 ¿Cuál es el tren más barato?
5 ¿Cuánto tiempo tarda el Talgo en llegar a Teruel?
6 ¿Cuántos billetes quiere?
7 ¿Qué tipo de billete quiere? (Da tres datos.)
8 ¿A qué hora sale el Talgo de Teruel el domingo?
9 ¿Cuánto cuesta un billete?
10 ¿Qué le aconseja el empleado?

RENFE
EXPEDICION ELECTRONICA
BILLETE
PLAZAS SENTADAS Y LITERAS
BP 017256
EXP. N 23
BARCELONA
ENTREGA A LA LLEGADA
CARACTERISTICAS

NUM. DE TREN	FECHA VIAJE	CLASE	NUM. DE COCHE	ASIENTO	HORA SALIDA	TARIFA	PRECIO	KILOMETROS ABONOS VIAJE

0506120812762071001009000021050710 78
TALGO
36420111301004136 472 DESDE – HASTA
ZARAGOZA A TERUEL P 88

6   **Ahora haz un diálogo similar con tu compañero/a.**

7 **Vas a viajar a Teruel en tren con tu familia: tu madre, tu hermano de ocho años y tu abuelo que tiene 65 años. Lee la propaganda y explica a tu familia – que no entiende el español – qué tipo de descuentos puede obtener al comprar los billetes.**

Reciclaje del lenguaje

Comparativos y superlativos

El Intercity es más rápido que el Talgo.
El Talgo es el más rápido.

El Tranvía es más lento pero menos caro.
El Tranvía es el más barato.

¡Atención!

RENFE (Red Nacional de Ferrocarriles Españoles) = Spanish national railway
Talgo = type of high-speed train
Tren Tranvía = local train which stops in all stations
el AVE (Alta Velocidad) = high-speed train

8 Mientras esperas el tren, escuchas los siguientes avisos. Añade la información que falta.

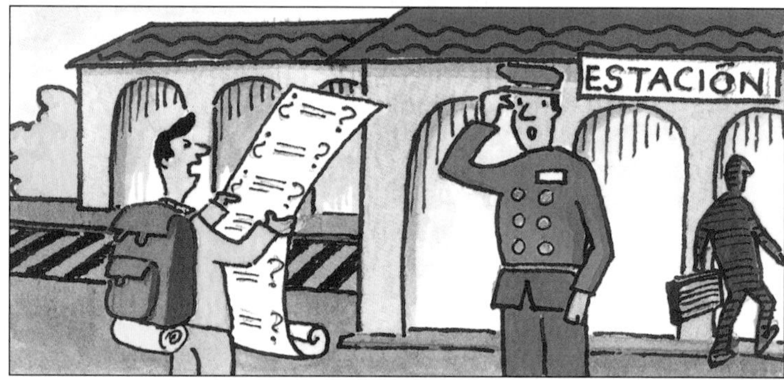

Tren	Procedencia	Destino	Hora llegada	Hora salida	Vía	Información
1 Talgo						
2	Barcelona					15 minutos de retraso
3			09:30			
4		Villanúa				
5 Intercity						

9 ¿Qué preguntas si . . . ?

1 vas en el tren, tienes mucha hambre y quieres comer algo
2 estás en la estación y no sabes de dónde sale tu tren
3 llegas a la vía desde donde sale tu tren, cinco minutos antes de salir, pero el tren no está
4 anuncian algo sobre tu tren, pero no lo entiendes bien

C Vamos en avión

10 Tessa va a tomar el avión de vuelta a Londres. Escucha los diálogos y decide dónde está.

a Tienda

b Seguridad

c Embarque

d Sala de espera

11 Lee el artículo sobre el avión DC-10 y contesta.

1 ¿Dónde debes sentarte si . . . ?
- **a** tienes hambre
- **b** prefieres dormir en vez de ver una película
- **c** quieres hablar un rato con otros pasajeros
- **d** tienes las piernas muy largas

2 ¿Dónde no debes sentarte si . . . ?
- **a** no soportas el humo del tabaco
- **b** no quieres tener un accidente con los carros de las azafatas
- **c** te gusta el cine
- **d** prefieres el silencio

¿Cuál es el mejor asiento de un avión DC-10?

Este avión, de grandes dimensiones, cubre largas distancias (Madrid-Nueva York, por ejemplo), por lo que hay que pensar bien dónde sentarse.

- La zona más animada está junto a la fila 40. Allí se reúnen a charlar los fumadores.
- Los carritos con comida se aparcan en la fila 26. Siéntate por la zona y comerás antes.
- Si eres alta, te encontrarás a tus anchas en la fila 21, junto a la salida de emergencia porque es más ancho el espacio.
- Evita los asientos 38D y 38G. Es donde las azafatas suelen chocar con los carritos.
- Si quieres ver la película, que no te sienten en la fila 45, porque no se ve la pantalla.

12 P Tu amigo/a español(a) quiere venir a visitarte. Busca información sobre los medios de transporte que hay en tu pueblo/ ciudad – autobuses, trenes, metro, aviones, barcos – y prepara un folleto en español con información: horarios, frecuencia, el mejor medio para ir a tu casa, etc.

Aventura semanal

Un medio de transporte muy original: los 'Burro-Taxi'.

Mijas. Burro taxis con pañales antiboñigas
La decisión surrealista de los ediles de Mijas (Málaga) obliga a que sus turísticos pollinos, réplica de los de la isla griega de Mykonos, lleven matrícula y "un sistema autoportante de recogida de excrementos". Así que las 1.000 pesetas del paseo incluyen también los aromas que propagan los borriquillos durante todo el trayecto.

¡Ya sabes!

Vocabulario de transporte: metro, línea, trayecto, recibo, abono, facturación, tarjeta de embarque, vuelo.

Tipos de trenes: Talgo, Intercity, Tranvía.

Comparativos y superlativos (repaso): El Intercity es más rápido que el Talgo. El Tranvía es el más barato.

LECCIÓN 17

Al volante

OBJETIVOS

- *Tomar parte en distintas situaciones de un viaje por carretera: taller, gasolinera, alquiler de coches.*
- *Dar y entender instrucciones y direcciones cuando se conduce un vehículo.*

A Viajando por carretera

1  **Tessa va de viaje, en coche, con sus tíos ingleses que no hablan español y tiene que hacer de intérprete. Escucha los diálogos. Decide en qué lugar están. Después contesta las preguntas siguientes.**

1 ¿Cuánto cuesta la gasolina sin plomo?
2 ¿Qué pide Tessa cuando paga la gasolina?
3 ¿Cuándo van a reparar el coche en el taller?
4 ¿A qué hora estará arreglado el coche?
5 ¿Por qué necesitan el coche muy pronto?
6 ¿Qué tipo de coche quieren alquilar los tíos de Tessa?
7 ¿Cuánto cuesta alquilar el coche para tres días?
8 ¿Tienen que echar gasolina en el coche?
9 ¿Dónde han tenido la avería?
10 ¿Qué matrícula tiene el coche?

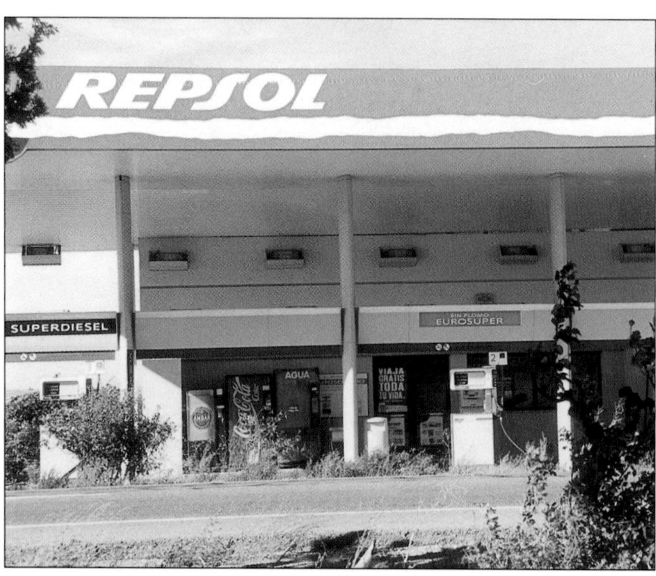

2  **Ahora haz tú, con tu compañero/a, diálogos similares a los de actividad 1.**

¡Atención!

la gasolina = petrol
plomo = lead
el recibo = receipt
la gasolinera = petrol station
el taller (de reparaciones) = (car repair) workshop
alquiler de coches = car rental
el carnet de conducir = driving licence
el depósito (de gasolina) = petrol tank
una avería = breakdown
la autopista = motorway
la matrícula = registration number
la grúa = crane

3  **Tessa y sus tíos se pierden fácilmente. Escucha los diálogos y marca en el plano los lugares adonde quieren ir (ve el cuadro). ¡Atención! estas personas usan la forma 'usted' para hablar con Tessa.**

El subjuntivo se usa en diferentes situaciones. Aquí se usa para dar instrucciones y órdenes.

Formas
verbos en **-ar**: *tome* la primera calle
verbos en **-er**: *meta* la primera marcha
verbos en **-ir**: *siga* todo recto

Verbos irregulares
Si un verbo es irregular en la primera persona del presente de indicativo, también lo es en el subjuntivo (en todas las personas).

	infinitivo	1ª persona presente indicativo	subjuntivo
Ejemplo	poner →	pongo →	ponga

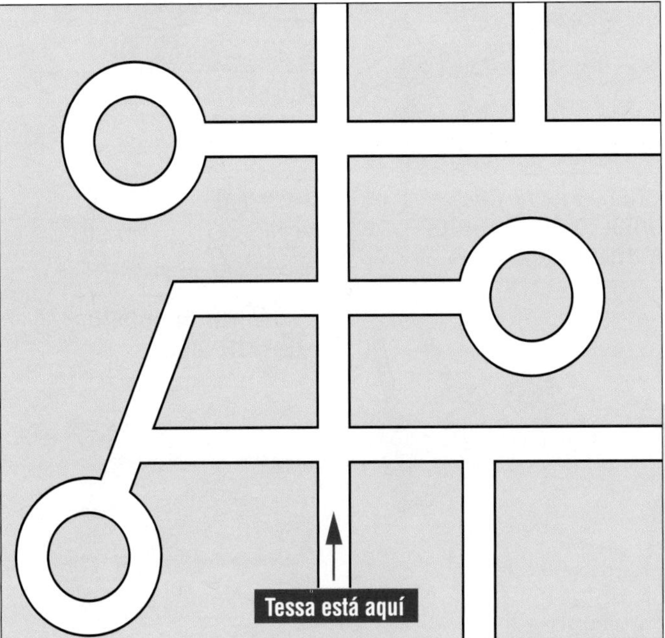

1 el Museo Gargallo
2 el Teatro Principal
3 el Hotel Madrid
4 el Corte Español
5 el Parque Grande

4  **Ahora haz los diálogos de actividad 3 con tu compañero/a. Usa el plano.**

B Aprendiendo a conducir

5  **Sara quiere aprender a conducir. El profesor le explica cómo se llaman las partes de un coche. Une la palabra con la parte correspondiente que mencionan.**

a el intermitente
b el volante
c el embrague
d el freno
e el acelerador
f el espejo (retrovisor)
g el parabrisas
h el limpiaparabrisas
i el freno de mano
j la palanca de cambios

1 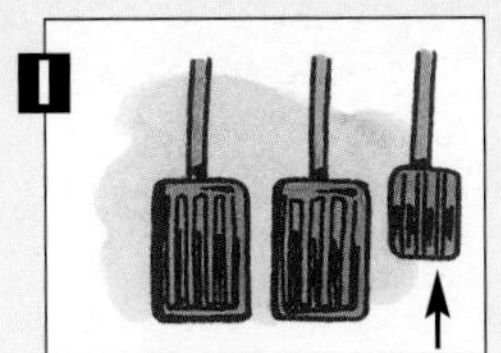

2 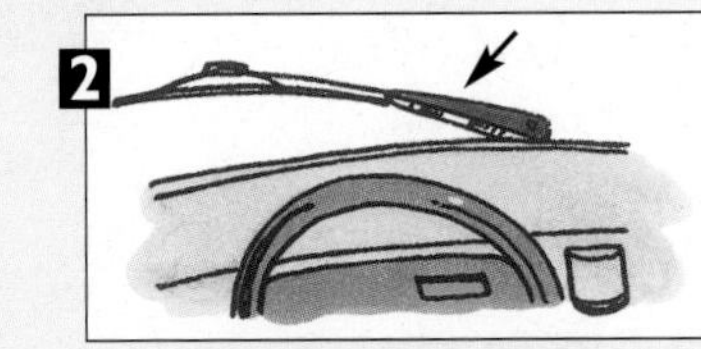

3 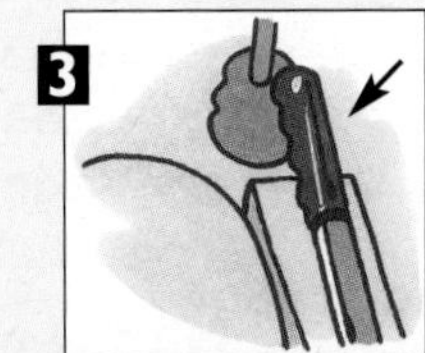

4 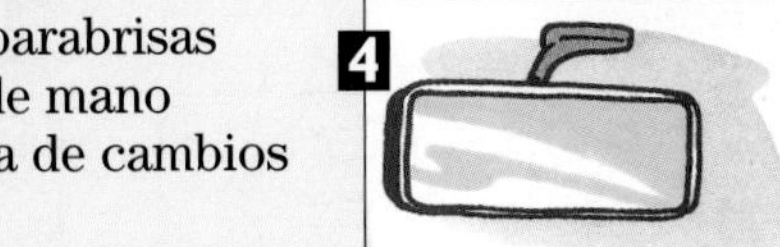

5 

6 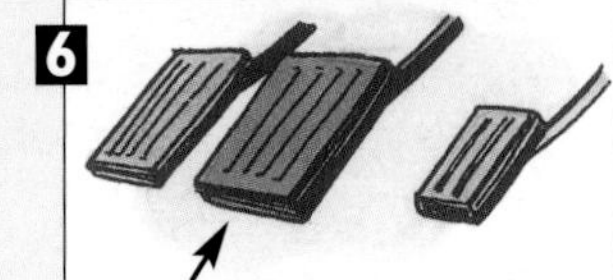

7 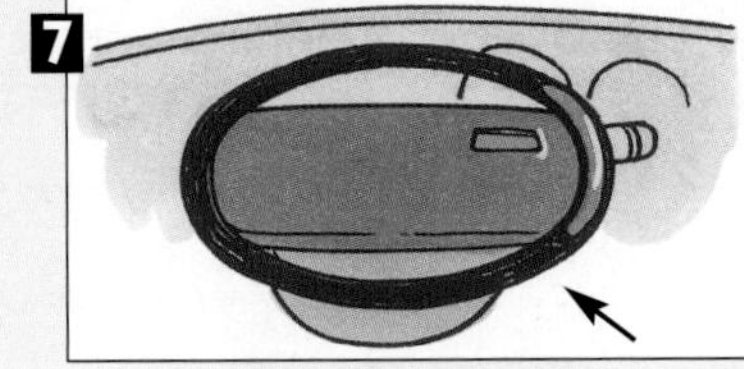

8 

9 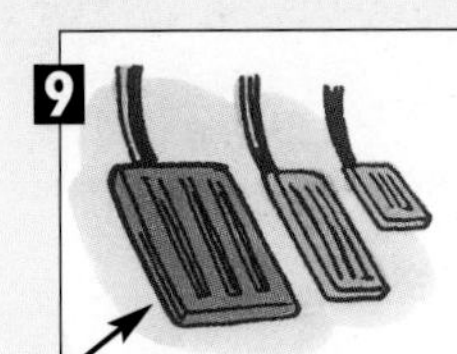

10 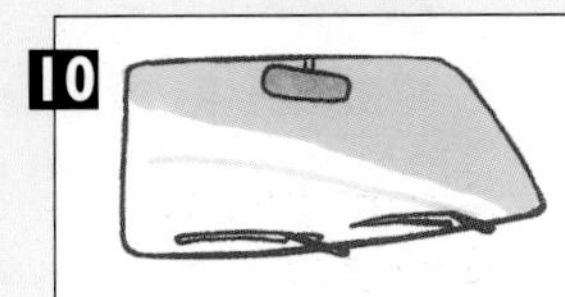

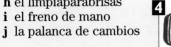

6  **Hoy Sara tiene otra clase de conducir. Antes de empezar repasa las fichas de lo que tiene que hacer. Pero están mezcladas. Ponlas en el orden correcto.**

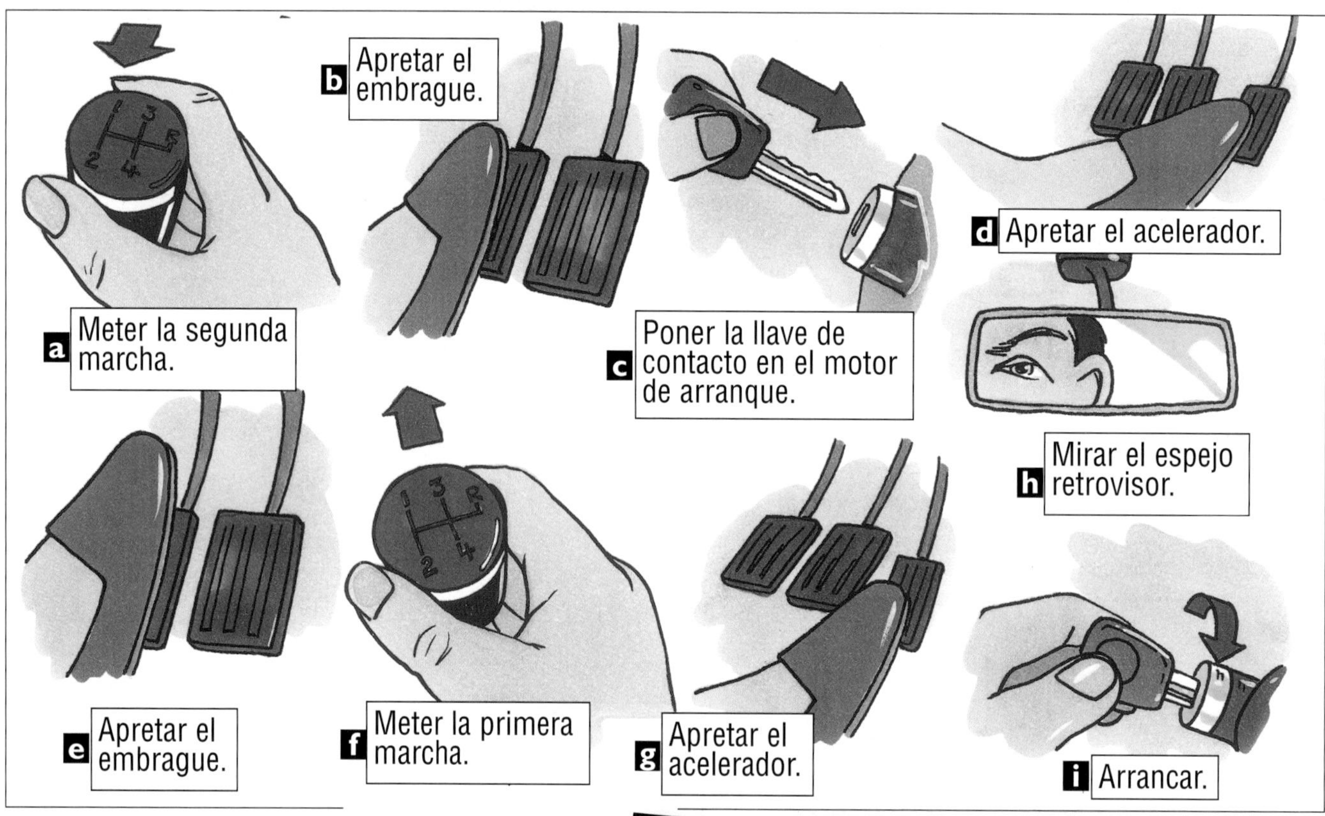

7  **Ahora tiene la clase. Escucha las instrucciones que le da el profesor y comprueba si has puesto las fichas en el orden correcto. ¡Atención! el profesor usa la forma 'usted' para hablar con Sara.**

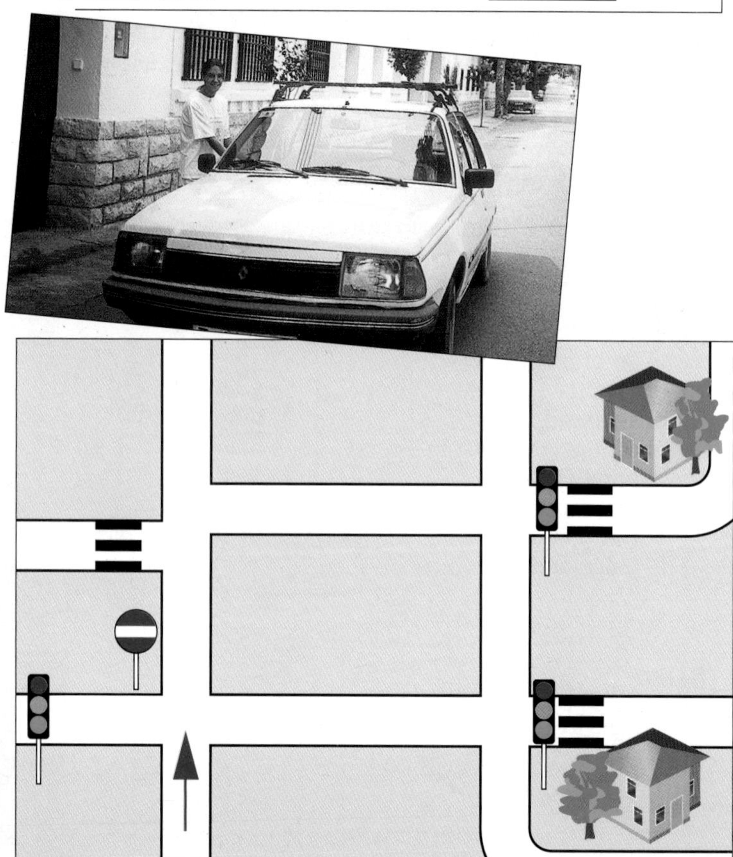

8  **Sara hace el examen de conducir. El examinador le da las instrucciones. ¡Atención! el examinador usa también la forma 'usted' cuando habla con ella.**

a Mira el plano y marca el itinerario que siguen.

b Pon los dibujos de la página siguiente en orden.

 **c Imagina que eres Sara y cuenta lo que te pasó durante el examen de conducir.**

d Cuenta lo que le pasó a tu amiga Sara durante el examen de conducir.

a b  c  d  e  f  g  h

9 **Ahora tú eres el/la examinador(a). Da instrucciones a tu compañero/a que hace el examen. Usa el itinerario de actividad 8.**

10 **Mira las fotos de letreros que puedes ver en la ciudad. ¿Qué significan?**

C Para ser conductor de primera

1 a Lee este anuncio para conducir mejor. Los consejos están en imperativo (forma 'tú'). Escríbelos en la forma 'usted'.

Ejemplo Conduce (tú) con cabeza. ⟶ Conduzca (usted) con cabeza.

Conduce con cabeza.

Presta atención a peatones, ciclistas y motoristas.

Viaja siempre descansado.

Circula sin riesgos: obedece las normas de tráfico.

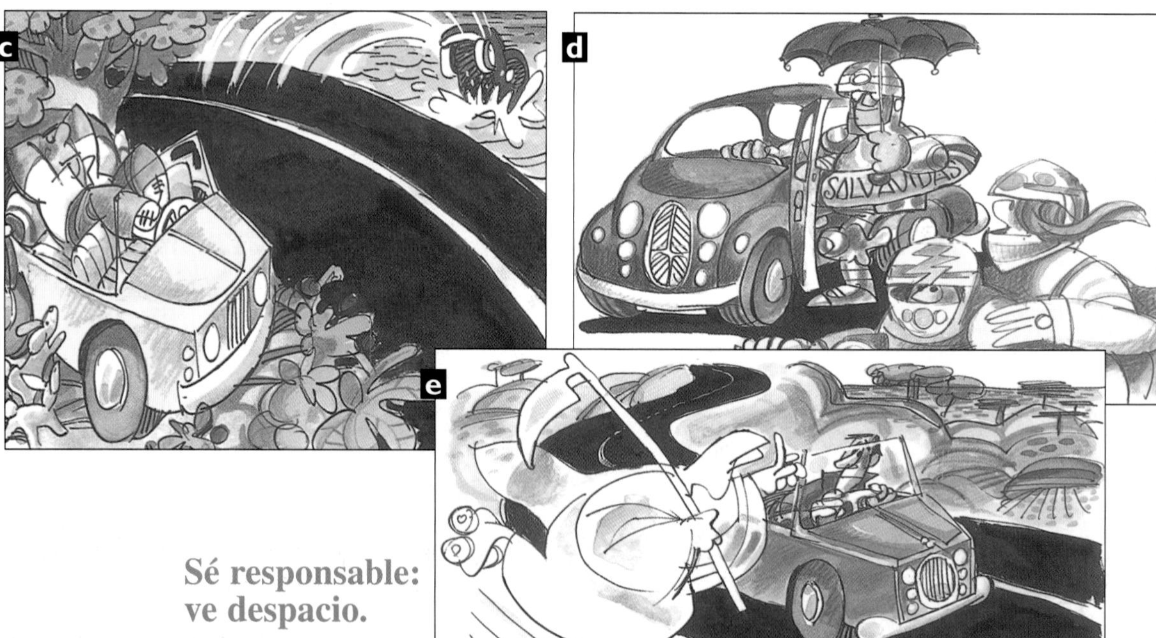

Sé responsable: ve despacio.

b Ahora escucha al profesor de Sara que le da consejos. Une cada consejo que dice con la sección de anuncio correspondiente.

12 **(P) A veces una imagen vale más que mil palabras. Mira estos chistes de tráfico.**

a Escribe los consejos que se refieren a cada chiste. Usa la forma 'usted'.

Ejemplo No haga maniobras peligrosas.

b Piensa más consejos para otros aspectos y con dibujos y fotos, prepara un 'folleto de consejos para circular mejor: en coche, a pie o en bici'.

a Conducción bajo los efectos del alcohol, drogas y otras sustancias peligrosas.
b Utilización de la vía y sus carriles
c Velocidad y distancia de seguridad
d Prioridad de paso y comportamiento en cruces
e Maniobras, especial referencia al adelantamiento
f Utilización del alumbrado y la señalización óptica
g Peatones
h Transporte de personas y de equipaje
i Señalización

Aventura semanal

¿Por qué conducen los británicos por la izquierda?
Lee el artículo y lo sabrás.

¿Por qué los británicos conducen por la izquierda?

Para los europeos continentales, los ingleses son unos excéntricos que hacen muchas cosas al revés. Pero hay una lógica que subyace a esos comportamientos. Antes de que existieran los coches, los británicos conducían los carruajes por la izquierda, con muy buen criterio, puesto que los hombres suelen ser diestros. Al manejar el látigo con la mano derecha, si el carruaje iba también por la derecha, había peligro de que el cochero azotase sin querer a los viandantes. Así que se impuso la conducción por la izquierda mucho antes de que los europeos continentales reglamentasen el tráfico motorizado.

¡Ya sabes!

Vocabulario de coches y circulación: gasolina (sin plomo), gasolinera, avería, matrícula, alquiler de coches, carnet de conducir, autopista.

Pedir y seguir direcciones con el subjuntivo (forma 'usted'): siga esta calle todo recto y tome la segunda a la izquierda.

Dar instrucciones y órdenes usando el subjuntivo (en la forma 'usted') afirmativo: gire la llave de contacto, meta la primera marcha, apriete el acelerador, ponga el coche en marcha.

Subjuntivo (forma 'usted') negativo: no cruce la calle, no haga maniobras peligrosas.

LECCIÓN 18

Transporte y contaminación

OBJETIVOS

- *Expresar opinión sobre diferentes medios de transporte: ventajas y problemas.*
- *Hablar sobre ecología y contaminación.*

A Mi transporte favorito

1  Escucha a estos chicos y chicas y di cuál es su transporte favorito y por qué.

a

b

c

Jaime

Iván

Goreti

Keane

d

e

f

2  ¿Y tú? Habla con tu compañero/a.

3 **Lee el artículo 'En Madrid es más rápida la bici que el coche' y completa las frases siguientes con la información.**

En Madrid es más rápida la bici que el coche

La bici, andar o utilizar el transporte público es más rápido y más barato que ir en coche por Madrid. Desde el barrio de Atocha hasta la Plaza del Sol se tarda ocho minutos en bici, 14 en autobús público, 20 andando y 22 en coche particular. El gasto por el trayecto es de 0 ptas. andando, 4 ptas. pedaleando, 66 yendo en autobús y 118 en coche. Éstos fueron algunos de los resultados obtenidos en la prueba comparativa organizada por la Plataforma Contra la M-50. Este colectivo, que agrupa a representantes de grupos ecologistas, aficionados a la bici y vecinos, quería demostrar así que con las actuales infraestructuras el coche es un lujo y, por tanto, no tiene sentido construir más carreteras. La iniciativa surgió ante la política municipal a favor de los coches y las carreteras proyectadas por la Administración. Los miembros de la Plataforma afirman que el Ayuntamiento margina en su estrategia las bicicletas, pues no hay suficientes carriles exclusivos para que circulen. Los ciclistas necesitan además una buena dosis de valor para moverse entre los conductores poco educados y las trampas del diseño urbanístico. Desde la Plataforma se asegura que la M-40, una vía de acceso a la capital que pretendía descongestionar el tráfico, no ha servido para nada. Sin embargo, el Ministro de Fomento preveía construir un quinto cinturón (M-50) y tres autovías de peaje. La Consejería de Medio Ambiente de la comunidad autónoma de Madrid ha tenido el buen sentido de oponerse a esas intenciones. Fomento había realizado una calificación interesada de los valores naturalísticos del territorio para poder trazar las carreteras.

Tiempo en minutos

Origen	A pie	Bici	Autobús	Coche
Atocha	20	8	14	22
Moncloa	22	15	15	35
Alcalá	–	17	24	58
Pza Castilla	–	16	20	30

1 Usar la bici es más ____ y más ____ que el coche.
2 Desde Atocha hasta la Plaza del Sol se tardan ____ minutos más en coche que en bici.
3 Y cuesta ____ pesetas más ir en coche que en bicicleta.
4 Los grupos ecologistas dicen que el coche es un ____ .
5 El ayuntamiento está ____ de los coches.
6 Para ir en bicicleta se necesitan más ____ .
7 Los ciclistas también necesitan mucho ____ para ir por la ciudad.
8 El Ministerio quiere construir más ____ .

4 **A ti te gusta viajar en bicicleta por tu ciudad/pueblo. Escribe una carta a tu amigo/a español(a) explicándole las ventajas y los problemas que tienes si usas la bici.**

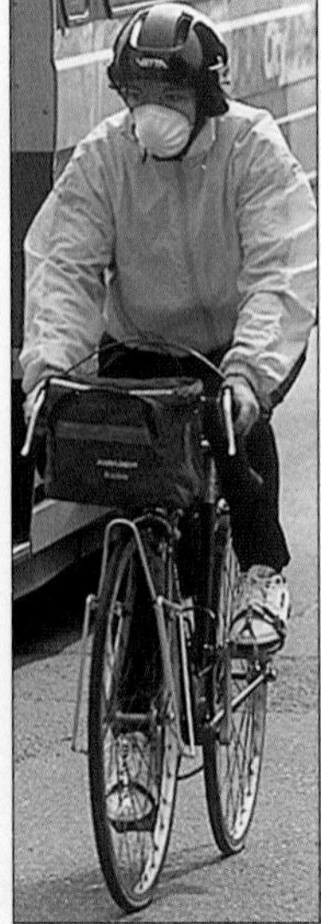

B Contaminación: la lluvia ácida

5 **¿Sabes qué significan estas palabras? Primero mira los dibujos y después busca en el diccionario las palabras que no comprendas.**

el medio ambiente · la contaminación
la lluvia ácida · la capa de ozono
el automóvil · el tubo de escape
la fábrica · la central térmica
la niebla tóxica · el insecticida

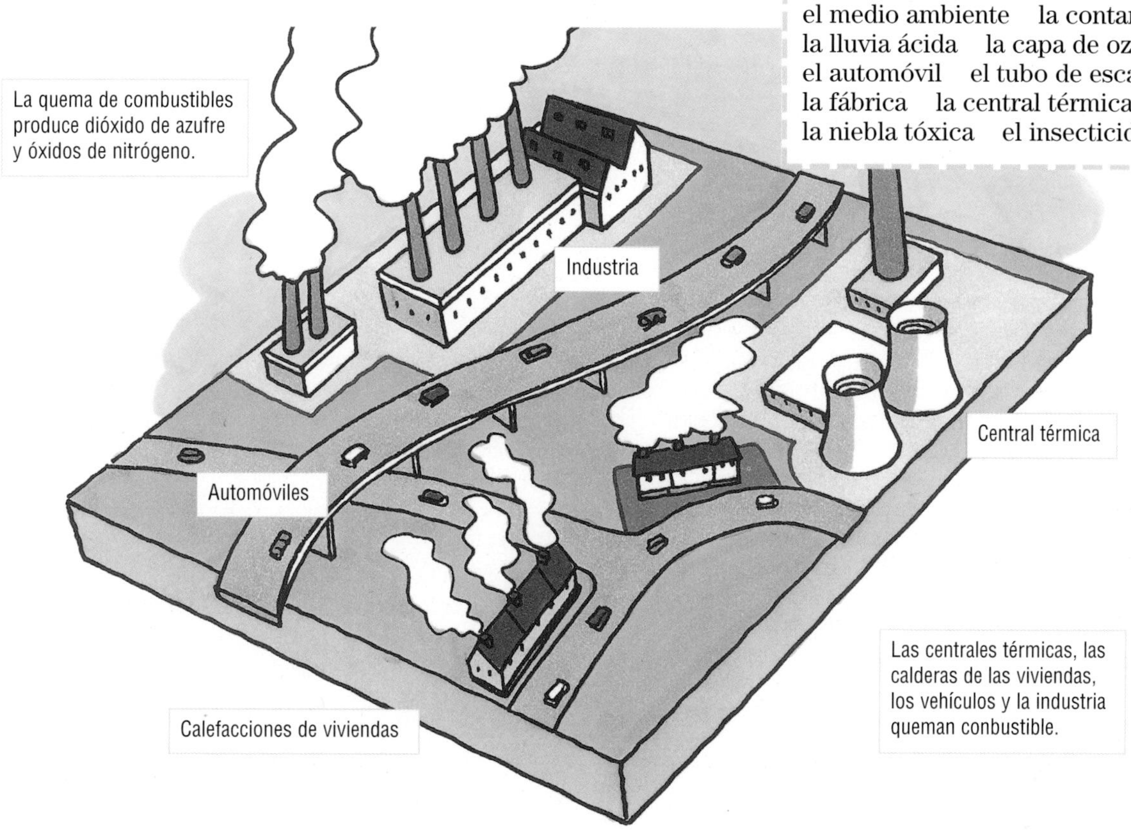

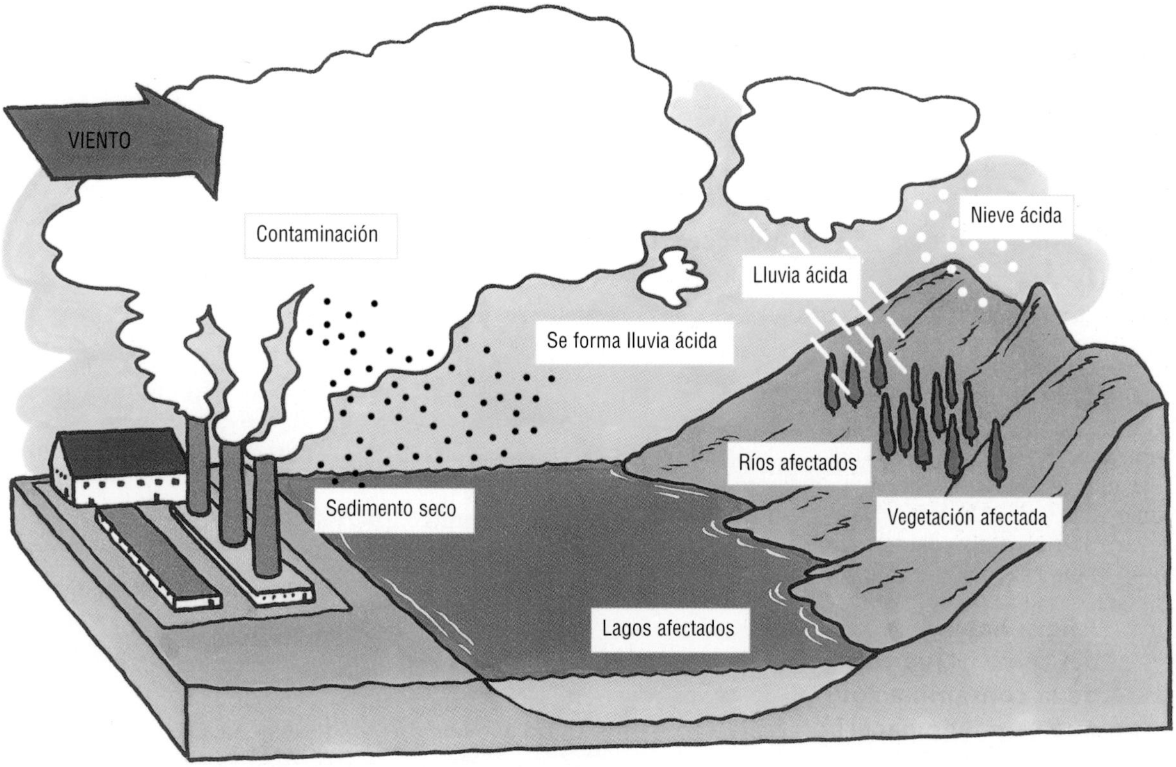

 **Lee el artículo sobre la contaminación. Contesta las preguntas.**

1 ¿Cuáles son las causas de la contaminación atmosférica?
2 ¿Qué causa la lluvia ácida?
3 ¿Cuándo empezó a notarse la lluvia ácida?
4 ¿Cuándo aumentó?
5 ¿Cuándo disminuyó?
6 ¿Por qué es un problema mundial?
7 ¿Qué es la niebla tóxica y qué la produce?
8 ¿Qué pasó en Londres en los años 40 y 50?
9 ¿Qué tipo de enfermedades hay a causa de la contaminación?

La lluvia ácida

Cuando en el aire hay sustancias sucias o venenosas se dice que hay contaminación. Hay diferentes fuentes de contaminación atmosférica: las fábricas que lanzan a la atmósfera los humos industriales, los insecticidas que se echan sobre los campos, las granjas con un gran número de animales, cuyos excrementos producen gases que también contaminan el aire. Las centrales térmicas queman carbón, gas natural y petróleo. Los coches, camiones, trenes y autobuses que queman gasolina o gasóleo y echan gases nocivos por el tubo de escape.

La lluvia ácida está causada especialmente por las centrales térmicas y los automóviles. Es una de las consecuencias más graves de la contaminación atmosférica porque afecta seriamente a las personas y al medio ambiente.

Ya en el siglo pasado la gente empezó a darse cuenta de que la lluvia se contaminaba con las sustancias producidas por las chimeneas y las fábricas. Pero entre los años 1950 y 1980 la lluvia que cayó sobre Europa multiplicó aproximadamente por diez su grado de acidez. Éste ha descendido durante los últimos años, ya que muchos países han comenzado a tomar medidas para frenar la contaminación que causa la lluvia ácida, pero el problema no está desapareciendo.

Este problema es mundial porque la lluvia puede caer en lugares lejanos de donde se originó, por ejemplo, en México cae lluvia ácida que viene de los Estados Unidos o viceversa, según la dirección del viento. La lluvia ácida daña la tierra donde cae, los bosques y árboles, pero también los mares, ríos, lagos, y todos los seres vivos que viven en ellos.

Los tubos de escape de los automóviles y las chimeneas pueden producir también la niebla tóxica. En Londres miles de personas murieron por respirar el aire venenoso en los años cuarenta y cincuenta.

Actualmente muchas enfermedades se producen a causa de la contaminación, especialmente respiratorias y de cáncer.

7  **a ¿Qué podemos hacer? Escucha a Juanjo y a Tatiana que hablan del problema y nos dicen qué podemos hacer.**

 **b Ahora pon las frases que dicen Tatiana y Juanjo en el subjuntivo (plural) con expresiones de consejo y necesidad.**

Ejemplo Es importante que usemos más el transporte público.

1 Dejar el coche en casa.
2 Ayudar en las campañas ecologistas.
3 No tener tantas fábricas.
4 Ahorrar energía.
5 Usar menos electricidad y agua caliente.
6 Poner más baja la calefacción
7 Desarrollar otro tipo de energía más limpia, como la energía solar o la del viento.

El subjuntivo se usa cuando queremos decir que algo es necesario o importante, o expresamos posibilidad o duda.

Es importante que/Es necesario que
Es importante que *ayudemos* en campañas ecologistas.

Es necesario que *usemos* menos electricidad.

Es posible que/Dudo que
Es posible que *tengamos* más contaminación.

Dudo que *trabajemos* todos en casa.

8  **Ahora habla tú con tu compañero/a del tema. ¿Qué te parece lo peor de la contaminación? ¿Qué crees que se puede hacer? Añade otras ideas.**

9 Mira estas fotos. Las dos hacen referencia al problema de la contaminación. ¿Qué quieren decir? Escribe un 'pie de foto' y un comentario para cada una.

C Alternativas: pasado y futuro

10 Un pasado ecológico. Escucha a Rosa que nos habla del transporte y de la contaminación en su ciudad cuando era pequeña.

a

b

11 Lee las predicciones sobre el futuro del transporte, aparecidas en una revista, y contesta con 'es posible que . . .' /'dudo que . . .', según tu opinión.

En el año 2050 . . .	
viajaremos muy poco.	*Es posible que viajemos muy poco.*
trabajaremos todos en casa.	*Dudo que trabajemos todos en casa.*
habrá más calles peatonales.	
no habrá coches en el centro de la ciudad.	
los coches serán reciclables.	
iremos al centro en metros automáticos.	¡no escribas aquí!
las bicicletas tendrán motor.	
instalarán tranvías ecológicos en las ciudades.	
el transporte será muy silencioso.	
los aviones irán por túneles.	

12 **Mira las fotos y dibujos de este artículo y lee la información que se da en cada uno, para saber cómo serán los medios de transporte del futuro.**

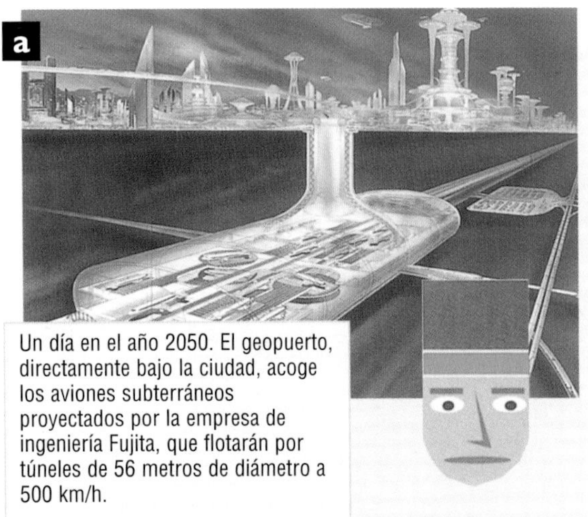

a Un día en el año 2050. El geopuerto, directamente bajo la ciudad, acoge los aviones subterráneos proyectados por la empresa de ingeniería Fujita, que flotarán por túneles de 56 metros de diámetro a 500 km/h.

b Motobicis. Un pequeño motor ecológico liberará a los ciclistas de las grandes pendientes en la ciudad y en el campo.

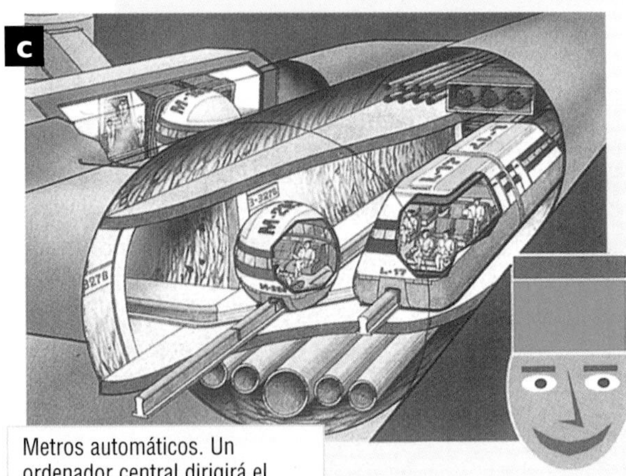

c Metros automáticos. Un ordenador central dirigirá el transporte colectivo bajo las urbes: la frecuencia de paso de los trenes por las estaciones se reducirá a menos de 45 segundos.

d Barcos de propulsión magnética. Prototipo del 'Yamato 1', un transbordador japonés que aprovecha el electromagnetismo como sistema de propulsión.

e Coches no contaminantes. Varias compañías automovilísticas están diseñando prototipos de coches urbanos y ecológicos, incluso con dos motores: uno convencional y otro eléctrico para las distancias cortas.

f Aviones de fuselaje ancho. Hasta 1.000 pasajeros cabrán en los aviones que aterricen en los futuros megaeropuertos.

13 **P** **a Diseñad nuevos medios de transporte para el futuro.**

b Preparad un póster con fotos y dibujos sobre la contaminación y la lluvia ácida. Escribid los problemas y las posibles soluciones. Pensad un titular atractivo, que llame la atención.

¡Ya sabes!

Vocabulario del transporte y del medio ambiente: automóvil, el tubo de escape, la contaminación, la lluvia ácida, la capa de ozono, la central térmica, la niebla tóxica, el insecticida.

'Es importante que'/'Es necesario que' + subjuntivo: Es importante que ayudemos en campañas ecologistas, Es necesario que usemos menos electricidad.

'Es posible que'/'Dudo que' + subjuntivo: Es posible que tengamos más contaminación, Dudo que trabajemos todos en casa.

Aventura semanal

Transporte para jóvenes

Una moto diferente

¿Te imaginas ir en moto sin peligro de mojarte y sin casco? No, no es imposible. Los ingenieros de BMW han diseñado un scooter capaz de conseguir este milagro. El "techo" protege al ocupante en caso de caída o impacto lateral. Con un motor de 125cc y 15CV de potencia, alcanzará los 100 km/h y podrá ser conducido desde los 16 años.

¡Sin carnet de conducir! La moda de los cuadriciclos

¿Todavía no tienes carnet? Lo tuyo son los coches que se pueden llevar ¡a partir de los 14 años! Para conducir un cuadriciclo sólo necesitas la licencia de ciclomotor y el seguro de daños a terceros. La directiva europea que los homologa limita su capacidad a dos plazas y el motor a 50cc si es de gasolina o a 4kw – que equivalen a 5,5CV – en los gasoil. La velocidad máxima no puede superar los 45 km/h. Y, si tienes menos de 16 años, no podrás llevar acompañante. Tampoco pueden circular por autopistas, y en autovías deben hacerlo por el arcén.

Autoevaluación

Primera parte (nivel básico)

1 Escribe cinco cosas que se pueden hacer en correos. (5)

2 Deletrea tu nombre y apellidos y los nombres y apellidos de tres amigos/as. (4)

3 Vas a ir a visitar a un amigo. Escribe un telegrama (de cinco frases) con la siguiente información.

Día y hora de llegada.
Lugar adonde llegas.
Pregúntale sobre la ropa y el dinero que necesitas.
Tiempo que vas a estar con él.
Pídele información sobre el tiempo. (10)

4 Mira estos cinco objetos que has perdido. Descríbelos. (5)

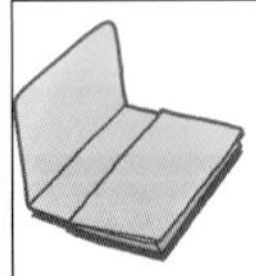

5 De viaje. Pregunta a los empleados sobre los viajes siguientes.

Metro: ¿línea para la estación Opera?/¿cambiar?/¿precio billete?
Taxi: ¿libre?/¿avenida de Madrid?/¿precio viaje?
Autobús: ¿precio abono?/¿número de viajes?/¿zona de abono? (9)

6 Completa el diálogo. Compras un billete de tren.

Tú
Empleada Hay un Intercity a las ocho y un Talgo a las 10.
Tú
Empleada El Talgo es más caro, pero es más rápido.
Tú
Empleada A las 12, tarda dos horas.
Tú
Empleada ¿Cuándo quiere volver?
Tú
Empleada ¿Qué clase?
Tú
Empleada 8.500 pesetas. (6)

7 Escribe seis palabras relacionadas con el coche. (6)

8 Escribe diez palabras que tengan relación con los medios de comunicación. (5)

Total 50 puntos

Segunda parte (nivel superior)

9 Escribe una nota de cinco frases explicando cómo ir a tu casa desde el instituto. Usa la forma 'usted'.

Ejemplo Siga todo recto. (5)

10 Diálogo en la comisaría. Te han robado la mochila. Da la información siguiente.

¿Cómo ocurrió?
¿Dónde?
¿Cuándo?
¿Quién lo hizo?
¿Cómo era la mochila?
¿Qué llevabas en la mochila? (12)

11 Cuenta una historia que te pasó o que has leído en un periódico. Escribe siete frases. (7)

12 Contesta estas preguntas.

1 ¿Con qué frecuencia ves la televisión?
2 ¿Qué tipo de programas prefieres? ¿Por qué?
3 ¿Qué tipo de programas no te gustan? ¿Por qué?
4 ¿Qué programas de radio escuchas? ¿Por qué?
5 ¿Qué periódicos y revistas lees? ¿Por qué? (9)

13 Habla de una película. Escribe ocho frases sobre el argumento, los actores, la música. (8)

14 Escribe las siguientes frases con 'usted'.

Ejemplo Toma la primera a la derecha. → Tome la primera a la derecha.

1 Mete la segunda marcha.
2 Gira la llave.
3 Pon el coche en marcha.
4 Arranca.
5 Sal del coche.
6 Sigue todo recto.
7 Espera aquí.
8 Ve más despacio.
9 Para aquí. (9)

Total 50 puntos

1 Lee el artículo 'El Spanglish llega a la red' y mira el significado de algunas palabras nuevas.

Español + inglés: un idioma chapucero en Internet

El spanglish llega a la red

Navegar por Internet a veces es un suplicio para los amantes de la lengua española. El ciberspanglish es un nuevo lenguaje on-line que hacer furor: Pero existen palabras en español más apropiadas.

Aunque cada vez hay más información en español dentro de la red, lo cierto es que el inglés sigue siendo el idioma del que más se nutre Internet. Sin embargo, la convivencia entre las culturas sajona e hispana ha dado lugar a un nuevo lenguaje bastante chapucero pero eficaz: el ciberspanglish. Éste es un diccionario básico para comprenderlo.

Atachear (del inglés *attachment*): adjuntar un fichero a un mensaje electrónico.
Baner: anuncio en una página web.
Cuitear (del inglés *quit*): salir de una aplicación.
Chateo: conversación en un chat a través de la red.
Cliquear: hacer clic con el ratón.
Deletear (del inglés *delete*): borrar.
Dobliu, Dobliu, Dobliu: cómo se llama a la WWW.
Efetepear: hacer una transferencia de ficheros FTP.
Inicializar: volver a iniciar un programa o una aplicación.
Jom peich (del inglés *home page*): página principal.
Linquear: unir dos páginas web mediante un link o enlace.
Mouse (pronunciado como suena en español): ratón.
Previú: visualizar.
Setupear: hacer un set-up, es decir, preparar o listar ficheros.
Tipear (del inglés *type*): teclear.

2 Lee el artículo sobre un actor argentino Juan Diego Botto y contesta.

1 ¿Cuándo empezó a actuar?
2 ¿Qué hace en su tiempo libre?
3 ¿De dónde es y dónde vive?
4 ¿Qué dice de su familia?

Juan Diego Botto

Es el actor de moda. Conócelo a fondo. Tiene 22 años, pinta de chico sano, inocente y un poco ingenuo. A los cinco años debutó en el cine.

Tenías claro que querías ser actor y no te has equivocado . . .

Tenía 15 años cuando decidí ponerme a estudiar arte dramático y desde entonces nunca me he planteado hacer otra cosa. El trabajo me da mucha seguridad para otros aspectos de mi vida personal. Necesito el trabajo para sentirme bien.

Y cuando no trabajas . . . ¿qué haces?

Salgo a tomar una copa, pero bebo poco, voy al cine con mis amigos de siempre . . . No hago nada excepcional, mi vida es muy sencilla, soy muy casero. Trabajo, procuro formarme y prepararme, pero también hago las cosas típicas de mi edad, eso sí, sin excesos. Sólo tengo una debilidad, el fútbol. Soy un forofo del Barcelona. Y otra de mis pasiones es la lectura. Me gustan los cuentos de Cortázar, Benedetti y Eduardo Mendoza.

¿Tienes claro cuál es tu lugar en el mundo?

Sin duda, España, Madrid. Uno se da cuenta de estas cosas cuando se va. Yo de Argentina salí cuando tenía dos años y no tengo recuerdos. Pero cuando me voy de Madrid, echo de menos las cosas más absurdas.

En Argentina dejaste a tu padre, el actor Diego Fernando Botto, uno de los desaparecidos de la dictadura militar.

Es doloroso ser hijo de un desaparecido. Tienes que aprender a vivir con ello, no sabes si tu padre está vivo, ni tampoco sabes en qué circunstancias murió.

¿Cuál es tu filosofía de la vida?

Me gusta mucho hablar, discutir, analizar y preguntarme el por qué de las cosas. Me preocupa la represión y el recorte de las libertades, que la gente no pueda expresarse libremente.

¿Cuáles son tus próximos proyectos?

Tengo pendiente una película con Fito Páez en Argentina. Estoy trabajando en la primera película de John Malkovich, sobre Sendero Luminoso, con Javier Bardem. Hago el papel de un policía. También me ha llamado Lluís Pascual para hacer un concierto de las músicas que le gustaban a Federico García Lorca y yo voy a hacer de narrador. Y un proyecto de televisión.

3 Lee la historieta de Mafalda.

ANOCHE VA MI MAMÁ, ENCIENDE EL TELEVISOR Y ¡ZAS!¡NO ANDA!

ASÍ QUE TOOODA LA CENA Y TOOODO EL TIEMPO DESPUÉS DE LA CENA HASTA IRNOS A LA CAMA ¡SIN TV!

ANOCHE ME DÍ CUENTA LO ABURRIDOS QUE SON MIS PADRES

LECCIÓN 19

Otra vez de tiendas

OBJETIVOS

- *Comprar y hablar de las compras.*
- *Explicar que algo que se ha comprado está mal y quejarse.*

A Un día de compras

1 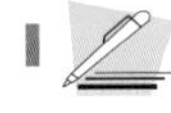 **Mira las fotos de estas tiendas. ¿Qué puedes comprar en cada una de ellas? Escribe una lista con tu compañero/a.**

a 

b 

c 

d 

2 **Escucha los diálogos y di a qué lugar corresponden. Después di lo que se compra en cada tienda.**

3 **Ahora vas a comprar tú. Haz diálogos similares con tu compañero/a en las tiendas de actividad 1. Imagina que vas a otras tiendas, haz más diálogos.**

c 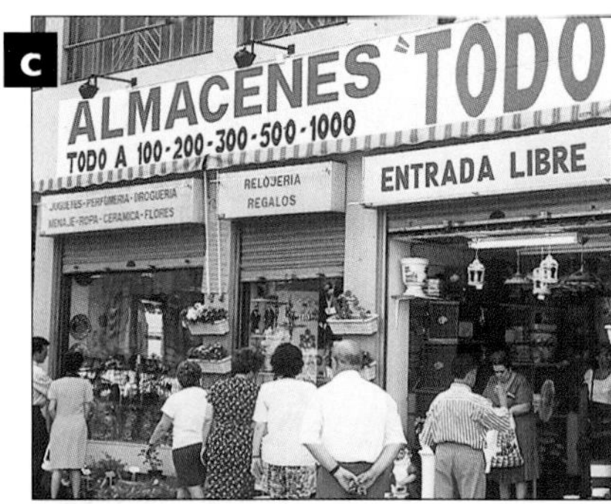

a 

b 

d 

4 **Goreti, Leticia y Tessa fueron de compras el fin de semana. Escucha lo que dicen y di a qué foto corresponde cada diálogo. Después pon las fotos y los diálogos en el orden en que ocurrieron.**

Reciclaje del lenguaje

Pronombres personales (objeto indirecto)

¿Qué tal me quedan? Te quedan muy bien.

A Goreti le quedan mejor.

Me los voy a comprar.

¿Qué tal nos quedan los pantalones? Os quedan muy bien.

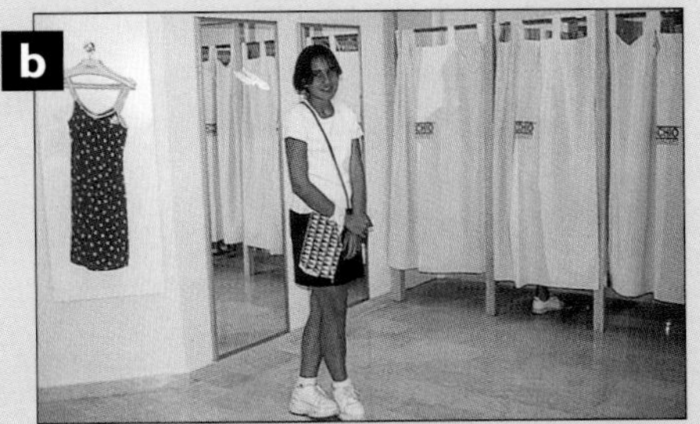

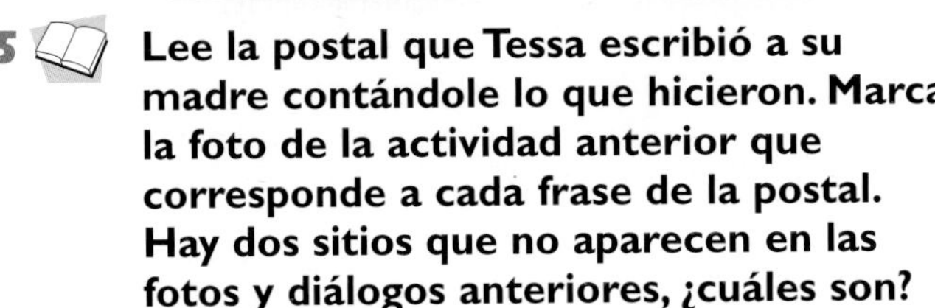

5 **Lee la postal que Tessa escribió a su madre contándole lo que hicieron. Marca la foto de la actividad anterior que corresponde a cada frase de la postal. Hay dos sitios que no aparecen en las fotos y diálogos anteriores, ¿cuáles son?**

Querida mamá:
El sábado fui de compras con Goreti y Leticia y lo pasamos muy bien. Fuimos a comprar ropa y otras cosas. Me compré unos pantalones muy bonitos. Gasté bastante y tuve que ir al banco a cambiar dinero. También fuimos a la peluquería y me corté el pelo, pero sólo las puntas. Por la tarde estábamos cansadísimas y fuimos a tomar un refresco y a comer un bocadillo. Lo pasamos fenomenal.
Un abrazo.
Tessa.

6 **Escucha los diálogos de Tessa en el banco y de Goreti en la peluquería. ¿Qué quiere cada una?**

B ¡Qué regalo tan bonito!

7 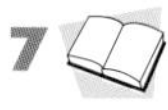 **Cuando vas de vacaciones te gusta comprar regalos. Cuando vuelves le enseñas a tu amigo/a los objetos que has comprado. Aquí tienes una lista con los objetos.**

a Primero di qué objeto de la foto corresponde a cada frase.

1 Para el padre: Zapatillas para estar en casa
2 Para la madre: Guantes clásicos de color camel
3 Para el novio: Cartera de piel estrecha
4 Para la amiga: Bolso de terciopelo
5 Para la hermana: Pañuelo de terciopelo
6 Para el hermano: Camisa de algodón

a b c d e f

 **b Haz diálogos con tu compañero/a como el siguiente.**

A ¡Qué bolso tan bonito!
B Sí, es el que he comprado para mi amiga.

 **c Escribe frases.**

Ejemplo Este bolso es el que he comprado para mi madre.

8  **Mira estos otros regalos, son muy originales.**

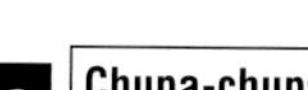

a **Chupa-chups**
Los chupa-chups están en boca de todos. Las modelos los adoran, los futbolistas los compran a montones, la *gente guapa* los ha adoptado como su nuevo vicio e incluso alguna agencia los utiliza como soporte publicitario.

b **Bolso casita de Moschino**
El humor también entiende de moda. Como no podemos cargar con la casa a cuestas, Moschino nos propone llevarla colgada del brazo. Una colección inspirada en objetos atípicos, con materiales nobles y formas atrevidas. Lo mejor es el resultado: ¡genial! Y sin gastos de comunidad.

c **Nadar como un pez**
Para optimizar las sesiones de *aquagim* utiliza estos guantes palmeados de silicona (5.590 ptas.) que aumentan la resistencia al agua y, por lo tanto, la eficacia de los ejercicios realizados.

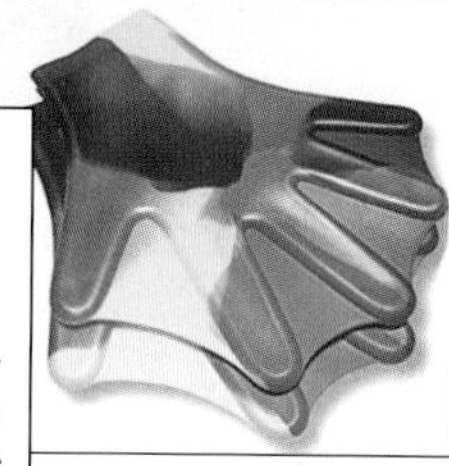

d **Detectores del amor**
Esta pareja se conoció gracias al lovegety, un instrumento a modo de marcapasos del amor que pita cuando pasas cerca de tu posible alma gemela. En Japón arrasa. Allí ya nadie pregunta: «¿Estudias o trabajas?». A España llegará en otoño.

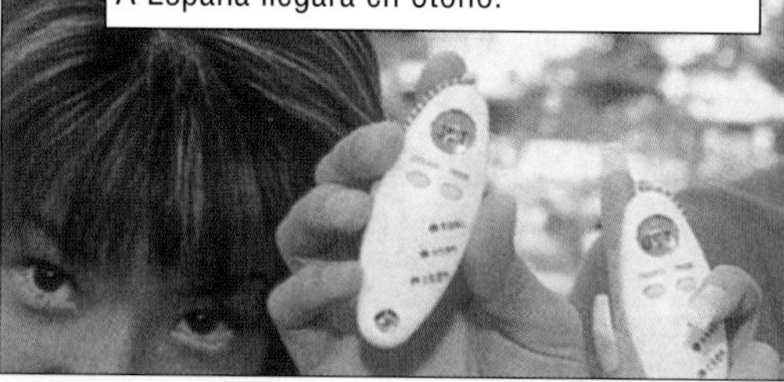

e **Orejas abrigadas**
La influencia de la moda alpina y deportiva anuncia la llegada del punto grueso a los jerseys, de las parkas forradas de piel, las botas *après-ski* y las orejeras. Este invierno, el clásico diseño de auricular de las orejeras se ha transformado en ultraplano. El sueño de Dumbo.

f **Las joyas del barroco**
Como si se tratase de un *flashback*, la moda rescata el gusto por las joyas antiguas, entre las que destacan los anillos de grandes proporciones y las piedras de colores inspiradas en el siglo XVIII. Christian Dior es alma de esta nueva tendencia.

a Elige uno para cada persona. ¿Qué vas a comprar para . . . ?

1 tu amiga Ana que tiene mucho frío siempre
2 tu hermana que prefiere los anillos
3 tu madre a la que le encanta algo original para poner sus cosas dentro
4 tu amigo Luis que se enamora a todas horas
5 tu primo Pepe a quien le encanta nadar
6 tu primita Isabelita que tiene cinco años y le encantan los dulces

***Pronombres relativos:* el que, la que, los que, las que**

el bolso: Es el que he comprado para mi madre.
la camiseta: Es la que compré ayer.
los libros: Son los que compré para ti.
las sandalias: Son las que compré el verano pasado.

b Ahora haz más diálogos como los de actividad 7.

Ejemplo **A** ¡Qué orejeras tan bonitas!
B Sí, son las que he comprado para mi amiga Ana.

C Problemas y quejas

9 Escucha a estos chicos y chicas que dicen lo que hacen si compran algo en mal estado.

10 Tessa ha comprado varias cosas que tienen algún problema. Está muy enfadada. ¿Qué crees que dice? Escribe una frase para cada dibujo.

Ejemplo ¡Este libro tiene una página rota!

¡Atención!

devolver = to return
hoja de reclamaciones = complaints form
quejas = complaints
denunciar = to report
asociación de consumidores = consumer association
cuatro duros = 20 pesetas
un duro = 5-peseta coin

11 Escucha a Tessa que va a las tiendas a devolver lo que ha comprado. Completa las hojas de reclamaciones.

12 Haz tú diálogos similares con tu compañero/a.

objeto	
problema	¡no escribas aquí!
fecha de compra	
recibo	
solución	

13 Ⓟ **Prepara una guía de compras de tu ciudad en español, con planos, direcciones de tiendas, y lo que se puede comprar en ellas. Incluye objetos típicos de tu región o país y otro tipo de información útil para el/la visitante.**

¡Ya sabes!

Cómo comprar diferentes cosas (repaso)

Cómo quejarte: La radio no funciona, el jersey se ha encogido.

Pronombres personales (**objeto indirecto**): ¿Qué tal me/nos quedan? Te/Os quedan muy bien.

Pronombres relativos (**el que, la que, los que, las que**): Este bolso es el que compré en Venezuela.

Aventura semanal

Lee el cómic.
Lulú tiene problemas porque gastó demasiado.

LECCIÓN

20 Todos queremos más

OBJETIVOS

- *Aconsejar y recomendar.*
- *Hacer sugerencias.*
- *Hablar y opinar sobre la publicidad.*
- *Analizar anuncios.*

A ¿Qué me recomiendas?

1 **Nathaniel ha ido a Zaragoza de viaje de estudios y quiere comprar unos regalos para su familia. Escucha el diálogo en que pide consejo a Tessa sobre lo que puede comprar. Marca el regalo que va a comprar y di para quién es.**

a

d

g

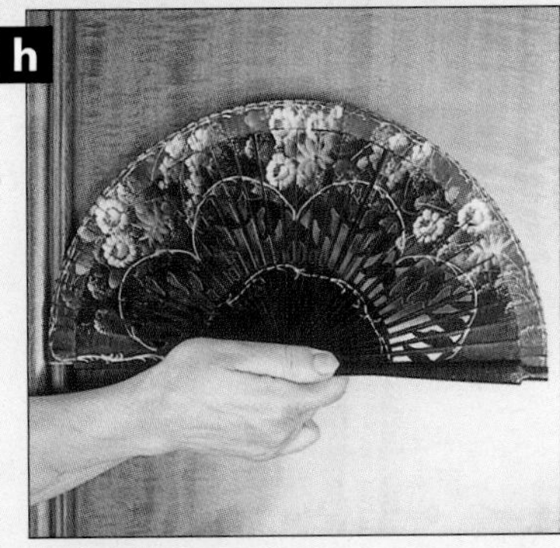
h

b

e

c

f

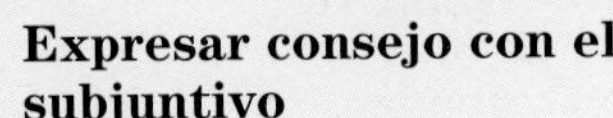

Expresar consejo con el subjuntivo

- Con 'usted' (afirmativo): compre, coma, beba
- Con 'usted' (negativo): no compre, no regale
- Con 'tú' (negativo): No le compres un cinturón.
- Después de una expresión de consejo, también se usa el subjuntivo con la forma 'tú' en frases afirmativas:
  Es mejor que le compres el rojo.
  Te aconsejo que le compres un juguete.

175

2 Haz diálogos como el siguiente. Usa los dibujos.

A ¿Qué bolso le compro, el grande o el pequeño?
B Es mejor que le compres el grande (porque puede meter más cosas).

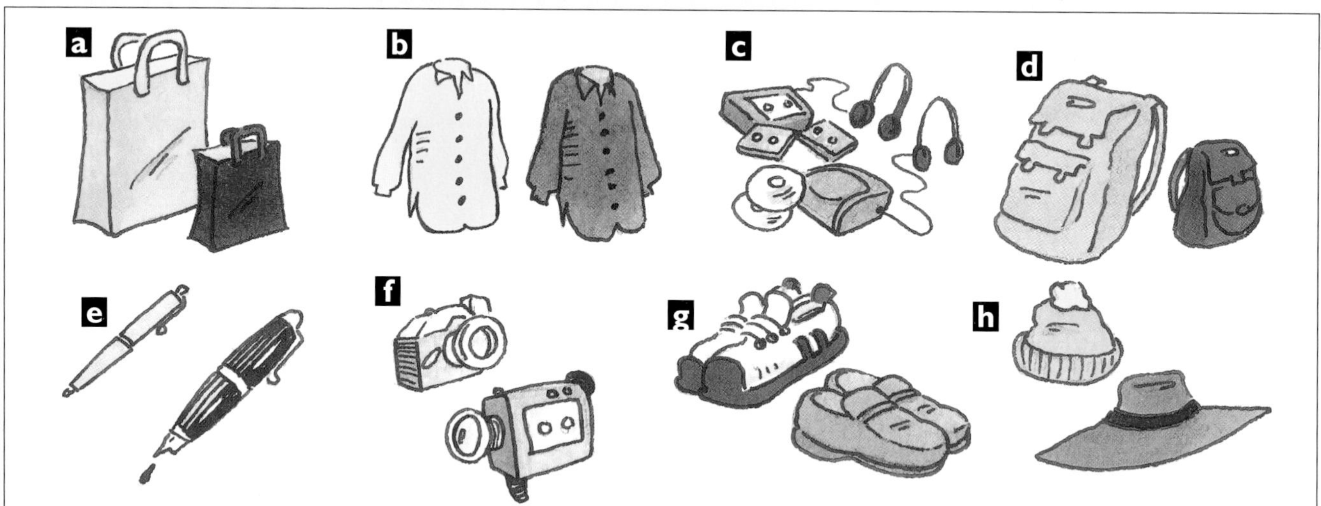

3  **Nathaniel escribe una postal a su amigo contándole lo que ha comprado. Completa la postal.**

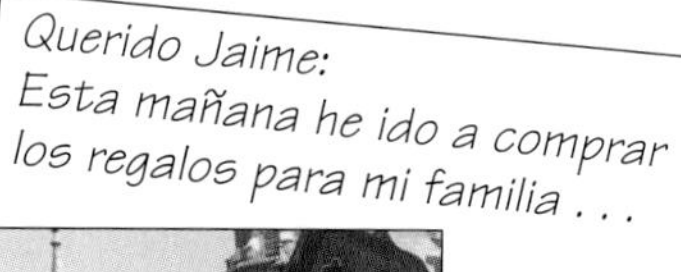

Querido Jaime:
Esta mañana he ido a comprar
los regalos para mi familia . . .

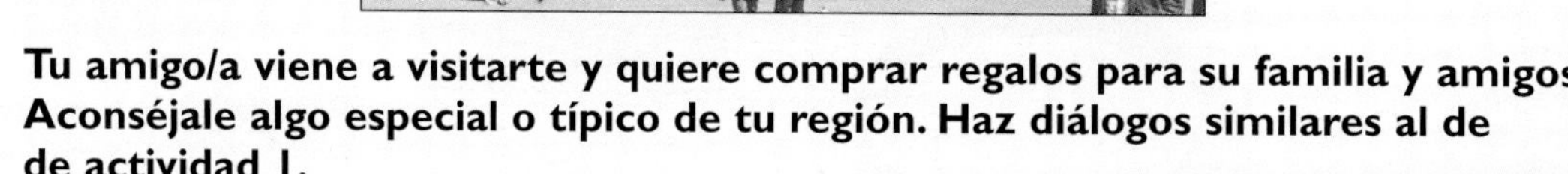

4 **Tu amigo/a viene a visitarte y quiere comprar regalos para su familia y amigos. Aconséjale algo especial o típico de tu región. Haz diálogos similares al de de actividad 1.**

B La publicidad

5  **Escucha a Iván y Sara que hablan con Jaime de la publicidad y contesta.**

1 ¿Cuál es la opinión que tiene cada uno sobre la publicidad?
2 ¿Qué productos se anuncian más?
3 ¿Dónde se puede encontrar la publicidad?
4 ¿Qué es lo más importante de un anuncio?

6  Habla del tema con tu compañero/a.

- ¿Te gusta/parece bien/molesta la publicidad? ¿En qué casos?
- Aspectos positivos/negativos.
- ¿Qué se anuncia más?
- ¿Dónde se puede encontrar publicidad?
- ¿Qué es lo más importante de un anuncio?

7  Lee estos anuncios y contesta.

1 ¿A quién crees que van dirigidos?
2 ¿Usan 'tú' o 'usted'?
3 ¿Cuál es el mensaje?
4 ¿Qué información te dan sobre el producto?
5 ¿Es un anuncio claro e informativo?
6 ¿Qué es lo que más te llama la atención del anuncio: la imagen, el color, el texto?

A

B

C

8 En estos anuncios el texto está separado del producto que anuncian.

a Lee primero el texto solamente. ¿Sabes qué se anuncia?

b Une el texto de los anuncios con el producto que anuncian. ¿Te parece claro en todos los casos?

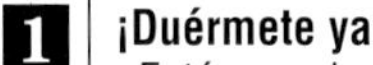

1 **¡Duérmete ya!**
¿Estás nerviosa con los exámenes? ¿Necesitas descansar? Hazte con un Brookstone. Tranquila, no son pastillas para dormir, sino un sencillo aparato de sonidos relajantes. Con tan sólo pulsar una tecla, tu habitación se llenará con un rumor de olas, lluvia, el estruendo de una cascada o los árboles de la selva amazónica.
Tiene un práctico seleccionador de tiempo de encendido, que va desde los 30 a los 90 minutos, con un descanso progresivo del volumen en los últimos 12 minutos.
Cuesta 18.995 ptas. y lo encontrarás en la tienda Ojo de Pez. Para los que no vivan en la capital, realizan envíos a cualquier punto de España.

2 **De uñas . . . electrónicas**
En algunos países – en los que decorarse las uñas es algo habitual – están causando sensación, entre los que van a la última, unas imágenes con motivos digitales llamadas e-nail. Creadas por dos hermanas estadounidenses a las que se les ocurrió la idea mientras observaban los iconos del ordenador, las e-nail se venden empaquetadas en joyeros con forma de CD y ya empiezan a comercializarse por todo el mundo. El lote se adquiere por unas 2.650 pesetas.

a

b

3 **Ponte un mensaje encima**
Te gusta la comodidad y, si por ti fuera, vestirías siempre con camiseta. Ahora puedes. Camiseto-Club te ofrece más de 400 modelos diferentes para que elijas aquella camiseta que se adapta más a tu estilo. Puedes escoger entre estampados artísticos, folklóricos o deportivos, con leyendas graciosas o ecológicas, todas ellas en varias tallas y en distintos idiomas. Ahora, en su tercer cumpleaños, han pasado de vender por correo a montar su primer local en Marbella y una tienda virtual en internet. Los precios, entre 2.500 y 3.000 ptas. Camiseto-Club.

c

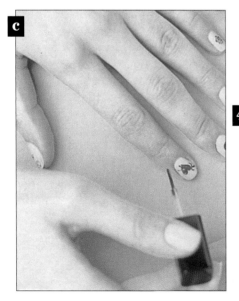

4 **Imágenes impermeables**
La nueva cámara de un solo uso Marine, de Fuji, se presenta dentro de un estuche de plástico totalmente hermético, lo que la convierte en ideal para realizar fotografías durante la práctica de deportes de acción en el agua y la nieve. El precio de la cámara de 24+3 exposiciones es de unas 2.000 pesetas.

d

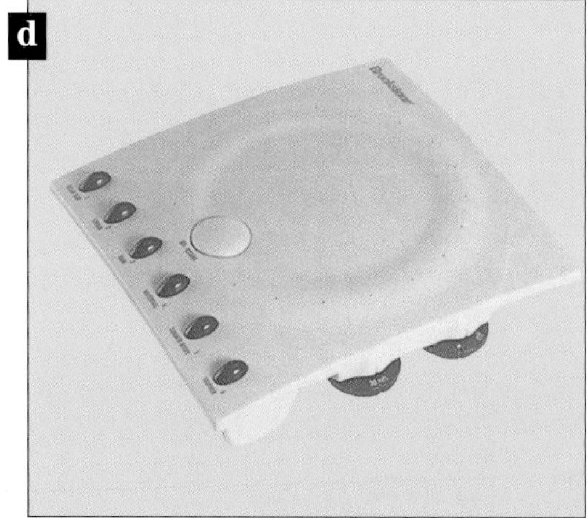

9  **Escribe anuncios para productos reales o inventados. Encuentra anuncios en tu idioma y compáralos con los anteriores.**

10  **Escucha los anuncios de la radio. ¿Qué producto se anuncia? Escribe dos detalles sobre cada uno.**

C La música en la publicidad

11 **Lee el artículo sobre la música en la publicidad. Toma notas y explica a tu amigo/a de qué se trata, en español o en tu idioma.**

Lo mejor no es el anuncio

La publicidad en televisión siempre resulta más efectiva si va unida a la buena música, ya sea ésta conocida o no. De las relaciones entre las dos han salido ventas millonarias y algún que otro fracaso. Algo que no se podía imaginar hace años es hoy una posibilidad de oro a la hora de diseñar una campaña de televisión para un producto: acompañar las imágenes con el rock, el tecno o con un éxito pop.

Un anuncio puede impulsar una canción o a un grupo a la fama o recuperar temas ya pasados de moda. Así, una banda americana 'los Lilys', discípulos del rock psicodélico de los años sesenta, vieron que de repente un tema suyo, utilizado en un anuncio de la marca Levi's, les sacaba del anonimato. De las dos mil copias iniciales vendidas en Estados Unidos pasaron a las 125.000 una vez comenzó a emitirse el anuncio. En España se han dado casos similares. Un grupo llamado Dover tuvo tanto éxito con un tema que anunciaba una marca de refresco que en sus conciertos cuando sonaba la canción del anuncio la gente se volvía loca.

El pago por ponerle la banda sonora a un anuncio es más bien simbólico. En España Dover cobró 100.000 pesetas, pero después vendieron 400.000 copias de su disco. El precio hace que muchas veces se prefieran nuevos cantantes o grupos desconocidos.

Una de las primeras marcas en usar canciones famosas fue Levi's, que inauguró esta tendencia en 1985.

Al principio se elegían viejos temas, después rock de los setenta o punk, pero a partir de 1994 se usan más temas actuales.

12  **Preparad en grupos anuncios (con música, texto, actuaciones, dibujos) para representar en clase. Preparad un álbum de anuncios de la clase.**

Aventura semanal

La publicidad y el consumo no siempre son negativos. Lee estas noticias de 'Empresas solidarias'.

• MATTEL, la multinacional juguetera, se ha llevado una positiva sorpresa en nuestro país con su muñeca en silla de ruedas "Becky", pariente directa de "Barbie", aunque la casita de ésta le resulte "inaccesible". En la última campaña de Reyes, a un precio de 3.300 ptas., ha obtenido un gran éxito de ventas.

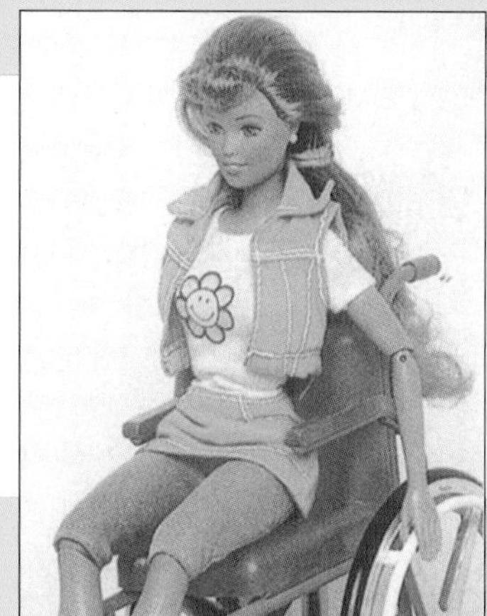

• Los perfumes de la firma DAMA se han unido al grupo de empresas que etiquetan sus productos con sistema braille. Cada vez – afortunadamente – son más las empresas que se unen a esta iniciativa normalizadora, entre las que fue pionera la casa de productos de limpieza LA TUNA.

• FUNDOSA EUROTAXI, empresa de Fundación ONCE dedicada a adaptar vehículos para personas con discapacidad y primera en su sector en España, cuenta ya con vehículos – a los mejores precios del mercado – de las casas Seat, Citroën, Ford, Fiat, Lancia, Alfa Romeo.

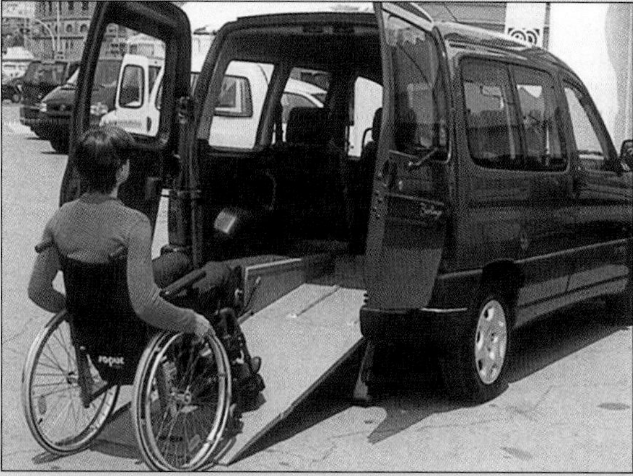

¡Ya sabes!

Expresar consejo con el subjuntivo: Compre (usted). Es mejor que le compres una cartera. Te aconsejo que le compres un libro. No compre, no regales.

LECCIÓN 21

Consumo responsable

OBJETIVOS

- *Hablar y opinar sobre la moda.*
- *Comprender temas relacionados con el consumo y el medio ambiente y hablar sobre ellos.*

A La moda

1  **Juanjo, Leticia, Paco y Sara hablan sobre la moda. Escucha y contesta las preguntas.**

1 ¿Qué opinan sobre la moda?
2 ¿Siguen la moda?
3 ¿Qué se ponen?
4 ¿Cuál es la moda actual?
5 ¿Qué moda prefieren de las anteriores?
6 ¿Qué opinan de las marcas?

2  **Encuesta en la clase. Haz las mismas preguntas a tus compañeros/as.**

3  **Ésta es la moda del siglo XIX. Escribe un artículo sobre la moda de épocas pasadas.**

Elegancia natural: El estilo inglés del siglo XIX se inspiraba en la ropa de montar a caballo, y no tardó en imponerse. Sus trajes, impecablemente cortados — bombachos, pantalones y levitas de lana — eran la envidia de todos.

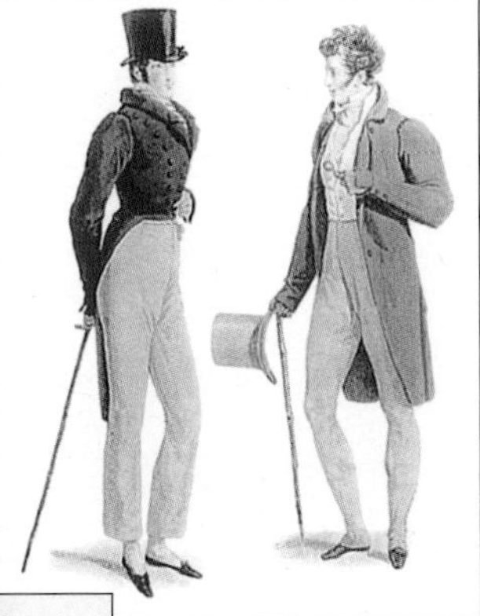

El no va más: Las faldas largas, sostenidas por miriñaques, y las cinturas de avispa, garantizadas por corsés muy ceñidos, eran el atuendo favorito de las damas de la alta sociedad. La niña lleva un modelo similar en versión infantil.

Belleza enjaulada: Esta fotografía del siglo XIX parodia lo complicado que resultaba meterse en un miriñaque.

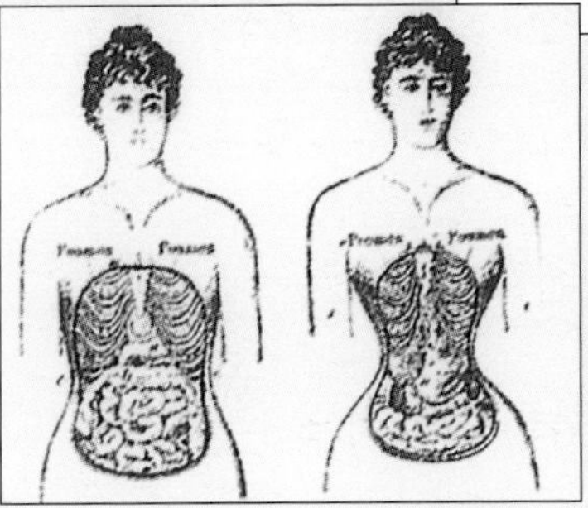

Víctimas de la moda: Este dibujo médico muestra como el corsé desplaza los órganos internos.

B Antes de comprar piensa: ¿consumo 'irresponsable'?

4 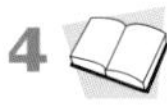 **Lee la siguiente información sacada de dos artículos de la organización 'Manos Unidas'. Contesta las preguntas.**

Contrastes

Las grandes compañías que fabrican prendas de vestir cuyo uso (cuya mera exhibición de la etiqueta) se ha convertido en signo de integración social nos hacen creer que los elevados precios de los productos son un signo de alta calidad, pero poco de ese dinero llega a los obreros que las fabrican. Del dinero que pagamos por un par de esas zapatillas de marca, sólo el 0,18% (la parte más pequeña) se destina a los salarios de los obreros, que son miles, en contraste con las sumas exorbitantes que reciben algunas estrellas del deporte sólo por llevarlas (la publicidad se lleva casi un 10% del precio final). Por ejemplo, un famoso futbolista firmó un contrato para toda la vida con una igualmente famosa marca de zapatillas de deporte por el que le pagan 16,7 millones de pesetas al mes; una obrera de Indonesia de la misma empresa gana esa cantidad en 21 años de trabajo.

Las apariencias engañan

Salsa, vacaciones, paisajes paradisíacos, playas de ensueño, folletos turísticos. Para muchos, esas son las evocaciones que despierta el nombre de la República Dominicana, cada vez más visitada. Pero mucho menos son las condiciones reales de vida de sus habitantes. En este país, como en otros de Centroamérica y de Sudamérica, los gobiernos han cedido a compañías multinacionales todo tipo de facilidades para instalarse: terrenos a bajo precio y a veces gratis, en zonas que antes se dedicaban a la agricultura; libertad para sacar el dinero del país; bajos impuestos; bajos sueldos a los trabajadores que trabajan muchas horas en malas condiciones. Las empresas pueden así fabricar productos a bajo precio que después, cuando los vendan en países ricos a altos precios, les darán grandes beneficios. Con frecuencia producen objetos de lujo: perfumes, lencería, moda, etc. La ropa de etiquetas más apreciadas suele estar fabricada allí. Esta ropa está fabricada en su mayor parte por mujeres que cobran muy poco y no tienen dónde dejar a sus hijos.

Niños y niñas, incluso de menos de cuatro años, se encuentran en la calle mientras las madres van a trabajar a las fábricas. Sólo con ayuda de organizaciones como 'Manos Unidas' se ha podido construir alguna guardería para que estos niños tengan un lugar seguro y un futuro.

1 ¿Qué problemas hay detrás de lo que compramos?
2 ¿Qué parte de lo que pagamos cuando compramos unas zapatillas de marca va a los obreros?
3 ¿Qué parte va a publicidad?
4 ¿Cuál es la imagen que tenemos de la República Dominicana?
5 ¿Qué facilidades tienen las grandes compañías para instalarse en los países más pobres?
6 ¿Quién trabaja en las fábricas de ropa?
7 ¿Qué problemas tienen los niños de los trabajadores?

5 Habla con tus compañeros/as de los temas de actividad 4.

a Piensa y discute.

- ¿Por qué crees que los gobiernos de los países pobres dan facilidades a las compañías para instalarse allí?
- ¿Por qué crees que muchas personas tienen que dejar de trabajar en los campos y deben trabajar en las fábricas?
- ¿Por qué sufren los niños?
- ¿Comprarías unas zapatillas sin marca, pero de igual calidad y fabricadas por las mismas personas?

b ¿Qué dices ante las situaciones que has leído antes? Reacciona, usa algunas de estas frases o piensa otras.

Pero no podemos hacer nada.
Yo creo que debemos comprar cosas normales.
Hay también muchas compañías que no explotan a los trabajadores.
Yo creo que exageran un poco.
Yo estoy de acuerdo.
Yo no estoy de acuerdo.
¿Qué vamos a comprar?
La sociedad es así, no podemos cambiarla.
Los gobiernos tienen que hacer algo.
Nosotros podemos cambiar la sociedad.
Hay que dar mejores condiciones y salarios a los trabajadores.
Hay que construir guarderías y escuelas para los niños.
Si no compramos ropa de marca las fábricas cierran y estas personas se quedan sin trabajo.

c Añade otras opiniones.

6 ¿Sabes qué son las 'Tiendas de comercio justo'? Escucha la entrevista sobre el tema y contesta las preguntas.

1 ¿Qué es el comercio justo?
2 ¿Qué venden en las tiendas de comercio justo?
3 ¿Cuándo y dónde apareció la idea?
4 ¿Cuántas tiendas de este tipo existen en la actualidad?

7 En una revista has leído 'Los principios del comercio justo'. Un amigo tuyo está muy interesado en el tema, pero no comprende el español. Explícaselos tú en tu idioma.

PRINCIPIOS del COMERCIO JUSTO

El salario de los trabajadores debe ser justo.

El grupo productor debe asegurar y promover la igualdad entre el hombre y la mujer.

El grupo productor debe buscar el desarrollo del conjunto de la población.

El grupo productor debe tener un funcionamiento democrático.

La producción debe respetar el entorno social y natural.

El producto tiene que ser de calidad.

8 Mira estos gráficos. ¿Qué conclusiones sacas?

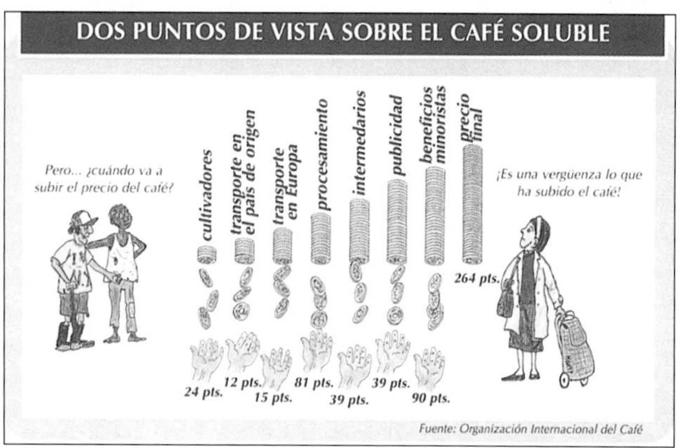

DOS PUNTOS DE VISTA SOBRE EL CAFÉ SOLUBLE
Pero... ¿cuándo va a subir el precio del café?
cultivadores
transporte en el país de origen
transporte en Europa
procesamiento

beneficios minoristas

¡Es una vergüenza lo que ha subido el café!

Fuente: Organización Internacional del Café

Instrucciones, órdenes y consejos en frases negativas (en la forma 'tú')

'No' + subjuntivo: No tires papeles al suelo. No utilices insecticidas. No compres botellas de plástico.

175

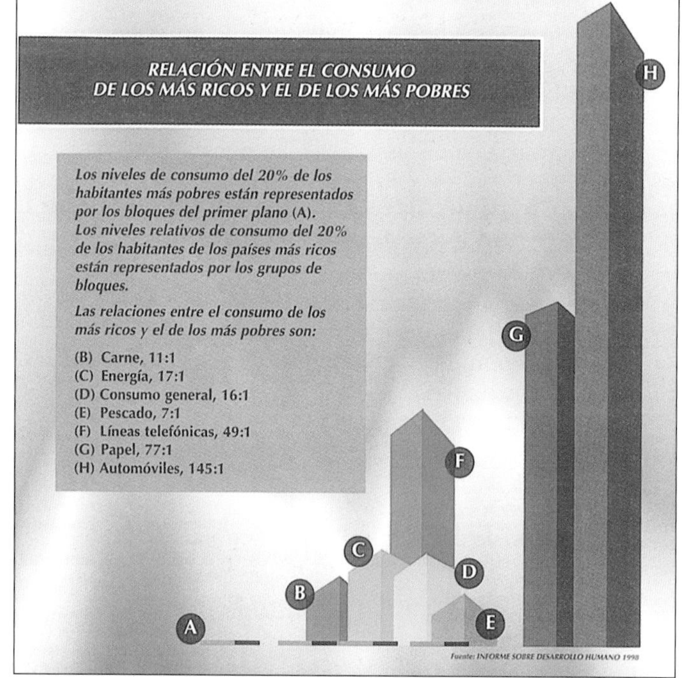

RELACIÓN ENTRE EL CONSUMO DE LOS MÁS RICOS Y EL DE LOS MÁS POBRES
Los niveles de consumo del 20% de los habitantes más pobres están representados por los bloques del primer plano (A).
Los niveles relativos de consumo del 20% de los habitantes de los países más ricos están representados por los grupos de bloques.
Las relaciones entre el consumo de los más ricos y el de los más pobres son:
(B) Carne, 11:1
(C) Energía, 17:1
(D) Consumo general, 16:1
(E) Pescado, 7:1
(F) Líneas telefónicas, 49:1
(G) Papel, 77:1
(H) Automóviles, 145:1
A
B
C
D
E
F
G
H
Fuente: INFORME SOBRE DESARROLLO HUMANO 1998

C Consumo: consecuencias para el medio ambiente

9 Mira las fotos y los letreros. ¿Qué debes o no debes hacer?

a

SOLO PAPEL Y CARTON
Tu papel es importante
Ministerio de Obras Públicas, Transportes y Medio Ambiente
GOBIERNO DE ARAGON

b

c

d

Rompa ó pliegue las cajas para depositarlas
No deje papel ó cartón fuera del contenedor
SI EL CONTENEDOR ESTA LLENO LLAMENOS AL

GRACIAS POR SU COLABORACION

e

ESTA PLAZA DISPONE DE GUARDERIA PARA PERROS
LLEVELOS
EDUQUELOS Y
TODOS USUARIOS
SE LO AGRADECERAN
EXCMO. AYUNTAMIENTO

f

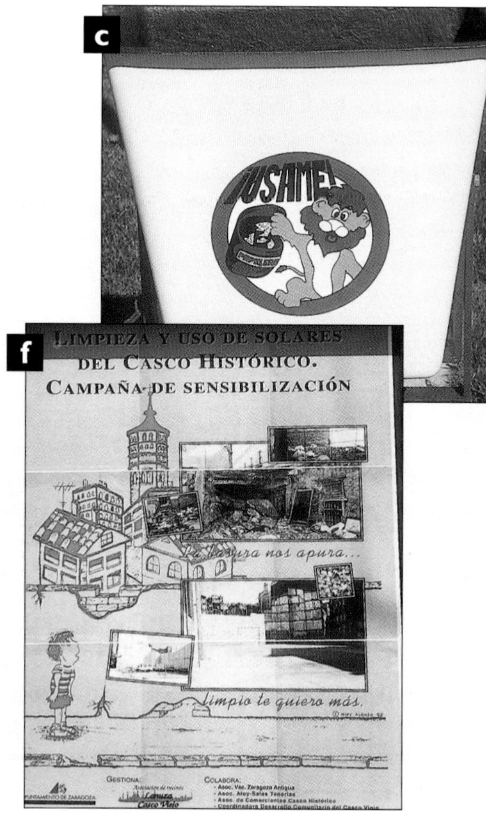

LIMPIEZA Y USO DE SOLARES DEL CASCO HISTÓRICO.
CAMPAÑA DE SENSIBILIZACIÓN
Limpio te quiero más.

10  **a ¿Qué puedes hacer tú? Lee el texto 'Ecología para jóvenes ciudadanos' y completa las frases con el verbo adecuado de la lista del cuadro.**

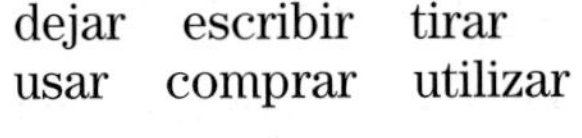

dejar	escribir	tirar
usar	comprar	utilizar

ECOLOGÍA PARA JÓVENES CIUDADANOS

Éstas son algunas de las cosas que puedes hacer tú cada día para proteger el medio ambiente.

- No ____ nunca basura al campo que no sea orgánica y que no se degrade, como plásticos, aceites de motor, latas, papeles, etc.
- No ____ esprays ni insecticidas para ahuyentar los insectos.
- No lo ____ todo al cubo de la basura; los periódicos, el vidrio, las pilas y las medicinas caducadas se pueden llevar a contenedores o lugares de recogida.
- No ____ desperdicios en la calle, como envoltorios de caramelos, papeles, etc. Puedes llevar una bolsa de plástico en la cartera y poner ahí tus basuras.
- No ____ botellas de plástico.
- No ____ bolsas de plástico de los supermercados, lleva tu bolsa de compra.
- No ____ cosas que lleven mucho envoltorio.
- No ____ sólo por una cara de un folio, escribe por las dos caras.
- Si ves basura en la calle o en el parque no la ____ tirada en el suelo, recógela. Forma con tus amigos y amigas un grupo 'cazabasuras'.
- No ____ rotuladores y pinturas elaborados con sustancias contaminantes.

 **b Escucha el programa de radio sobre el tema y comprueba.**

Piensa más consejos para proteger el medio ambiente. Prepara un folleto y/o un póster con los problemas y los consejos. Añade dibujos, fotos, gráficos y otros materiales relacionados con el tema. Prepara el tema (individualmente o en grupo) para dar una charla a tus compañeros.

Aventura semanal

Mira los cuadros para saber cómo vestían en el siglo XVII los niños ricos y los niños pobres. Descríbelos.

a

b

¡Ya sabes!

Comprender y hablar de los problemas del consumo.

Vocabulario y expresiones relacionados con la moda: el corsé, la pasarela, la moda actual, bolsillos, zapatos de plataforma, la marca, las zapatillas de marca, la etiqueta, objetos de lujo, coser, estamos muy atrasados, somos más clásicos (tradicionales).

Vocabulario y expresiones del consumo y del medio ambiente: fabricar, el salario, el contrato, las compañías multinacionales, el comercio (justo), productos integrales, productos ecológicos, artesanía, explotar, el catálogo, la basura (orgánica), el espray, el insecticida, las pilas, el vidrio, los contenedores, las sustancias contaminantes.

LECCIÓN 22 ¿Sabes estudiar?

OBJETIVOS

- *Hablar de estudios y trabajo.*
- *Decir cómo estudias y cómo aprendes.*
- *Hablar de planes (profesionales) para el futuro.*

A El día de hoy

1  **Escribe con tu compañero/a una lista de las asignaturas que estás estudiando y que has estudiado en años pasados.**

2  **Escucha a Goreti y Tessa que hablan sobre sus estudios. ¿Qué diferencias hay entre las dos?**

3  **¿Y tú? Habla sobre el tema con tu compañero/a. Contesta las preguntas de actividad 2.**

4  **¿Sabes estudiar? Haz el test para saberlo.**

El Test ¿Sabes estudiar?

Es el momento de prepararte para el último trimestre. Descubre si necesitas un cursillo para sacar partido a tus técnicas de estudio.

1 Cuando te pones a estudiar . . .
a Lees directamente tus apuntes. Son una joya.
b Limpias de polvo y paja las notas y te preparas resúmenes para repasar.
c Entre tus notas y los apuntes prestados, bastante haces con saber qué estás estudiando . . .

2 Estudiar a gusto significa:
a Una cama con los apuntes alrededor.
b Un flexo, café con leche y un poco de música.
c Folios, fichas y luz en cantidad.

3 ¿Planificas el tiempo que vas a estar estudiando?
a Alguna vez, sobre todo cuando vas apurado/a de temario.
b ¿Para qué? En realidad nunca se cumple.
c Casi siempre, aunque vas haciendo retoques.

4 Leer los libros que recomiendan en clase . . .
a Es imposible porque son muchos.
b Es factible si se leen por encima y se subraya lo mejor.
c Puede hacerse si se reparten los libros entre compañeros y cada uno lee alguno.

5 ¿Crees que es útil repasar en voz alta?
a Sí, y así ves que fallas en algunas cosas.
b No, porque el repaso hablado nunca abarca tanto como la lectura.
c Sólo cuando te van a hacer un examen oral.

6 ¿Te planteas exámenes "de prueba"?
a Si queda tiempo, alguna vez, pero prefiero otro repaso más.
b Sólo si me pasan el examen que va a caer.
c Sí. Los mejores son los que se realizaron en años pasados.

7 ¿Cuándo te concentras mejor, al principio, al final o en plena "faena" de estudio?
a Ni idea. Supongo que hacia la mitad.
b Me cuesta empezar, pero luego, no paro.
c Empiezo con interés, pero me depisto.

8 Memorizar . . .
a No lo es todo, pero es importante.
b Es básico.
c No sirve para nada.

Respuestas

	1	2	3	4	5	6	7	8
a	2	1	2	1	3	2	1	3
b	3	2	1	3	2	1	3	2
c	1	3	3	2	1	3	2	1

Suma los puntos obtenidos en cada respuesta.
De 20 a 24 puntos. Tienes todos los puntos para ser un(a) estudiante modelo, ya que dedicas tiempo en cantidad y hábitos de calidad en tus tareas. Sin embargo, procura no olvidar tu vida social. También es parte de tu formación.
De 12 a 19 puntos. Tienes interés, pero te faltan técnicas de estudio. Seguramente tus esfuerzos se verán compensados porque estudias, pero imagínate lo que podrían ser, si además te lo plantearas con cierto método.
De 8 a 12 puntos. Si apruebas siempre es un milagro porque para ti la anarquía es el pan de cada día. Intenta cambiar las malas costumbres o añadir hábitos de estudio que sacarán a la luz todo tu potencial.

5  **Escucha a Tatiana y a Paco que nos dicen cómo estudian. Toma notas y di a qué categorías del test crees que pertenecen.**

6 **Escribe una carta a tu amigo/a sobre lo siguiente.**

- El curso y las asignaturas que estudias este año.
- Lo que te gusta más y menos.
- Tu opinión sobre los exámenes.
- Tus métodos para estudiar mejor.
- Tu instituto.
- Diferencias entre lo que estudias ahora y lo que estudiabas antes: ¿ha cambiado mucho tu curso, tus asignaturas y tus gustos desde que empezaste el primer curso de secundaria?
- El sistema educativo: ¿cómo es y qué opinas de él?

B El día de mañana

7  **a Escucha a los amigos/as que nos dicen lo que quieren hacer cuando terminen sus estudios en el instituto. Une el dibujo con el/la chico/a que lo menciona. ¡Atención: no mencionan todos!**

b Contesta las preguntas.

1 ¿Quieren seguir estudiando todos?
2 ¿Qué carrera quieren estudiar? ¿Por qué?
3 ¿Qué profesión quieren elegir? ¿Por qué?
4 ¿Qué profesiones consideran como imposibles? ¿Por qué?

Expresiones temporales de futuro + subjuntivo = 'cuando' + subjuntivo

Cuando termine el instituto iré a la universidad.
Cuando termine la universidad trabajaré como profesor.

8  **Encuesta en la clase. Haz una conversación similar a la siguiente con varios compañeros.**

A ¿Qué harás cuando termines este curso?
B Haré el bachillerato superior.
A ¿Y qué harás cuando termines?
B Iré a la universidad.
A ¿Y qué estudiarás?
B Estudiaré español.
A ¿Y qué harás cuando termines la universidad?
B Trabajaré como profesor(a) de español/intérprete/traductor(a).

Reciclaje del lenguaje

Me/te/le/nos/os/les gusta(n)
Me gusta la química, no me gusta la física.
Condicional
¿Qué te gustaría ser? Me gustaría ser piloto.
Futuro
Estudiaré economía, iré a la universidad, no seguiré estudiando.

C Un dinero extra

9  **Escucha a Leticia, Paco y Tessa que hablan de las posibilidades de trabajo para los jóvenes. Toma notas y compara la situación en tu país o región.**

10  **Lee el artículo 'Un dinero extra' para saber qué puedes hacer mientras estudias o buscas un empleo más estable. Contesta las preguntas siguientes para cada trabajo.**

1 ¿Qué tienes que hacer en cada trabajo?
2 ¿Dónde tienes que trabajar?
3 ¿Cuál es el sueldo aproximadamente?
4 ¿Qué es necesario o recomendable tener para hacer este trabajo?
5 ¿Cómo puedes conseguirlo?

UN DINERO EXTRA

'Canguro' de niños . . . y perros

Cuidar niños es uno de los trabajos típicos de los/las estudiantes cuando necesitan sacarse un dinero extra, y aunque parece sencillo, no lo es tanto, porque conlleva una gran responsabilidad. Para trabajar como canguro es imprescindible que te gusten los niños y sepas jugar con ellos. No se trata de sentarte en un sillón mientras juegan en su cuarto. Debes participar con ellos y hacerte querer. Puedes trabajar por cuenta propia o con el respaldo de una empresa intermediaria, que te llamará cuando alguien solicite el servicio. Las tarifas oscilan entre 700 y 1.000 ptas./hora (según si es de día o de noche). Varía si debes darles la comida, ayudarles en los deberes . . . Otra idea: pasear perros de otras personas (gente mayor que tiene una mascota pero no puede hacerlo, trabajadores que no tienen tiempo . . .). Puedes anunciarte en tiendas de tu barrio o prensa especializada.

'Extra' en cine y televisión

Para participar como extra en películas de cine, puedes apuntarte en alguna academia o productora. Pero acudir a un plató de televisión puede ser un trabajo más constante. Algunas cadenas solicitan público para asistir a las grabaciones de sus programas. Es sencillo, algo aburrido, porque hay que esperar muchas horas, pero tiene el aliciente de conocer a famosos. Los intermediarios y los que pagan suelen ser las agencias de imagen o modelos. Tienes que ir a una de ellas con una foto y rellenar una ficha con tus datos personales y descripción física. Pagan de 3.000 a 6.000 ptas. y proporcionan transporte y comida (un bocadillo con bebida) si es necesario.

11  **Tu amiga mexicana, Eréndira, te ha escrito esta postal. Contéstale.**

Querido amigo:
Éste es mi último año en la escuela secundaria y el año que viene iré a la universidad. Iré a la UNAM, que es la universidad nacional autónoma de México. Es muy grande. Allí voy a estudiar Medicina porque quiero ser médica, pero me han dicho que hay que estudiar mucho y estoy un poco preocupada. ¿Y tú? Ya sé que terminarás pronto la obligatoria, pero, ¿vas a seguir estudiando el bachillerato superior? ¿Qué asignaturas escogerás? ¿Cuántas asignaturas tienes que hacer? ¿Quieres seguir estudiando en la universidad después o te pondrás a trabajar? ¿Qué carrera estudiarás? ¿Qué profesión te gustaría elegir? Bueno, si tienes tiempo me escribes. Un abrazo.

Eréndira.

12 (P) **Encuesta en la clase – haced un póster con información sobre las carreras y trabajos que queréis hacer todos los de la clase.**

Aventura semanal

Lee la historieta de 'Mafalda' del famoso dibujante y humorista argentino Quino.

¡Ya sabes!

'Cuando' + subjuntivo: Cuando termine el instituto iré a la universidad. Cuando termine la universidad trabajaré como profesor.

Vocabulario de estudios y carreras: los resúmenes, los apuntes, la carrera, aprobar, suspender.

LECCIÓN

23 Ser o no ser

OBJETIVOS

- *Expresar deseo e interés.*
- *Hablar de proyectos y posibilidades profesionales.*
- *Contar una experiencia de trabajo.*

A No sé lo que quiero ser

1  **Escucha esta discusión de un padre con su hijo. ¿Qué profesiones menciona el padre? ¿Qué quiere ser el hijo?**

2  **Haz tú el diálogo con tu compañero/a. Usa las profesiones anteriores o elige otras diferentes.**

Ejemplo Padre/madre: estudiar periodismo/ser periodista
Hijo/a: estudiar idiomas, ser intérprete

A Quiero que estudies periodismo, quiero que seas periodista.

B Pero yo quiero estudiar idiomas, quiero ser intérprete.

3  **Mira la foto de un anuncio callejero. ¿Qué quiere este hombre? ¿Cuál es su deseo? Ahora escribe cinco deseos que tienes tú para el futuro.**

Ejemplo Quiero que mis padres me compren una moto. Quiero ir de vacaciones a la playa con mis amigos.

Subjuntivo con verbos de deseo: 'querer que' + subjuntivo

Quiero que estudies Medicina; Quiero que seas médico.

Pero, atención:
Quiero estudiar Medicina; Quiero ser médico.

Subjuntivo con expresiones de consejo

Es mejor que estudies varios idiomas.

"QUIERO QUE MI
EQUIPO JUEGUE
SIEMPRE EN CASA".
Tiendas
Telefónica

4  **Escucha a los chicos/as que nos dicen sus deseos. ¿Cuáles son? ¿Usan el subjuntivo ('quiero que mis padres me compren una moto') o el infinitivo ('quiero ir de vacaciones a la playa')?**

5  **Encuesta en la clase. Tus compañeros dicen tres deseos. Toma nota.**

B Un trabajo para todos

6  **Si tienes dudas sobre lo que quieres hacer haz el siguiente cuestionario. Contesta 'sí', 'no' o 'no estoy seguro/a'.**

Añade más cosas que quieres hacer para saber lo que quieres ser.

Quiero . . .

1 trabajar con niños
2 ser famoso/a
3 escribir novelas
4 viajar al extranjero
5 trabajar en un laboratorio
6 arreglar máquinas
7 trabajar con ordenadores
8 enseñar
9 manejar dinero
10 investigar
11 curar animales
12 usar diferentes idiomas
13 tener un trabajo tranquilo y ordenado
14 volar

7  **Piensa qué profesiones corresponden a cada punto del cuestionario.**

Ejemplo trabajar con maquinas → ingeniero, obrero de fábrica, etc.

8  **Escucha la conversación entre Tessa y su madre, que le da consejos sobre qué hacer en el futuro.**

a ¿Qué asignaturas y profesiones mencionan cada una? Completa el cuadro.

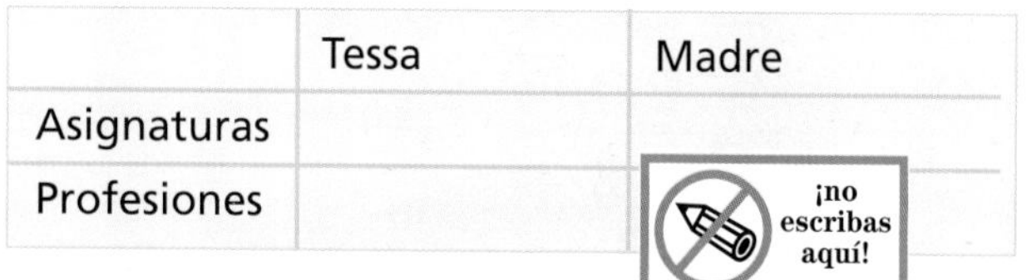

	Tessa	Madre
Asignaturas		
Profesiones		¡no escribas aquí!

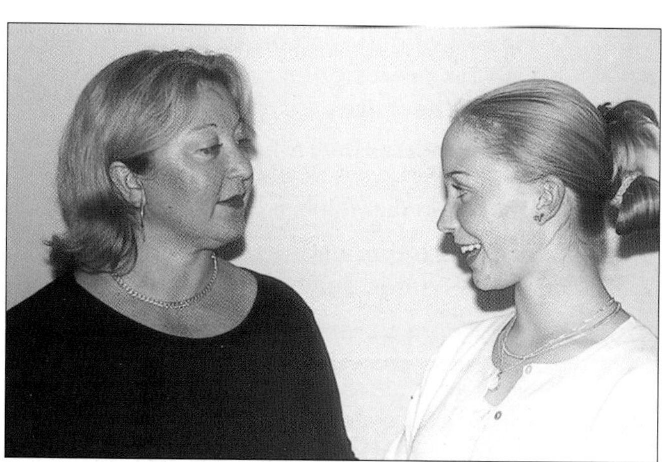

b Anota las expresiones de consejo que utilizan.

Ejemplo Es mejor que estudies . . .

9  **Haz un diálogo similar con tu compañero/a.**

10  **Lee el artículo sobre 'Carreras con futuro'. ¿Qué te interesa más? ¿Por qué? ¿Qué carrera te gustaría estudiar?**

Ingeniero Técnico Industrial y Economía son las titulaciones con mayor cantidad de ofertas de empleo

Titulaciones de ciclo largo: 5 años

Traducción e interpretación

Universidades: Jaume I de Castellón, Málaga, Pompeu Fabra, Salamanca, Valladolid, Vigo, Alfonso X El Sabio, Europea de Madrid (CEES) y Pontificia Comillas.
Áreas de estudio: Documentación aplicada a la Traducción, Lingüística aplicada a la Traducción, Introducción a la Informática aplicada a la Traducción, Segunda Lengua Extranjera – inglés, francés, alemán, italiano, Técnicas de Interpretación Simultánea, Traducción General . . .
Salidas profesionales: Principalmente, como profesor de idiomas en academias, institutos de bachillerato . . . Pueden llevar a cabo las funciones de docencia, traducción de textos tanto inversa como directa, corrector de textos y estilo, interpretación en congresos, exposiciones, conferencias o debates, interpretación simultánea y consecutiva . . .
Nota de acceso: Entre 6 y 7,28.

Ingeniero Químico

Universidades: Alicante, Autónoma de Barcelona, Barcelona, Cádiz, Cantabria, Castilla-la Mancha, Alfonso X El Sabio, Complutense, Granada, Huelva, Jaume I, La Laguna, Málaga, Murcia, Oviedo, Politécnica de Cataluña, Politécnica de Valencia, Rovira i Virgili, Salamanca, Santiago, Valencia, Valladolid y Zaragoza.
Áreas de estudio: Termodinámica y Cinética Química, Dibujo Técnico, Materias Primas, Simulación de Procesos, Introducción a la Investigación, Diseño de Instalaciones . . .
Salidas profesionales: Las funciones suelen ser las de dirección, supervisión y asesoramiento en la realización de proyectos. Se puede trabajar como jefe y técnico en optimización de métodos de producción química, responsable de transformaciones de papel, caucho . . .
Nota de acceso: Entre 5,33 y 7,89.

Ciencias Ambientales

Universidades: Alcalá de Henares, Almería, Autónoma de Barcelona, Autónoma de Madrid, Córdoba, Girona, Granada, Huelva, León, Miguel Hernández de Elche, Alfonso X El Sabio y Europea de Madrid (CEES).
Áreas de estudio: Química, Física, Biología, Sociología Ambiental, Ecología, Geología, Geografía Humana, Introducción a la Informática, Economía de los Recursos Ambientales, Ingeniería Ambiental . . .
Salidas profesionales: Administraciones del Estado (en puestos de gestión relacionados con el medio ambiente), empresas privadas que requieran puestos de gestión medioambiental y de la calidad de vida. Pueden realizar estudios estructurales y funcionales de los ecosistemas, desarrollar técnicas de evaluación y planificación ambiental, restauración de ecosistemas alterados . . .
Nota de acceso: Entre 5,98 y 7,48.

¡Atención!

la carrera = career
la empresa = firm, company
Derecho = Law
las salidas = opportunities
traductor(a) = translator
ciencias ambientales = environmental sciences

C Experiencia de trabajo

11  **Escucha a la profesora que ha organizado un viaje de experiencia de trabajo en España. Di si las frases siguientes son verdaderas (V) o falsas (F).**

1 La profesora organizó el viaje el año pasado.
2 Fueron quince estudiantes.
3 Fueron al sudeste de España.
4 Estuvieron dos semanas.
5 La profesora organizó los trabajos antes.
6 Cuando llegaron, todos estaban trabajando.
7 Cada estudiante trabajó en un sitio diferente.
8 Todos estuvieron en un hotel.

12  **Nathaniel escribió un diario de su viaje a Zaragoza. Lee esta parte y contesta las preguntas. Después compara con lo que ha dicho la profesora.**

1 ¿Qué opina sobre su experiencia de trabajo?
2 ¿Por qué es útil el trabajo que hizo?
3 ¿Qué hacía además de trabajar?

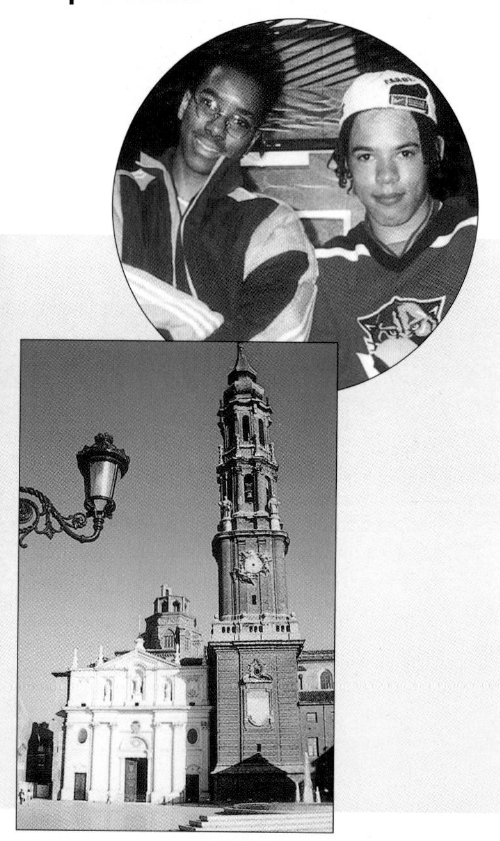

El mes de octubre fui a Zaragoza con mi instituto. Fuimos de 'experiencia de trabajo'. Lo pasé muy bien, pero trabajé bastante. Fue muy útil y aprendí mucho español y también aprendí cómo funciona una agencia de viajes. Esto es muy útil para mí porque a lo mejor estudio Turismo. Yo estuve en casa de la familia de Tessa y fue muy divertido. Otros compañeros se alojaron en un hotel.
La dueña y las empleadas de la agencia eran muy simpáticas y me ayudaron mucho. También salimos mucho por las tardes y por las noches, hasta muy tarde y fuimos a visitar la ciudad y los alrededores. Hay muchos monumentos interesantes y tiendas muy bonitas. A mediodía iba a casa a comer y por las noches a veces cenaba en casa y otras veces cenaba en algún restaurante con los amigos. Una noche organizamos una cena en casa de la familia de Tessa. Lo pasamos fenomenal.

13  **Nathaniel trabajó en una agencia de viajes. Escucha su conversación con la profesora. Ella le da varios consejos para tener éxito en su experiencia de trabajo. ¿Qué consejos son generales y qué consejos son específicos para el trabajo?**

14 a Tú fuiste al viaje de estudios con Nathaniel, pero trabajaste en una papelería y estuviste en un hotel. Escribe tu diario.

b Escribe sobre una experiencia similar que has tenido tú. Si quieres inventa.

15 Tu amigo/a español(a) va a venir a tu ciudad/pueblo para hacer una 'experiencia de trabajo'. Se va a quedar en tu casa y va a trabajar en una tienda/hotel/agencia de viajes. Escribe consejos para él/ella (consejos generales y consejos específicos sobre el lugar de trabajo, horarios, costumbres, etc.).

Aventura semanal

Lea este artículo sobre dos mujeres que han tenido éxito en trabajos típicamente masculinos.

¿Trabajos de hombre? Manos de mujer

Día a día las mujeres están demostrando que son capaces de ejercer con éxito cualquier profesión. Bomberos, albañilas, maquinistas, pilotos . . . A veces con dificultades, eso sí, pero ese empeño ha servido para que el derecho a elegir un oficio sea algo independiente del sexo.

Susana Alarnes

Albañila

Cuando todavía no había acabado sus cursos de formación (dos años), ya estaba contratada a tiempo parcial. Susana, de 19 años, es albañila de vocación: ayudaba a su abuelo en algunas "chapuzas" y, por eso, cuando vio los cursos que ofrecía la Escuela-Taller del Ayuntamiento de Getafe (Madrid) no se lo pensó dos veces.

Mujer de suerte

Los monitores de la Escuela le advirtieron que no iba a tenerlo fácil. Los empresarios prefieren contratar a hombres, porque no creen que las mujeres puedan desempeñar un trabajo duro. Susana, no obstante, tuvo mucha suerte. MIM, una empresa de mantenimiento integral creada por mujeres, le ofreció trabajo y ahora puede presumir de ser una albañila con contrato indefinido, algo extraño en nuestro país. Ella, claro, no ha encontrado desventajas por ser mujer, más bien todo lo contrario, pero sabe que es un caso especial. En general, las mujeres lo tienen muy difícil en esta profesión. "Hay pocas albañilas, porque no existen oportunidades para nosotras. Contratan antes a un hombre pues, en teoría, ellos son más fuertes."

Ana Belén Parada

Soldado paracaidista

No tiene familia militar, pero siempre le ha atraído el Ejército. Ana Belén, 20 años, fue a informarse al centro de reclutamiento, se presentó a las pruebas y las pasó. En su brigada (la Paracaidista de Alcalá de Henares) hay bastantes chicas, lo que indica que actualmente no hay ninguna traba para que las mujeres ingresen en el Ejército. Aunque sigue habiendo mayoría masculina, Ana Belén cree que las mujeres tienen las mismas oportunidades en el Ejército Profesional: "no se puede decir que a nosotras nos exijan más que a los chicos. Las pruebas físicas son las mismas. Lo que pasa es que hay que estar un poco preparado. Además, estas pruebas se puntúan como apto y no apto; lo que te da nota para entrar son los exámenes escritos . . . y ahí no hay discriminación.

También tiene que estudiar

Cuando el tiempo lo permite, realizan saltos en paracaídas. Las tardes las ocupan con clases de asignaturas teóricas, lo que menos le gusta a Ana Belén. Por las mañanas aprende a preparar cargas de todo tipo para lanzarlas desde los aviones, y proveer así a los compañeros que están de maniobras. Los hombres ya no se sorprenden de tener compañeras, ni siquiera en misiones internacionales (Ana Belén estuvo en Bosnia, en una compañía de apoyo logístico), cuando la mayoría masculina resulta más patente.

¡Ya sabes!

'Querer que'/'Es mejor que' + subjuntivo: Quiero que seas médico, Es mejor que estudies varios idiomas.

Vocabulario de carreras y profesiones: la empresa, Derecho, las salidas, traductores, ingeniero químico, ciencias ambientales.

LECCIÓN

24 Prepárate

OBJETIVOS

- ***Hablar de profesiones, explicar en qué consisten.***
- ***Preparar un currículum vitae y hacer una entrevista de trabajo.***
- ***Comprender anuncios de trabajo.***
- ***Escribir cartas formales.***

A Una profesión interesante

1  **Eduardo es estudiante pero también trabaja para pagarse los estudios. Es socorrista.**

a Prepara preguntas para hacerle sobre su trabajo y sus estudios.

Ejemplo ¿Qué se necesita para ser socorrista?

 **b Escucha y comprueba si tus preguntas son similares.**

c Toma notas: ¿qué consejos da para ser socorrista?

2  **Háblale a tu compañero/a de tu amigo Eduardo.**

3  **Eduardo escribe una postal a una amiga hablándole de sus estudios y de su profesión. Ayúdale a escribirla.**

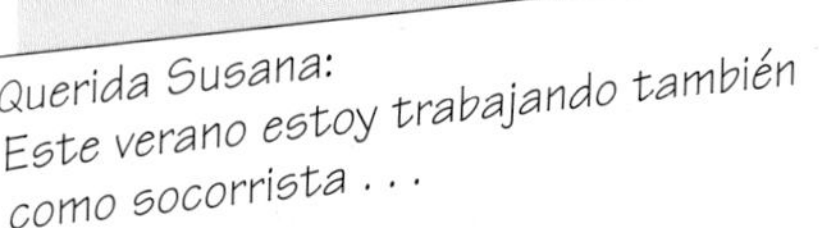

Querida Susana:
Este verano estoy trabajando también
como socorrista . . .

B El currículum

4  **Para conseguir un trabajo, sea temporal para conseguir dinero extra o un trabajo a tiempo completo, tienes que pensar en hacer tu propio currículum o 'currículo'. Este artículo te da unos consejos para prepararlo.**

Aprende a hacer un buen currículo

Datos personales
Claros, concisos, con toda la información necesaria, sin añadidos. Pon nombre y apellidos, fecha de nacimiento, domicilio y teléfono de contacto (el número de DNI no hace falta), correo electrónico si tienes, estado civil.

Formación y estudios
Estudios realizados, título alcanzado y especialidad, centro donde cursaste los estudios, fecha, formación complementaria, idiomas (hablado y/o escrito: di la verdad) y conocimientos de informática (es importante si has realizado cursos y nivel alcanzado).

Objetivo
Es un dato optativo. Explica lo que quieres conseguir o demostrar en el puesto al que pretendes acceder.

Experiencia laboral
Breve y fácil de leer. Todos los sitios en los que has trabajado. Incluye trabajos en prácticas y becas. Explica en qué empresa, el puesto que desempeñabas, fechas de comienzo y fin de la actividad.

¿A mano o a máquina?
En principio, siempre en ordenador, a no ser que contestes a un anuncio en el que pidan que se redacte a mano (algunas empresas analizan la personalidad estudiando la letra, mediante grafología). Puedes firmarlo.

Otros datos de interés
Incluye solamente aquellos datos que sean realmente importantes porque estén relacionados con el trabajo ofrecido y en función de la utilidad que puedan tener con el mismo: publicaciones, conocimientos, hobbies, habilidades, etc. Pero no te vayas por las ramas contando cosas que no van a influir en tu selección.

¡Atención!

el currículum/el currículo = CV
experiencia laboral = work experience
DNI (= **Documento Nacional de Identidad**) = identity card
Muy señor mío = Dear Sir
Muy señora mía = Dear Madam
Esperando su respuesta = I look forward to hearing from you
Le saluda atentamente = Yours sincerely/faithfully
Adjunto = I enclose, enclosed

5  **Escucha la conversación entre Tessa y su profesor de español que la está ayudando a completar su currículum. Toma notas y ayúdala tú a escribirlo.**

Datos personales
Formación y estudios
Experiencia laboral
Otros datos de interés

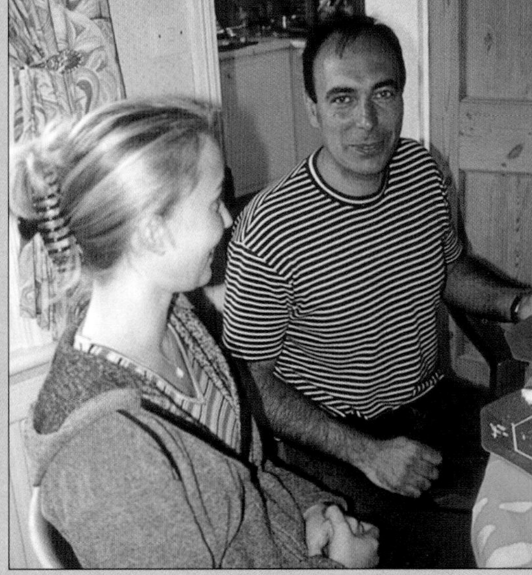

6  **Lee los anuncios de trabajo.**

1

Necesitamos

Profesor de inglés nativo

Entre 22 y 35 años.
Nivel académico universitario.
Media jornada. Contrato laboral.

Fundación Federico Ozanan

Presentarse en:
C/ Ramón y Cajal, 24
Llamar al 976 444700
de 9 a 13, de 17 a 18 horas

2

VALENCIANA DE RECURSOS HUMANOS
PROFESIONALES DE SELECCIÓN DE PERSONAL

Selecciona:

Informático

Para desarrollar tareas de programación en una empresa valenciana en expansión, para lo que debe conocer los lenguajes y programas: AS/400, RPG, ARCADE, ARINFO, ARCVIEW, VISUAL BASIC 5, C++, ORACLE, WINDOWS NT4 y UNIX, así como conocimientos de redes informáticas.

Se requiere
Licenciatura en informática o ciencias físicas, telecomunicaciones o ingeniería (especialidad informática de gestión).
Inglés técnico.
Titulación como máximo de hace 4 años.

Se ofrece
Contrato laboral en prácticas.
Formación a cargo de la empresa.
Posibilidad de promoción.

Los interesados enviar currículum vitae y foto con carta de presentación manuscrita, indicando en el sobre la REF: 135/15 a:
Valenciana de Recursos Humanos, Plaza Pintor Segrellas, 1, 46007 Valencia

3

Promotoras para supermercado

Edad 18 a 25 años,
buena presencia,
persona puntual.

Mandar CV y foto a:

Marketing Aplicado, S.A.
Av. Madrid, 121; 3ºC
50010 Zaragoza

4

Se precisa

Chico o chica

Joven o estudiante para trabajar como comercial en una nueva empresa de publicidad.
No es necesaria titulación ni experiencia. Horario flexible.

Teléfono
976 57 47 92

5

ANIMATUR

Primera empresa de Animación de España precisa

Jóvenes

Que hablen al menos dos idiomas de los siguientes: alemán, inglés y/o francés, para trabajar como animador turístico en hoteles de nuestras costas.
Enviar Curriculum Vitae y foto a P.º de la Castellana, 128, 7.º, 28046 Madrid, hasta el 22 de enero.
Los seleccionados deberán realizar un período de formación.
Haremos entrevistas en Madrid, Barcelona, Valencia, Bilbao, Zaragoza y Málaga.

a ¿Qué anuncio(s) te interesa(n) si . . . ?

1 te gusta la playa
2 quieres dar clases de un idioma
3 has estudiado una carrera en la universidad
4 hablas dos o tres idiomas
5 estás estudiando
6 no eres español(a)
7 trabajas con ordenadores
8 te gusta trabajar con gente
9 te gustan las tiendas

b ¿En qué trabajo . . . ?

1 tienes que llamar solamente
2 no dan una dirección para escribir
3 tienes que enviar información sobre tu vida
4 tienes que entrenarte mientras trabajas
5 no se dice el límite de edad
6 puedes trabajar cuando quieres
7 quieren ver cómo eres antes de darte el trabajo
8 no quieren personas mayores
9 debes llegar a tiempo
10 debes tener menos de 25 años
11 no necesitas experiencia
12 esperan candidatos que sean hombres
13 no necesitas tener un título de estudios
14 esperan candidatos que sean mujeres

7  **Lee esta carta en que Keane pide uno de los trabajos anteriores. Contesta estas preguntas.**

1 ¿A qué anuncio se refiere?
2 ¿Dónde vio el anuncio?
3 ¿Qué experiencia tiene?
4 ¿Por qué quiere el trabajo?
5 ¿Qué idiomas habla?

Keane King
C/ Alfonso I nº 7
50001 Zaragoza

Animatur
Pº de la Castellana, 128
28046 Madrid
Zaragoza a 12 de enero

Muy señor mío:
He visto su anuncio en el periódico 'El País' del día 10 de enero en el que piden jóvenes para trabajar en su compañía.
Tengo dos años de experiencia en diversas actividades relacionadas con el turismo y trabajé como guía turística durante cinco meses el año pasado. Soy bilingüe y hablo español e inglés perfectamente. También hablo francés, alemán y un poco de italiano. Hace un año que vivo en este país y deseo quedarme pues me gusta mucho. Sé que su empresa es líder en la industria turística y me gustaría mucho trabajar para ustedes.
Considero que tengo las cualidades que ustedes piden para el puesto y tengo muchos deseos de aprender.
Adjunto mi currículum.
Esperando sus noticias, le saluda atentamente:
Keane King

8  **Escribe tú una carta similar pidiendo un trabajo y hablando de tu experiencia. Inventa si quieres.**

C La entrevista

9 **Ahora te damos consejos para la entrevista. Une los dibujos con el consejo a que se refieren.**

Consejos para la entrevista

1 Infórmate bien sobre la empresa.
2 Sé muy puntual.
3 Saluda correctamente a la persona que te hace la entrevista y por su nombre.
4 Escucha con atención y no te hagas repetir cada pregunta.
5 No interrumpas.
6 Viste correctamente.
7 Muéstrate positivo/a.
8 Demuestra seguridad, relájate y sonríe de vez en cuando.
9 No mientas ni exageres.
10 Da las gracias educadamente al terminar la entrevista.

10 **Ahora escucha lo que dicen estas personas. Cada frase está relacionada con un punto del artículo de actividad 9. ¿Cuál es?**

11 **Los gestos son muy importantes. Aquí tienes más consejos sobre qué gestos hacer y no hacer cuando estés en una entrevista. Une cada gesto con la actitud que crees que indica.**

1 aburrimiento
2 actitud defensiva
3 confianza
4 actitud crítica
5 sinceridad
6 mucha atención
7 nerviosismo

12 **Ahora lee esta sección de una revista y une cada punto con el dibujo correspondiente de actividad 11. Comprueba tus respuestas anteriores.**

Por tus gestos te conocerán

- Entrelazar los dedos de las dos manos indica confianza.
- Acariciar la barbilla muestra actitud crítica.
- Enseñar las palmas de las manos expresa sinceridad.
- La mirada perdida, la cabeza apoyada sobre el brazo indican aburrimiento.
- La cabeza inclinada hacia un lado y los ojos fijos en el interlocutor demuestran mucha atención.
- Moverte en la silla, carraspear, darle vueltas al anillo . . . significa nerviosismo.
- Mantener los brazos cruzados expresa actitud defensiva.

13 **Lee otra vez el artículo y haz los gestos positivos que se indican en él. Después haz los negativos. ¿Estás preparado/a? Pues, ante todo, sonríe.**

14 Sergio quiere trabajar este verano de recepcionista en un hotel y le han llamado para una entrevista. Sergio llama por teléfono para confirmar los detalles. Escríbelos en la agenda y dibuja un plano para llegar hasta el hotel.

Día
Hora
Dirección

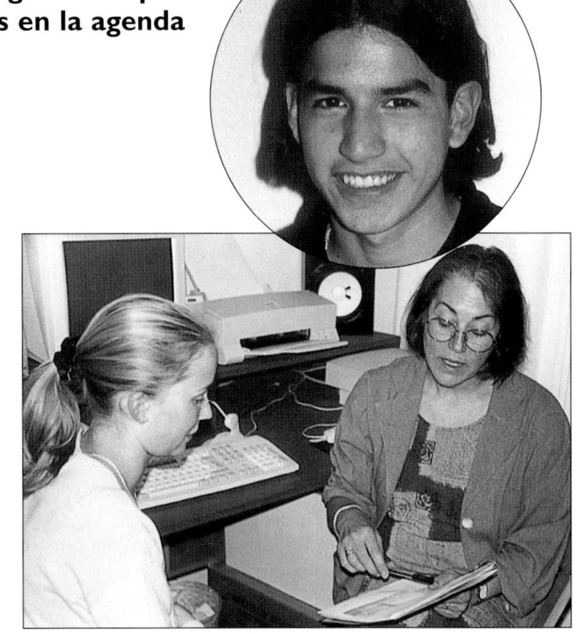

15 Te han llamado para la entrevista. Para saber cómo hacerla, escucha la entrevista que le hicieron a Tessa en una agencia de viajes para un trabajo de verano.

16 Hay muchas personas, estudiantes, jubilados, desempleados y otras que realizan trabajos como 'voluntarios'. Lee lo que hacen Roberto y Laura. Contesta.

Roberto

Entró en el mundo de la solidaridad gracias al anuncio de una revista en la que se pedían voluntarios; aunque reconoce que fue su novia, que está muy puesta en todos estos temas, la que le arrastró definitivamente. Proviene de una familiar ecuatoriana, y viendo cómo estaban allí las cosas, decidió que tenía el tiempo y las ganas y se puso a echar una mano. Le tira la sangre y no descarta pegar el salto y viajar a Iberoamérica para colaborar en algún proyecto concreto. Roberto colabora desde hace siete meses con la ONG Proyecto Solidario-Amistad Europea y asegura que son muy activos y que organizan un montón de actos. El último fue un termómetro solidario en Móstoles, con el que se pretendía recaudar fondos para construir una escuela en Perú. Como él mismo dice, si nosotros no nos movemos, quién va a hacerlo.

Laura

Comenzó colaborando con la ONG hace tres años, cuando decidió apadrinar a un niño a través de Ayuda en Acción. Trabaja como voluntaria en Solidarios desde el pasado noviembre, prestando servicio al transeúnte. Laura va cada miércoles a la organización, allí prepara comida, termos, la ropa y libros que se han ido recogiendo durante la semana. Actualmente cursa 4º de Periodismo y, en su tiempo libre ayuda a una chica invidente que estudia 3º, pasando sus libros a cinta. Dice que se decidió por esta organización en concreto porque prestan más de 50 servicios diferentes. Laura saca tiempo además para producir y presentar un programa de cine en la radio RK20 de Alcalá de Henares los martes por la noche.

1 ¿Cómo y cuándo empezaron a colaborar como voluntarios?
2 ¿En qué consiste su trabajo?
3 ¿Por qué eligieron la organización en la que trabajan?
4 ¿Qué otras cosas hacen?
5 ¿Qué proyectos tienen?

¡Atención!

ONG = Organización no Gubernamental (para trabajo voluntario)

17 (P) **a Prepara tu currículum.**

b Prepara y haz una entrevista de trabajo con tu compañero/a.

¡Ya sabes!

Vocabulario relacionado con el tema de encontrar un trabajo: el socorrista, el currículum, la experiencia laboral, la entrevista.

Expresiones para escribir cartas formales: Muy señor mío; Esperando su respuesta, Le saluda atentamente.

Aventura semanal

Lee la historieta de Quino.

SÍ, ESTÁ BIEN: TRABAJAN LAS 24 HORAS DEL DÍA SIN PARAR, LOS ROBOTS. Y NO DEBO PAGAR VACACIONES, CARGAS SOCIALES, DESPIDOS....
ADEMÁS NO MILITAN EN POLÍTICA, NI CREAN CONFLICTOS GREMIALES, LOS ROBOTS. PERO.... ¿Y LA PARTE HUMANA? ¡¡LA PARTE HUMANA, CON LOS OBREROS, ERA UNA MARAVILLA!!!
¡¡EN CAMBIO CON LOS ROBOTS!!....¿CÓMO DIABLOS HACE UNO PARA HUMILLARLO, A UN ROBOT?!!!
QUINO

Repaso 4

Autoevaluación

Primera parte (nivel básico)

1 Menciona dos cosas que puedes comprar en cada una de estas tiendas.

1 Tienda de ropa
2 Fotografía
3 Joyería
4 Música
5 Regalos

(5)

2 Haz una pregunta para cada respuesta.

1 Es la 42, creo que es demasiado grande.
2 Os quedan muy bien.
3 Yo quiero comprar unos pantalones.
4 Sí, claro, el probador está al fondo.
5 Ésta no me gusta.
6 Creo que te van un poco pequeños.
7 Sí, me los voy a comprar.

(7)

3 ¿Qué dices? Rellena los espacios.

Ejemplo ¡Qué pulsera tan bonita!
Sí, es la que compré para mi madre.

1 ¡Qué reloj tan caro! Sí, ____ para mi hermano.
2 ¡Qué libros tan interesantes! Sí, ____ para mis alumnos.
3 ¡Qué gafas tan modernas! Sí, ____ para ir de vacaciones.
4 ¡Qué bolsa tan grande! Sí, ____ para ir a la compra.
5 ¡Qué zapatos tan buenos! Sí, ____ en España.
6 ¡Qué camisa tan bonita! Sí, ____ ayer.

(6)

4 Quejas. ¿Qué dices en la tienda si compras . . . ?

Ejemplo un libro/falta una página → Ayer compré este libro, pero le falta una página, ¿puede cambiarlo?

1 un jersey/un agujero
2 un teléfono móvil/no funciona
3 unos zapatos/tacón roto
4 unos pantalones/encogerse demasiado

(8)

5 Contesta.

1 ¿Qué curso estás estudiando?
2 ¿Qué asignaturas estudias?
3 ¿Qué asignaturas te gustan y por qué?
4 ¿Qué asignaturas no te gustan y por qué?
5 ¿Qué opinas de los exámenes?

(10)

6 Contesta.

1 ¿Qué opinas sobre la moda?
2 ¿Sigues la moda? ¿Por qué?
3 ¿Cuál es la moda actual?
4 ¿Qué moda prefieres?/¿Qué tipo de ropa te gusta llevar?
5 ¿Qué opinas de la publicidad?
6 ¿Qué se anuncia más?
7 ¿Dónde hay publicidad?

(14)

Total 50 puntos

Segunda parte (nivel superior)

7 Contesta y aconseja a tu amigo. Usa estas expresiones: 'es mejor que . . .', 'te aconsejo que . . .'

1 ¿Qué compro para mi madre? (guantes)
2 ¿Qué le regalo a Luis? (un reloj)
3 ¿Qué le llevo de recuerdo a mi prima? (una camiseta)
4 ¿Qué le doy a mi hermano? (unas gafas de sol)
5 ¿Qué puedo traerle a mi hermana? (un anillo)

(10)

8 Consejos para mejorar el medio ambiente. Completa las frases con el verbo adecuado. Elige uno de los siguientes.

comprar tirar escribir dejar usar utilizar

1 No ____ basura al suelo.
2 No ____ basura en el campo.
3 No ____ esprays.
4 No ____ sólo una cara de un folio.
5 No ____ botellas de plástico
6 No ____ con rotuladores contaminantes.

(6)

9 Contesta.

1 ¿Qué diferencias hay entre el curso que estudias este año y los anteriores?
2 ¿Qué opinas sobre tu instituto?
3 ¿Te gusta estudiar? ¿Por qué?
4 ¿Cuándo y cómo estudias mejor?
5 ¿Cómo aprendes las cosas?

(5)

10 Transforma estas frases.

Ejemplo Cuando (yo) terminar el curso/ir de vacaciones → Cuando termine el curso iré de vacaciones.

1 Cuando (tú) tener exámenes/estudiar más
2 Cuando (nosotros) ir a España/visitar muchos monumentos
3 Cuando (yo) aprobar el curso/mis padres comprar un regalo
4 Cuando (Juan) salir esta tarde/alquilar un vídeo
5 Cuando (mis amigos) llegar/cenar
6 Cuando (yo) terminar mis estudios/trabajar en una oficina.

(6)

11 Escribe cinco deseos (dos para ti y tres para otra persona). (15)

12 Da unos consejos a tu amigo/a que va a venir a visitarte. Contesta las preguntas.

1 ¿Cuánto dinero tengo que llevar?
2 ¿Qué ropa traigo?
3 ¿Qué regalos compro para tu familia?
4 ¿Qué hago al llegar al aeropuerto/estación?

(8)

Total 50 puntos

1 Lee el artículo sobre María Dolores Vázquez para saber algo sobre su vida y su obra.

María Dolores Vázquez Aznar

Dolores Vázquez nació en 1955 en Valencia. Con el pie, pinta cuadros en un estilo realista, en los que aborda los paisajes, las flores y los retratos. Lleva ocho años vinculada a la Asociación y justifica así su relación: 'La Editorial valora lo que yo hago y me ayuda económicamente'.

María Dolores Vázquez Aznar nació en Valencia el 15 de Marzo de 1955. En el momento de nacer una parálisis cerebral le inmovilizó los brazos impidiéndole servirse de ellos. A los 11 meses, le quedó paralizada su pierna derecha, con lo cual actualmente tiene problemas para andar. A una edad muy temprana tuvo que aprender a realizar cosas cotidianas con el pie. Utiliza su pie izquierdo como sustituto de las manos.

María Dolores fue una niña con talento. Asistió a la escuela primaria durante varios años y posteriormente fue a un colegio de educación especial para niños con discapacidad física: 'Santa Fe'. Cuando finalizó sus estudios ingresó en la Universidad hasta licenciarse en Derecho.

Desde niña empezó a dibujar sujetando el lápiz o pincel con los dedos de su pie izquierdo, pero cuando realmente empezó a pintar con el pie fue en el año 1970 y pronto se pudo apreciar grandes progresos en su obra. Sus temas favoritos son las flores, escenas de pájaros y retratos. Siempre le gustó pintar, pero nunca recibió clases de pintura. Se considera a sí misma autodidacta.

María Dolores pinta principalmente al óleo y a la acuarela. Sus cuadros están llenos de optimismo y reflejan una actitud positiva ante la vida. Ama todo lo bello que le rodea, cosas como plantas, flores y paisajes.

Ha participado con éxito en exposiciones en Valencia, Madrid, Toledo y Castellón.

2 Dos inventos españoles. Lee el artículo: '¡Es genial!'

¡Es genial!

Muchos de los productos que han logrado cambiar la vida cotidiana de los ciudadanos de todo el mundo son en realidad muy sencillos y baratos de fabricar.

Fregona

Es el invento español más imitado, por encima del submarino y el helicóptero. Su introducción en el mercado fue rapidísima, gracias, entre otros motivos, a que la demanda estaba identificada absolutamente. Las variantes más modernas, con cintas absorbentes, han supuesto importantes beneficios para sus promotores. El número de empresas que la fabrican es completamente incalculable.

Chupa Chups

Ya existía cuando se inventó: pero las piruletas eran mucho más incómodas de chupar. Enric Bernat supo cubrir una necesidad latente entre los consumidores de caramelos que por su corta edad suelen tener la boca pequeña. En 1961, tres años después de ponerse a la venta, pasó de llamarse Chups a denominarse como ahora.

El secreto de mi éxito

Las claves de Painter (el jefe de Gillette) para convertirse en millonario con un nuevo producto son cuatro:

1 Que su precio de venta al público sea lo más bajo posible.
2 Que su costo de fabricación sea mínimo para que se pueda producir a gran escala.
3 Que sea desechable.
4 Que sea un producto que necesite prácticamente todo el mundo.

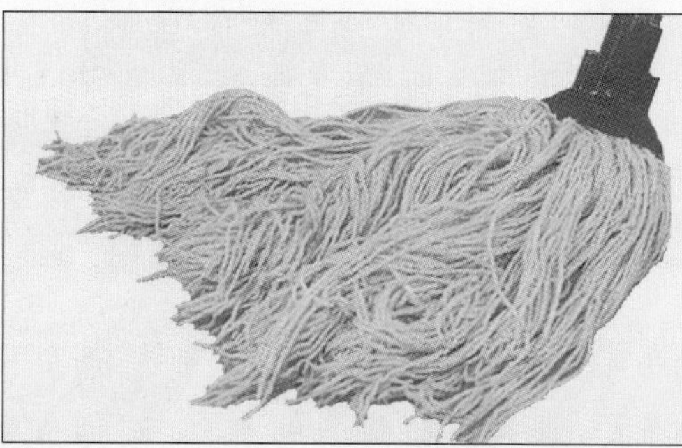

LECCIÓN 25

Temas de actualidad

OBJETIVOS

- *Hablar de problemas sociales: la pobreza y la marginación, el racismo.*
- *Comprender y analizar información sobre temas de actualidad.*

A Los jóvenes también se preocupan

1 La sociedad tiene muchos problemas, éstos son algunos de ellos. Mira las fotos y di a qué problema se refiere cada una.

1 las drogas
2 la pobreza
3 fumar
4 la violencia
5 el racismo
6 el alcohol
7 el medio ambiente
8 el SIDA
9 el paro

a

b

c
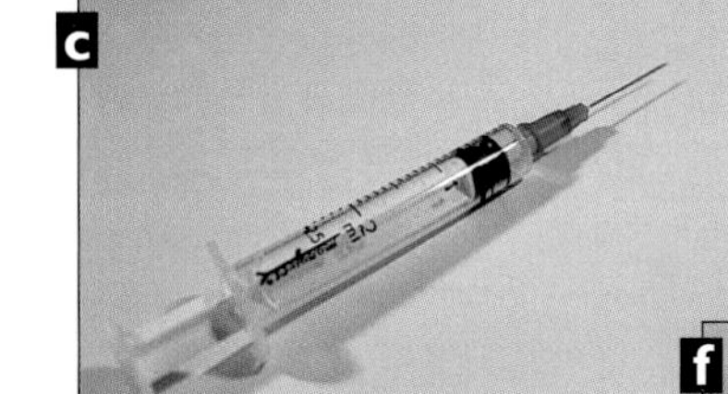

d

e

f

g

h

i

2 Escucha las conversaciones de Tessa con Sara y con Sergio. Toma notas y completa el cuadro.

	Sara	Sergio
Opinión sobre los jóvenes		
Problemas que le preocupan		

3 **Lee las expresiones siguientes. ¿Quién las dice, Sara o Sergio?**

1 es difícil encontrar un buen empleo
2 la mayoría somos personas normales
3 la vida es difícil para los jóvenes
4 los jóvenes tenemos que cuidar el mundo
5 me preocupa mucho el racismo
6 nos preocupa mucho el medio ambiente
7 se fuma y se bebe mucho
8 me preocupan mucho los desastres ecológicos
9 tienes que ganarte la vida buscando trabajo

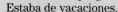

Reciclaje del lenguaje

Pronombres personales: me/te/le/nos/os/les preocupa
Y a vosotros, ¿qué os preocupa?
Nos preocupa la pobreza.

Pretérito indefinido
Me llamó mi hermano. Me dio el papel.

Pretérito imperfecto
Quería saber qué gitanas se presentaban.
Estaba de vacaciones.

4 **Lee los titulares del periódico y di a qué problema de los mencionados en actividad I se refieren.**

a Camión accidentado: vertido de lejía en el río Isuela.

b Es la primera causa de muchas enfermedades, especialmente de cáncer de pulmón y garganta.

c Desmantelan un laboratorio clandestino donde se elaboraban las pastillas.

d Miles de niños han muerto o han sido gravemente heridos a causa de las explosiones de minas.

e En los últimos meses ha aumentado el número de personas que tienen un puesto de trabajo, aunque en muchos casos éste sea temporal.

f Un grupo de jóvenes violentos atacan a dos jóvenes marroquíes a la salida de una discoteca.

g Los españoles beben menos vino ahora que hace diez años, pero ha aumentado el consumo de cerveza.

h Aunque no tiene cura, en los últimos años los enfermos han visto cómo su vida se alarga y cómo su calidad de vida ha mejorado en general.

i En los últimos años el número de personas que viven en la calle y sin recursos ha ido aumentando de manera alarmante.

5 **Y tú, ¿qué opinas? Usa la información anterior para hablar con tus compañeros/as.**

B La pobreza

6 **a Escucha el programa de radio sobre el tema de la pobreza. Toma notas.**

b Lee el artículo que trata del mismo tema. Escucha otra vez el programa de radio y completa los espacios en blanco con la información.

Aumento de la pobreza

Según el informe elaborado para Cáritas por el Equipo de Investigación Sociológica, la quinta parte de la población española – unos **1** ____ de personas – no supera el umbral de la pobreza y cuenta con menos de **2** ____ ptas. por persona y mes. Más grave es la situación que afecta al **3** ____ de la población – **4** ____ familias o **5** ____ personas – que se encuentra en lo que se denomina pobreza extrema, sobreviviendo con cantidades que oscilan entre **6** ____ y **7** ____ ptas. por persona y mes. El informe destaca que el número de pobres ha crecido en estos últimos años, y especialmente en el colectivo joven – menores de **8** ____ años, parados, que viven en el extrarradio de las ciudades–. Madrid y Barcelona concentran un alto número de personas por debajo del umbral de la pobreza: **9** ____ y **10** ____ respectivamente. Las provincias con mayor porcentaje de pobres son Salamanca, Badajoz, Cáceres, Ávila, Zamora, Orense, Ceuta y Melilla. Las de menor: Álava, Madrid, Navarra, Vizcaya y Barcelona. La media española, con el **11** ____ de los hogares y el **12** ____ de la población, supera la europea, que está en el **13** ____ y sólo es inferior a las de Grecia y Portugal.

7 Escucha a Axa que nos habla de la pobreza y de los niños de la calle en Hispanoamérica. Toma notas y escribe un resumen de la situación.

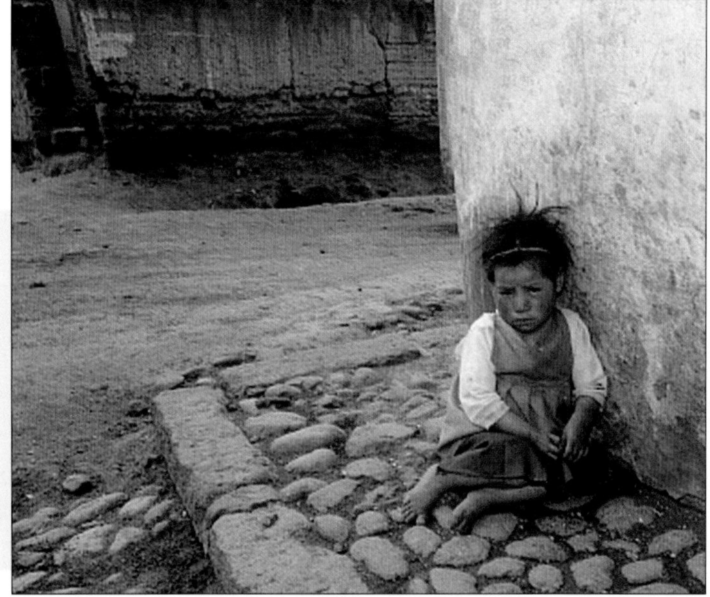

C El racismo

8 El racismo es un problema que preocupa a muchos jóvenes en la actualidad. En España se habla mucho ahora del tema, pero el problema ha existido siempre contra los gitanos. ¿Sabes algo de los gitanos españoles? Ésta es su historia. Escucha y toma notas.

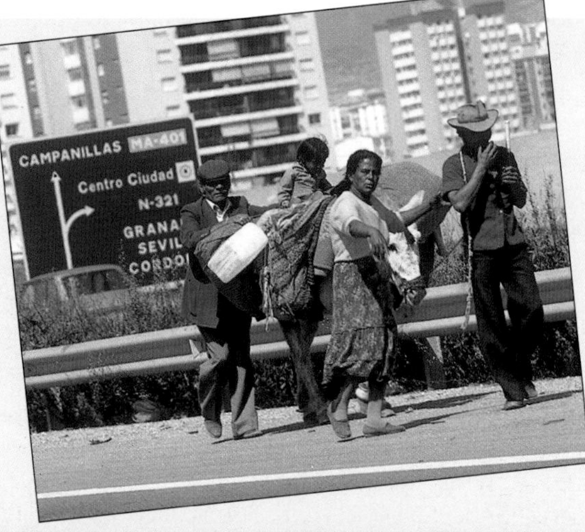

9 Lee los mensajes antirracistas.

"Todos los seres humanos nacen libres e iguales en dignidad y derechos y dotados, como están, de razón y conciencia, deben comportarse fraternalmente los unos con los otros."

Artículo 1 de la Declaración Universal de Derechos Humanos Aprobada en Asamblea General de las Naciones Unidas el 10 de Diciembre de 1948.

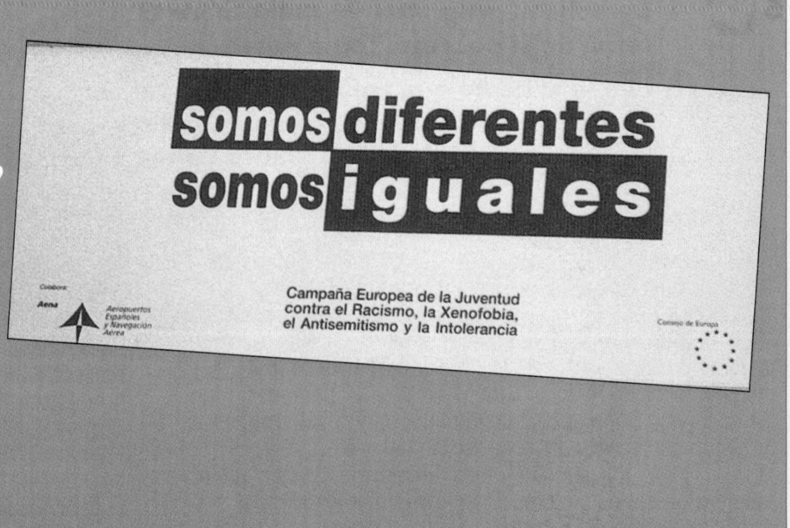

somos diferentes
somos iguales
Campaña Europea de la Juventud contra el Racismo, la Xenofobia, el Antisemitismo y la Intolerancia
Aena
Aeropuertos Españoles y Navegación Aérea

10  **A pesar de todo algunos gitanos y gitanas se han hecho famosos tanto en España como en el mundo. Amara Carmona es una famosa bailadora y actriz que fue protagonista de la película 'Alma gitana'. Lee el artículo y contesta las preguntas.**

AMARA CARMONA

Procede de la familia de Los Habichuela. ¿Lo lógico no hubiera sido seguir la tradición y hacer algo de flamenco? ________

Realmente iba para bailadora, pero a raíz de *Alma gitana* parece que se me ha cambiado la vida.

¿Ya no va a bailar más? ________

El baile es algo que hago desde pequeña, entonces no lo podré dejar nunca a un lado, pero tengo clarísimo que me quiero dedicar al cine. El cine engancha. ¡Es algo horrible! Es como una especie de droga. Me encanta estar delante de una cámara e interpretar.

¿Su entrada en el cine ha sido casual? ________

Totalmente. Estaba en Granada de vacaciones y me llamó mi hermano Pepe Luis para que me presentara a las pruebas, a las que iban a ir todas mis primas. Me picó la curiosidad, pero sólo para cotillear y pasármelo bien. Quería saber qué gitanas se presentaban. ¡Nada menos que doscientas! Al final Chus me dio el papel a mí, y eso que era la menos aparente de todas ellas.

En «Alma gitana» se enamora de un payo. ¿En la vida real podría ocurrir lo mismo? ________

Podría ocurrir y evidentemente no pasaría nada. Mi familia no lo aceptaría de sopetón, pero lo entenderían y estoy convencida que a la larga lo querrían. Cualquier historia de amor, hasta la de Atracción fatal, puede ocurrir en la vida real.

¿Tiene novio? ________

No, supongo que porque no me ha llegado la hora.

No aceptó rodar una escena de cama. ¿El ser gitana le condiciona a la hora de hacer ciertas cosas? ________

Claro que me condiciona. Chus entendió que no podía rodar unas escenas de desnudo que había en el guión y las tuvo que quitar. Pero ¡vamos! no las hubiera rodado yo ni cualquiera de las doscientas gitanas que se presentaron a las pruebas. Incluso hubo alguna que tenía reparos para dar un beso.

¿No cree que son unas costumbres muy conservadoras? ________

Los gitanos somos iguales a otras personas, pero más conservadores. Ni nos viene mejor ni peor, están ahí y las asumimos. Todo el rechazo que hay lo produce la ignorancia, tanto de una cultura como de otra. Los gitanos conocemos mucho más a los payos que los payos a los gitanos. De hecho, sois la raza dominante. Creéis que todos los gitanos somos iguales: que vendemos heroína, que robamos y que vamos siempre con mocos. Yo no creo que sea un problema de racismo sino de ignorancia.

¿Estará contenta de ser una «elegida» entre su raza? ________

Claro, estoy muy contenta de ser una gitana actriz. Creo que soy la única, pero espero que se animen más. Y estoy muy contenta de haber hecho *Alma gitana* porque se ve que las casas de los gitanos son normales. Se les ve estudiando, bien vestidos y lavados. A ver si la gente nos ve realmente como somos.

¿No tiene miedo de que la encasillen en papeles de gitana? ________

Puede ocurrir, pero tengo clarísimo que será porque yo me deje encasillar. Después de *Alma gitana* he rodado *Cachito* con Enrique Urbizu y no hago de gitana.

¿Qué hace cuando no rueda? ________

Lo mismo que hace un ama de casa: friego, limpio y paso la aspiradora . . . Por la tarde voy al cine o me quedo en casa leyendo, y por las noches voy con mis primos a algún concierto de flamenco.

¿Vive sola? ________

No, con mis tíos. Viví sola un mes, pero volví otra vez a casa. Demasiada soledad para mí.

1 ¿Qué quiere hacer en el futuro?
2 ¿Cómo empezó en el cine?
3 ¿Qué pasa en la película 'Alma gitana'?
4 ¿Qué dice de la relación entre gitanos y 'payos'?
5 ¿Qué imagen de los gitanos se da en 'Alma gitana'?
6 ¿Qué hace cuando no hace películas?
7 ¿Con quién vive?

¡Atención!

gitano/a = gypsy
payo/a = non-gypsy

P **a Pregunta (en tu idioma) a varias personas que conoces – familia, amigos, profesores – lo siguiente: ¿Qué opinan de la juventud actual? ¿Qué problemas de la actualidad les preocupan más? Escribe las respuestas en español.**

b Preparad un libro con todas las opiniones recogidas por la clase.

Aventura semanal

El humor puede hacer llegar el mensaje 'antirracista' directamente. Lee estos chistes sobre el tema.

¡Ya sabes!

Vocabulario para hablar de temas de actualidad: las drogas, la pobreza, fumar, la violencia, el racismo, el alcohol, el medio ambiente, el SIDA, el paro.

Pronombres personales (repaso): me/te/le/nos/os/les preocupa

LECCIÓN 26

Simplemente di no

OBJETIVOS

- *Hablar de problemas sociales: alcohol, tabaco y drogas.*
- *Comprender y analizar información sobre estos temas.*

A 'Malos humos'

1  **Escucha a Manolo y Tatiana que nos hablan de 'fumar o no fumar'. ¿Quién dice lo siguiente?**

1 Cada uno es libre de fumar o no fumar.
2 Que sean más estrictos.
3 El que fuma que no moleste al que no está fumando.
4 Que pongan más ventilación en los bares.
5 Que no vendan tabaco hasta los dieciocho años.
6 Que pongan una multa a los de la tienda.

Subjuntivo en expresiones que expresan una sugerencia 'fuerte'

'que' + (no) + subjuntivo

que sean más estrictos, que no fumen, que no vendan, que no molesten

175

2  **Lee el artículo de esta revista en la que se hace la pregunta: ¿Qué opináis del tabaco?**

¿Qué opináis del tabaco?

En cada número, uno de vosotros plantea una pregunta. Los lectores y las lectoras responden dando su opinión. Ésta es la pregunta de Vicente, de 13 años, de Gijón:

"¿Cómo resistirse al tabaco? ¿Os gusta fumar? Cuando empiezas a fumar es muy difícil dejarlo. ¿Qué hacéis para conseguirlo?"

"Buenos consejos"
"Para dejar de fumar . . . : hacer deporte; acostumbrarte a otros hábitos, como comer chicle; pensar en los que te rodean, porque puede ser perjudicial para ellos; pensar que fumar no te hace parecer mayor o que es una droga; tomar cigarrillos de chocolate o de mentol . . . "
Estudiantes del Colegio Liceo

"Olvídate del tabaco"
"Mira, Vicente, tengo 16 años y llevo fumando desde los 12. Siempre se empieza por la tontería de que te crees mayor y tal, pero para cuando te quieres dar cuenta, ya no lo puedes dejar. Yo lo he intentado y me cuesta mucho, todavía no lo he conseguido. La mejor forma de resistirse al tabaco es pasando de él. Así demuestras una gran personalidad, porque no haces lo que los demás. Hazme caso: ni lo pruebes."
Aida, 16 años, Logroño

"No aporta nada bueno"
"A mí me parece una tontería, aunque mucha gente lo haga por diferentes razones. Yo no fumo, pero conozco a mucha gente que sí lo hace. Creo que la mejor manera de dejarlo es mentalizarse de que es algo nocivo. Es una forma de 'atentar' contra tu salud. ¡No lo hagas!"
Yunny, 14 años, La Coruña

"No lo pruebes"
"Tengo unos padres que fuman, un hermano que fuma y unos amigos que fuman. Y yo, más de una vez, lo he intentado, pero, gracias a Dios, me lo he pensado antes. Mi consejo es que, antes de probarlo en casa a escondidas o en el colegio con los amigos, te informes de lo que te puede ocurrir y, si no funciona, díselo a tus padres. Ellos te pueden ayudar. Lo comprenderán. Casi todo el mundo pasa por esa situación, unos la superan y otros no, y más vale superarla. Es como la droga, que cuando empiezas es muy difícil dejarla."
Silvia, 12 años, Alcoi (Alicante)

a Di quién (o quiénes) ...

1 ha fumado alguna vez.
2 da consejos para dejar de fumar.
3 todavía fuma.
4 no ha fumado nunca.
5 tiene familia que fuma.
6 ha decidido no fumar después de intentarlo.
7 dice que es algo malo.

b Lee el chiste.

3  **Escribe tu opinión a la revista.**

Reciclaje del lenguaje

Funciones: dar consejo
olvídate   no lo pruebes
mi consejo es que te informes

B Drogas y alcohol

4  **Ahora escucha las opiniones de Juan Cruz y Sara sobre el alcohol y las drogas. Contesta las preguntas.**

1 ¿A qué edad se puede ir a los bares?
2 ¿A qué edad se puede empezar a tomar alcohol?
3 ¿Beben mucho alcohol los jóvenes en España?
4 ¿Qué opinan sobre tomar alcohol?
5 ¿Qué opinan sobre las drogas?
6 ¿Cuál es su opinión sobre legalizar o no las drogas?
7 ¿Qué dicen del SIDA?

¡Atención!

la droga = drug
el SIDA = AIDS
el drogadicto = drug addict
el camello = drug dealer
contagiarse = to become infected with, to catch
marihuana = marijuana
legalizar = to legalise

5  **Prepara una charla para tus compañeros/as, como presentación de alguno de los temas anteriores: tabaco, alcohol y drogas. Usa las notas que has tomado para prepararla.**

6  **Lee el siguiente artículo sobre las drogas.**

El mundo de las drogas

¿QUÉ LLEVA A LOS JÓVENES A CONSUMIRLAS?
Es cierto que las drogas están en la calle, pero no todos los jóvenes las consumen y casi siempre es un consumo esporádico, movido por la curiosidad. Asesorarles y apoyarles son los primeros pasos para prevenir una posible adicción.
Una encuesta reciente señala que siete de cada diez jóvenes ni siquiera han probado el cannabis – los "porros" – y que, en el caso de las drogas de síntesis – las "pastillas" – nueve de cada diez no las han tomado nunca.

Las más consumidas

El alcohol y el tabaco son las drogas más consumidas en nuestro país. Mientras que hay jóvenes que apenas consumen alcohol hay otros que lo hacen de forma abusiva. Por otro lado, según el Instituto de la Juventud, se ha reducido el consumo de tabaco.
El número de adolescentes que empiezan a fumar ha descendido considerablemente y cada vez son más los jóvenes que deciden dejarlo.
Después, las drogas más extendidas son los derivados del cannabis. En los últimos años también ha aumentado el consumo de las drogas de síntesis, junto con otros estimulantes y alucinógenos. Los jóvenes que las usan suelen hacerlo de una forma ocasional, dentro del grupo de amigos, cuando salen los fines de semana. Estas drogas se presentan con una falsa imagen inofensiva, de distintos colores y con dibujos atractivos, y son relativamente baratas.

La drogodependencia

El consumo habitual de drogas puede llevar a que la persona establezca una relación de dependencia con ellas y se convierta en adicto. Hay dos grados.
Dependencia psíquica: cuando las drogas les resultan imprescindibles; las necesita para sentirse bien consigo mismo y para relacionarse con los demás.
No puede decir cuándo y cuánto quiere consumirlas y pierde interés por otros aspectos de su vida.
Dependencia física: algunas drogas provocan importantes cambios biológicos, que producen trastornos físicos y psicológicos cuando el consumidor deja de tomarlas. Es el llamado síndrome de abstinencia.

¿Por qué se enganchan?

Las razones son muchas y varían según cada caso. Que un joven se drogue no depende únicamente de la frecuencia de consumo o del tipo de droga que utilice. Influyen otros factores personales como una baja autoestima, rechazo a las normas o inmadurez para decidir por sí solo. Otras causas pueden ser el no sentirse integrado o comprendido por la familia, problemas escolares, falta de expectativas de futuro o que en su entorno exista una gran permisividad hacia las drogas legales.
En definitiva, lo más peligroso es cuando la persona usa las drogas para evadirse de sus problemas y llenar vacíos en su vida.

¿Se droga?

Algunas señales pueden descubrirle. Aunque no necesariamente son indicios de que se drogue:

- Cambios notables en la expresión: ojos rojizos, pupilas dilatadas.
- Estado depresivo y muy mal aspecto un domingo por la tarde.
- Repentinos cambios de carácter.
- Pérdida de motivación por los estudios o el trabajo y abandono de actividades como el deporte, sin que se interese por otras nuevas.
- Ocultación de sus amigos.
- Desaparición de dinero.

Una encuesta señala que uno de cada diez jóvenes ha probado las drogas de síntesis, las "pastillas".

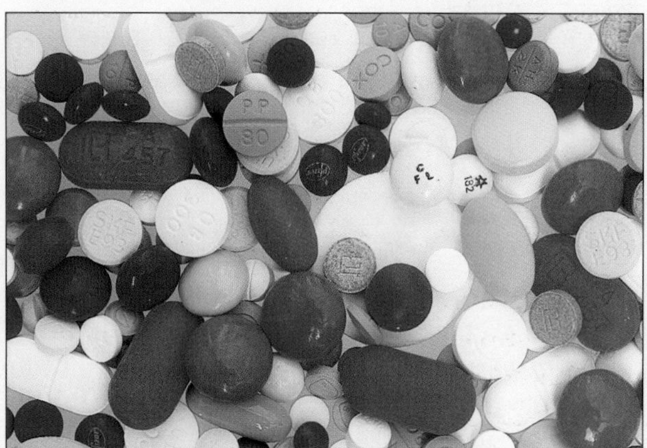

Las pastillas no son inofensivas

Frente al aumento del uso de drogas de síntesis – o de diseño – en los años 90, se han creado tratamientos específicos para estas sustancias, cuyos efectos suelen ser trastornos mentales como alucinaciones y depresiones. También es imprescindible que los jóvenes conozcan los peligros de su consumo. Estos son los objetivos de Energy Control, un grupo de profesionales y voluntarios que actúa en Barcelona, Madrid y Valencia.
Además de tratamientos, ofrece programas de prevención. En este sentido, ha editado un cómic que se reparte por discotecas, bares y tiendas, en el que se advierte de los riesgos de estas drogas.

Las sensaciones de paranoia hacen necesario el abandono del consumo y, si estas sensaciones persisten debes acudir a un servicio especializado

a Cuéntale, en tu idioma, un resumen de lo que dice el artículo, a tu amigo/a que no entiende español.

b Toma notas y escribe un resumen sobre lo siguiente.

- Proporción de jóvenes que las toman.
- Las drogas más consumidas.
- Los grados de dependencia.
- Cuándo y cómo se consumen.
- Las causas de la dependencia.
- Lo que hay que hacer para prevenir.
- Señales para saber si alguien se droga.

C ¿Qué puedes hacer tú?

7 

Estas mujeres se dedican a ayudar en distintas organizaciones voluntarias. Lee y contesta las preguntas de la página siguiente para cada una.

Juana

Tiene 60 años, es profesora en un instituto de Madrid y dos días a la semana se pasa por Proyecto Hombre para enseñar inglés a los chicos que intentan salir de la droga. No es una voluntaria nueva. En los míticos años sesenta fue una de las primeras mujeres españolas que pisaron una universidad para hacer una carrera, que no para buscar marido, y también una de las primeras en trabajar como voluntaria, ayudando a mujeres del deprimido barrio madrileño del Pozo del Tío Raimundo, hoy ya muy rehabilitado.
Confiesa que su presencia en Proyecto Hombre se debe a su deseo de entender el mundo de los toxicómanos. Ahora no sólo los comprende sino que los ayuda con una vitalidad que ya la quisieran muchos de 20 años.

Arancha

Colabora desde hace dos años con la Fundación Ayuda contra la Drogadicción (FAD) y está estudiando Animación socio-cultural porque quiere seguir trabajando en este mundillo. Conoció la FAD en Juvenalia y le atrajo desde el primer momento ver cómo educaban a los niños para alejarse de la droga, sin que ellos se dieran casi cuenta.
En contra de lo que pudiéramos pensar, a pesar de sus 19 años no le importa en absoluto dejar a sus amigos un fin de semana para dedicárselo a los chavales de la FAD.
Sus padres, claro está, están encantados.

Datos personales	**Juana**	**Arancha**
¿En qué organización voluntaria trabaja?		
¿Cuánto tiempo hace?		
¿Cómo empezó?		
¿Qué hace en su trabajo?		
¿Cuántos días trabaja a la semana?		
¿Qué otras cosas hace?		

¡no escribas aquí!

8 **Proyecto: Escribid algo relacionado con los temas de la lección: un cuento, un poema, un artículo. Buscad fotos y dibujos relacionados y haced un libro de la clase y un póster sobre ellos.**

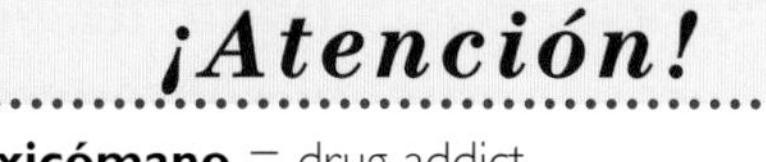

¡Atención!

toxicómano = drug addict
Juvenalia = youth fair

Aventura semanal

Lee este anuncio. ¿Cuál es su mensaje?

¡Ya sabes!

'que' + (no) + subjuntivo: que sean más estrictos, que no fumen, que no molesten.

Vocabulario de los temas: tabaco, leyes antitabaco, legalizar, el camello, drogadicto/a, toxicómano/a, contagiarse, marihuana.

¡Qué desastre!

OBJETIVOS

- *Decir qué harías en diferentes situaciones.*
- *Expresar posibilidad, deseo, condición.*
- *Expresar opinión sobre temas de actualidad.*
- *Comprender y analizar información sobre estos temas.*

A ¿Qué harías si . . . ?

1  **Escucha a los chicos y chicas que contestan esta pregunta: ¿Qué harías si fueras primer(a) ministro/a?**

¿A qué tema se refiere cada uno/a? Une lo que dicen con la foto correspondiente.

1 Tessa

2 Sergio

3 Rocío

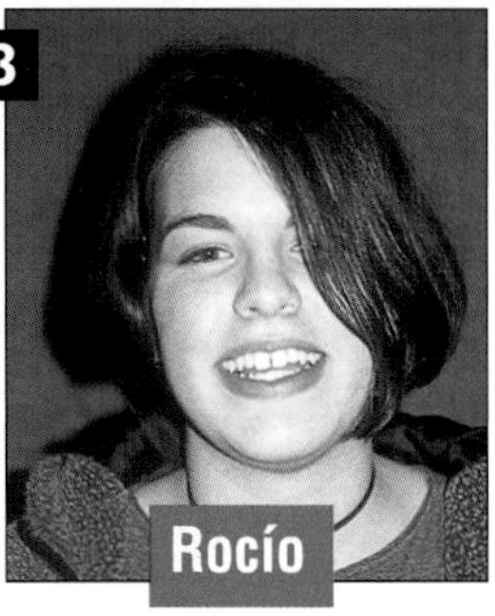

4 Jaime

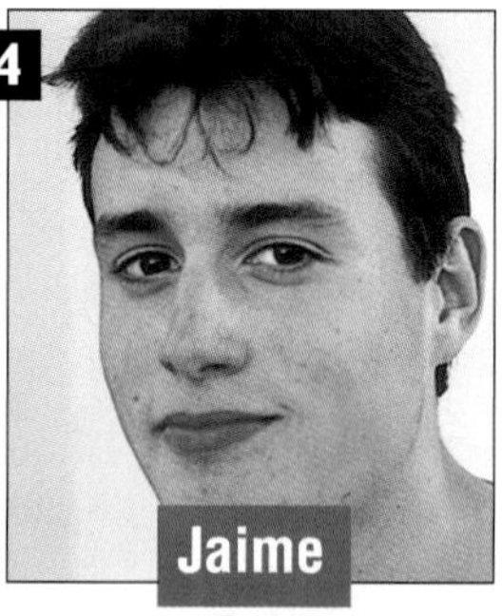

5 Elena

6 Goreti

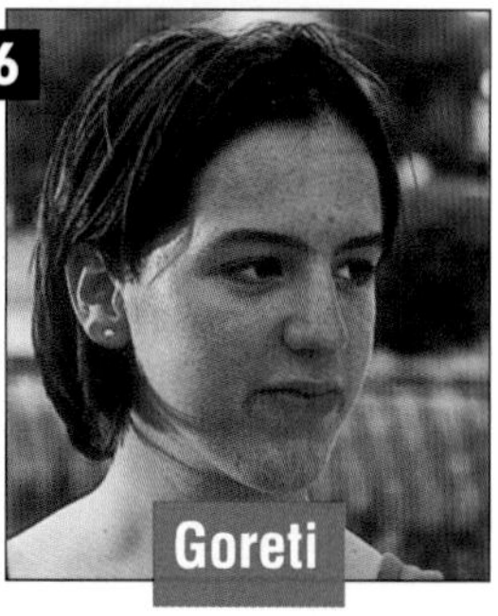

a Educación

b Violencia

c Trabajo

d Medio ambiente

e Salud

f Marginación

2 **Completa las frases usando los siguientes verbos. Después escucha otra vez a los chicos y chicas de actividad 1 y comprueba.**

ayudar cuidar dar (x 2) eliminar haber mejorar (x 2) pagar poner prohibir (x 2) ser solucionar terminar usar

Condicional
limpiaría, solucionaría, haría, habría
Expresiones condicionales (irreales o bastante imposibles)
Yo solucionaría el problema del paro,
Yo daría más dinero para los hospitales, (Si fuera primera ministra) terminaría con la violencia.

176

1 Yo ____ la enseñanza, ____ más profesores y les ____ más dinero. Las clases ____ pequeñas.
2 ____ la pobreza y el racismo y ____ casas a los sin techo.
3 Yo ____ más dinero para los hospitales y ____ a los enfermos del SIDA y a los drogadictos.
4 Yo ____ el medio ambiente, ____ energía solar, ____ los coches en el centro de la ciudad, ____ el transporte público, ____ las industrias sucias.
5 Yo ____ el problema del paro.
6 ____ con la violencia y la guerra . . . no ____ más guerras . . .

3 **Y tú, ¿qué harías? Encuesta en la clase, pregunta a tus compañeros/as: ¿Qué harías si fueras primer(a) ministro/a?**

4 **Lee el artículo 'La guerra no es un juego de niños'. Completa el informe de la página siguiente.**

¡Atención!

ayudar = to help
cuidar = to care for, to look after
eliminar = to eliminate
mejorar = to improve
prohibir = to ban, to prohibit
solucionar = to solve
desamparado = helpless, defenceless, abandoned
huérfano = orphan
traumatizado = shocked, traumatised

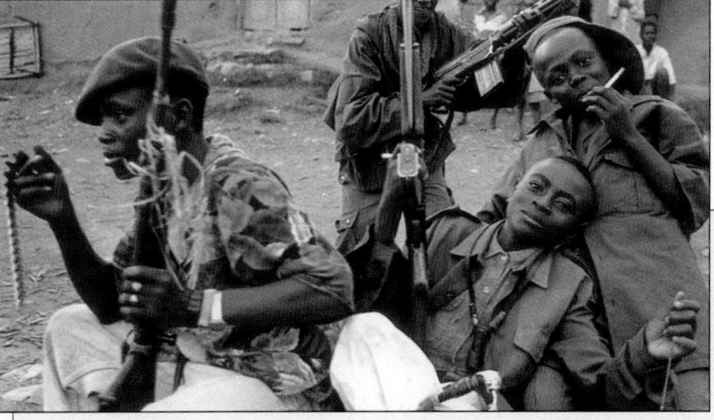

La guerra no es un juego de niños

Campaña internacional de Cruz Roja por la infancia

Cruz Roja ha iniciado una campaña de sensibilización de la opinión pública y de los gobiernos para evitar la participación de los niños en las guerras. Los datos que esta situación ofrece empujan a hacer algo para evitarla.

Más de dos millones de niños han muerto en las últimas dos décadas víctimas de conflictos armados; 200.000 niños en edad escolar participan en las 33 guerras activas durante el presente año; entre cuatro y cinco millones de pequeños han quedado discapacitados en los últimos años como consecuencia de la guerra, doce millones quedaron desamparados, un millón huérfanos y otros diez millones quedaron traumatizados por las violentas experiencias vividas.

La legislación internacional vigente establece que ningún menor de quince años podrá ser soldado; algo que es sistemáticamente incumplido por muchos ejércitos.

La ayuda que busca la campaña se concretará en tres proyectos: una clínica en Angola en la que se recuperan y hacen rehabilitación niños dañados por minas antipersonales; un centro de salud en Rwanda, en el que se atiende a menores que han perdido a sus familias en los conflictos de los Grandes Lagos y un centro de Formación Profesional en Ayacucho (Perú) para víctimas de la violencia.

Otra de las propuestas que Cruz Roja quiere conseguir a través de esta campaña es la creación de un Tribunal Penal Internacional que enjuicie y sancione todas las violaciones del Derecho Internacional Humanitario, especialmente las relacionadas con los niños en situación de conflicto.

INFORME

En los últimos años en el mundo éste es el número de niños . . .	
muertos:	
soldados:	
discapacitados:	
desamparados:	
huérfanos:	
traumatizados:	
Proyectos de Cruz Roja en:	
Angola:	
Rwanda:	
Perú:	

¡no escribas aquí!

B La violencia a tu alrededor

5  **Escucha a tres estudiantes y a una profesora.**

a Di qué problemas tienen o han tenido en el colegio o en el instituto.

b ¿Qué crees que debe hacerse en estas situaciones? Escribe algunos consejos para cada uno/a.

6  **La violencia está aquí.**

a Lee esta carta que un chico envió a una revista para pedir consejo. ¿Qué problema tiene?

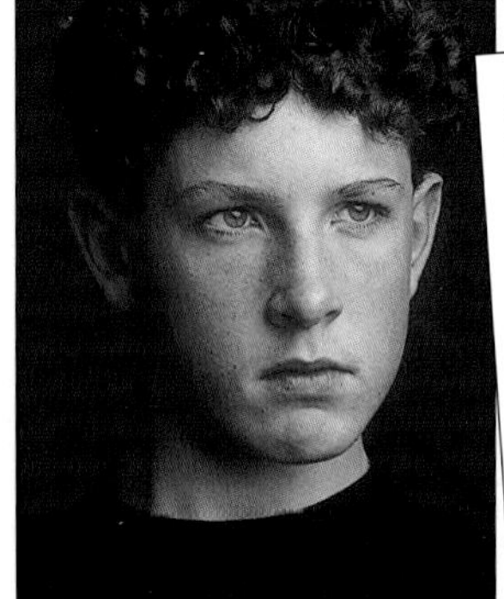

No quiero violencia
No tengo amigos y no sé si voy a encontrarlos alguna vez. Los chicos de mi barrio se pasan la tarde pegándose puñetazos o viendo películas de tiros y de sangre. ¡Yo odio la violencia! Ni siquiera me atrevo a ir con ellos porque, a veces, se dedican a pegar a los de otras pandas . . . La verdad es que me siento un bicho raro. ¿Qué puedo hacer?

Ricardo, 14, Valencia

 **b Escribe una carta a este chico dándole unos consejos.**

c Lee la carta respuesta que le mandó la revista y compara con tus consejos.

Mantente firme en tu postura

Ricardo, entendemos que te sientas raro, porque tus gustos y tus modos de pensar no coinciden con los de tus conocidos. Eso no significa que tú estés equivocado y tengas que cambiar tu forma de ser, sino que tienes que mantenerte fuerte; no es fácil ir contra corriente.
Intenta conocer gente nueva con la que te sientas más a gusto. Hay muchos chicos que, como tú, rechazan la violencia, y no son tan difíciles de encontrar.
Por ejemplo, en la asociación pacifista Justicia y Paz, de Valencia, encontrarás amigos que piensan como tú. También puedes intentar conocer gente en campamentos que se organicen desde tu centro cultural. Incluso en tu propio grupo de amigos puede haber también chicos a quienes no les guste la violencia, pero que se comportan así para no ser rechazados; acércate a ellos y proponles hacer actividades diferentes (ir de excursión, jugar al fútbol . . .).

7 **Ahora tú. Habla y escribe.**

a Mira los dibujos y cuenta lo que pasó.

b Escribe algo que te ha pasado a ti o a alguien que conoces. ¿Qué hiciste? ¿Qué hizo tu amigo/a?

C La violencia, el miedo y los medios de comunicación

8  **Escucha a Tessa y a Juanjo. Éstas son las preguntas de la conversación. ¿Qué contestan?**

1 ¿Crees que los medios de comunicación pueden influir a un chico o a una chica a ser violentos?
2 ¿Te parece que los medios de comunicación enseñan mucha violencia?
3 ¿Te gustan las películas de terror? ¿Por qué?
4 ¿Qué tipo de terror te da más miedo?

9  **Lee este artículo sobre las películas de miedo. ¿Da una visión positiva o negativa del miedo? Escribe los aspectos positivos y negativos de las películas de miedo según el artículo.**

¿Por qué nos gustan las películas de terror?

Sentimos miedo ante lo desconocido, ante todo lo que está en el límite de nuestra realidad. Pero, según los psicólogos, el miedo desarrolla la imaginación y amplía nuestra experiencia. Este miedo nos ayuda a aprender de nuestras reacciones preparándonos para situaciones que nos exijan estados psicológicos similares: exámenes, trabajos escolares, exposiciones en público, situaciones de peligro real. La sensación de misterio y excitación que nos dan las películas de miedo despierta nuestra inteligencia y activa nuestro cerebro. Viendo una película de miedo podemos experimentar diversos sentimientos: asombro, justicia o valor. La mejor combinación es la del miedo y la risa en una misma película. Los elementos cómicos nos liberan de la tensión del miedo que hemos pasado.
No es extraño que a un niño le gusten las películas de miedo, y si es imaginativo más aún. El problema es que cada día es más difícil producir miedo en los jóvenes ya que las películas y también la realidad de los periódicos y la televisión presentan situaciones cada vez más violentas y extremas. Por eso es muy importante educar a los niños y jóvenes para que no confundan la ficción con la realidad.

10 **Éstos son algunos de los tipos de terror que se presentan en las películas. Lee los títulos de las películas y di a qué categoría pertenecen. Después piensa otras películas que crees que corresponden a estos tipos.**

La mosca
Frankenstein
Dr. Jekyll y Mr. Hyde
La noche de los muertos vivientes
Twister
Drácula
Pesadilla en Elm Street
Hellraiser, los que traen el infierno
Parque Jurásico
El exorcista
Gremlins
Poltergeist
Carrie
Tiburón
Alien
Halloween

Categorías de películas de terror

Seres antinaturales
Creaciones monstruosas del hombre
Muertos vivientes
Vampiros
Posesión infernal
Espíritus
Poderes sobrenaturales
Locos y psicópatas
Criaturas infernales

De buenos a malos
Transformaciones humanas
Doble personalidad
Vengativos
Transformaciones desastrosas

Terror elemental
Animales salvajes
Animales gigantescos
Elementos naturales
Alienígenas

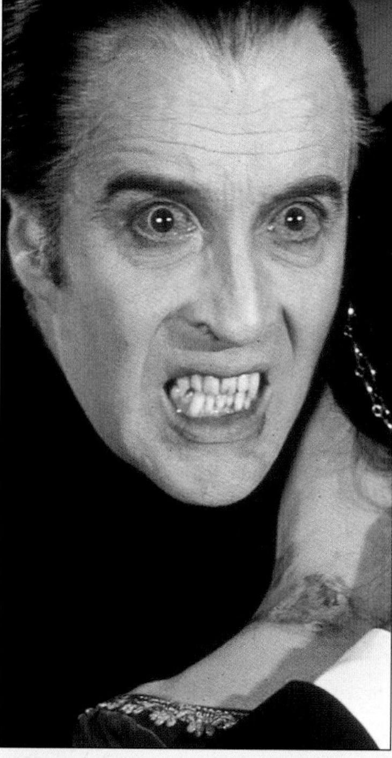

11 **Habla con tus compañeros/as. Usa las expresiones que has escuchado en actividad 8.**

1 ¿Qué películas te gustan más?
2 ¿Cuáles te dan más miedo?
3 ¿Qué otras películas conoces de este tipo?

Me da asco.
Hay mucha sangre.
Es demasiado real.
Es demasiado irreal.
Es una tontería.
Tiene demasiada violencia.
Tiene mucho misterio.
Tiene mucho suspense.
No tiene argumento.
El argumento es muy interesante.
Me encanta.

12 (P) **En grupos buscad información sobre el tema y preparad un póster contra la violencia y por la paz. Podéis poner fotos, dibujos, recortes de periódicos y revistas, y todo lo que se os ocurra.**

Aventura semanal

Mira estos dos cuadros de Goya que representan la violencia y el miedo. Descríbelos. ¿Qué sensaciones te producen?

Nos presenta Goya la fiereza de las mujeres luchando contra el invasor. Es un tema repetido. Imagen llena de expresión: fijémonos en la mujer que con un niño apoyado en la cintura lucha con su garrocha contra el soldado. Goya, seguramente, no quiere hablar del heroísmo de la mujer, sino de la desgracia de que la mujer se convierta en sanguinaria.

El personaje grandullón, auténtico bobo gigante, está tocando unas castañuelas encerrando en sí elementos grotescos. De los personajes ubicados tras sus brazos emana terror. Terror hay también en el personaje que se refugia tras la mujer a quien toma de parapeto.

¡Ya sabes!

Condicional: limpiaría, solucionaría, haría, habría. Yo solucionaría el problema del paro.

Vocabulario relacionado con la violencia y la paz: ayudar, mejorar, la guerra, la paz.

Vocabulario de cine de terror: la pesadilla, el vampiro, los espíritus.

LECCIÓN 28

Lo que te espera

OBJETIVOS

- *Hablar de nuestro porvenir.*
- *Hablar de la vida en el futuro: cambios en la sociedad.*
- *Contar lo que haremos en un futuro inmediato: vacaciones.*

A Nuestro porvenir

1  **Escucha a nuestros amigos y amigas de Aventura que nos dicen qué planes tienen para el futuro.**

a Completa el cuadro. ¿Quién se refiere a qué? Marca con un ✔.

	Tatiana	Jaime	Leticia	Carlos	Elena	Goreti
Viajes						
Estudios						
Trabajo						
Familia						
Transporte						
Amor						
Dinero						
Edad						

¡no escribas aquí!

b ¿Quién quiere . . . ?

1 sacarse el carnet de conducir
2 encontrar a un chico
3 casarse y tener una familia
4 aprobar todo y entrar en la universidad
5 encontrar un buen trabajo
6 tener dieciocho años
7 tener dinero
8 viajar

Reciclaje del lenguaje

Futuro
¿Cómo será tu vida? Yo me casaré, estudiaré, viviré en una casa, tendré un trabajo, ya verás.

c ¿Quién cree que el futuro será mejor? ¿será peor?

2 **Ahora tú. Haz una encuesta en la clase y completa un cuadro como el de actividad 1a.**

Lo que nos espera

3 **Según una revista especializada en el tema del futuro, éstas son algunas cosas que probablemente ocurrirán en los próximos cincuenta o sesenta años. La cara que está al lado de cada dibujo indica si son cosas positivas, negativas o indiferentes.**

a Une cada foto con el texto correspondiente.

1

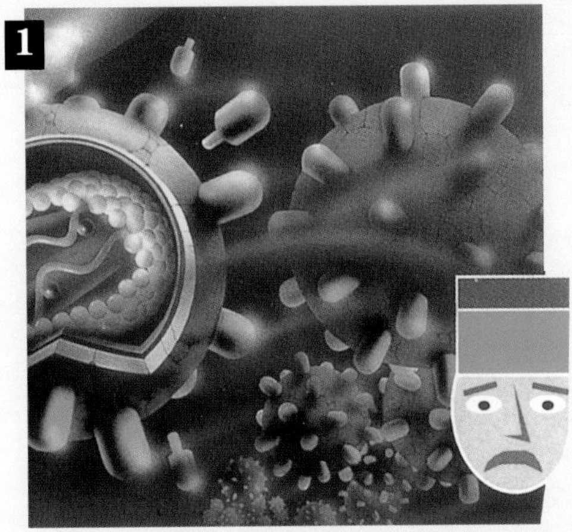

2

a **Ecolimpieza:** La degradación del medio ambiente dará empleo a los descontaminadores. Además, a partir del 2030 habrá que desmantelar las actuales centrales nucleares.

b **Megaparques temáticos:** La piscina cubierta más grande del mundo, en la isla japonesa Kyushu, anticipa cómo serán los grandes centros recreativos del futuro. Estructuras similares pueden albergar pistas de esquí, parques de atracciones o campos de golf.

c **Virus mutantes:** La rápida transformación de virus ya controlados, o la aparición de otros desconocidos, podría provocar epidemias contra las que sea imposible aplicar una terapia efectiva.

3

d **TV Total**: Las imágenes envolverán al espectador en su propio domicilio a través de pantallas planas de alta definición y con sistema de sonido envolvente.

4

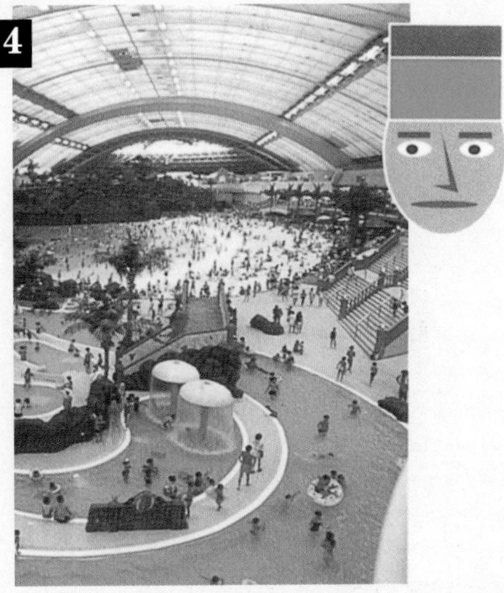

b ¿Cuáles se refieren a . . . ?

- Medicina
- Medio ambiente
- Tiempo libre

4  **Ahora tú. Decide con tus compañeros/as cómo será el futuro. ¿Qué otras cosas pueden suceder?**

C El futuro inmediato

5  **Pronto estarás de vacaciones. ¿A dónde irás? ¿Qué harás? ¿Qué tipo de vacaciones prefieres? Para saberlo haz el test '¿Cómo vives las vacaciones?'.**

Test: ¿Cómo vives las vacaciones?

Los hay hiperactivos que se pasan diez horas al día haciendo deporte, y los hay pasivos, con apenas el ímpetu necesario para llegar a la playa y tumbarse al sol . . . ¿Y tú? ¿Cómo vives las vacaciones?

1 ¿Cuántas cartas escribes durante el verano?
- ✶ Te niegas a tocar siquiera un bolígrafo.
- ✘ Tres postales, todas con el mismo texto . . .
- ❍ Todas las que puedes.

2 Cuando piensas en el regreso, te ves:
- ✶ Bronceado/a y contento/a.
- ✘ Bronceado/a y muy poco contento/a.
- ❍ Deseoso/a de comprar el nuevo material escolar.

3 Si pudieras rehacer el calendario escolar . . .
- ❍ Quitarías unos días de vacaciones.
- ✘ Añadirías cuatro meses de vacaciones.
- ✶ Lo dejarías todo como está.

4 ¿Qué sueles leer en verano?
- ✶ Alguna revista de vez en cuando.
- ❍ Todo lo que cae en tus manos.
- ✘ Los paneles indicativos para llegar a la playa.

5 Para ti, las vacaciones ideales serían . . .
- ❍ Trabajar en un yacimiento arqueológico, intentando descubrir una estatua de la época romana.
- ✘ Tumbarte bajo un cocotero en una isla desierta.
- ✶ En cualquier parte, menos en casa de tu familia en ese pueblo perdido.

6 En tu opinión, ¿para qué sirven los cuadernos de vacaciones?
- ❍ Para empezar el próximo curso con cierta ventaja.
- ✘ Para aguarte el veraneo.
- ✶ Para evitar que se te olvide en dos días todo lo que has aprendido en un año.

7 ¿Qué es lo peor que puede pasarte durante las vacaciones?
- ✘ Que se acaben.
- ✶ Que llueva sin parar.
- ❍ Que tus padres te vigilen constantemente.

8 ¿Qué harías un día sin sol?
- ✶ Pasear por la playa.
- ✘ Quedarte en la cama una hora más.
- ❍ No ves ninguna razón para salir de casa.

9 ¿Haces fácilmente amigos en verano?
- ✘ Sí. Grandes y pequeñas amistades.
- ❍ Más bien, no.
- ✶ Igual que durante el resto del año.

10 ¿Quién decide el sitio donde pasáis las vacaciones?
- ❍ Un poco tú y mucho tus padres.
- ✘ Mucho tú y un poco tus padres.
- ✶ Mucho tú y mucho tus padres.

11 ¿Qué te llevas para pasar el tiempo?
- ✶ Un ajedrez para cuando llueva, una bici para cuando haga buen tiempo y un forro polar para cuando haga fresco.
- ✘ Nunca te desprendes de tu mochila y tu bañador.
- ❍ El clasificador con los apuntes de clase y una agenda con la dirección de verano de todos tus amigos del cole.

12 ¿Cuál es tu lugar ideal de vacaciones?
- ❍ El patio del colegio.
- ✶ Una cabaña en el bosque.
- ✘ Una barca en el mar.

ADIÓS SOCIEDAD DE CONSUMO, MUNDANAL RUIDO, TELEVISIÓN Y CONTAMINACIÓN...
CREO QUE NO RESISTIRÉ DOS DÍAS AQUÍ...

Mayoría de ✶
Como un lagarto
¿Vacaciones? No piensas en otra cosa. Si durante el curso escolar sobrevives, durante las vacaciones revives. Tumbarte a la bartola, rodeado de amigos y seres queridos, ¡eso es lo tuyo! ¡Eres el veraneante por excelencia!

Mayoría de ✘
Como una abeja
Según tú, hay un tiempo para cada cosa: un tiempo para el colegio y un tiempo para las vacaciones. El veraneo debe ser excitante, un cambio de paisaje y de costumbres . . . También debe activarte los músculos y el cerebro. Luego, cuando llega septiembre, te alegra volver a reunirte con tus amigos de siempre. ¿Conclusión? Sabes vivir el presente como nadie.

Mayoría de ❍
Como un oso
Prefieres el colegio a las vacaciones. ¿Por qué? Quizá porque no sabes utilizar bien el tiempo libre . . .
¿O acaso porque te fastidia separarte de tus compañeros de clase? ¿Cuál es la solución? ¡Que intentes controlar tu veraneo! ¡Planifícalo al máximo! Prueba a salir de tu escondite y reunirte con gente . . . Empieza a mirar las vacaciones con otros ojos.

6  **Escucha a Víctor y Tessa que hablan de lo que harán en las próximas vacaciones. Toma notas sobre lo siguiente.**

- Lugar
- Alojamiento
- Actividades

¡Atención!

el ímpetu = impetus, momentum
tumbarse = to collapse
te niegas = you don't bother
los paneles indicativos = direction signs
un yacimiento arqueológico = archaeological dig
un cocotero = coconut tree
los cuadernos de vacaciones = holiday revision book
aguarte = to spoil for you
un ajedrez = chess (board)
un forro polar = fleece
nunca te desprendes = you're never out of
el clasificador de los apuntes = file of notes
una cabaña = cabin, hut

7  **Tessa y Víctor tienen que escribir una postal cada uno sobre lo que harán durante las vacaciones. Con las notas que tienes, escribe las postales.**

8 (P) **a** **Vais a organizar unas vacaciones en grupo con los compañeros/as de clase. Queréis hacer un viaje por España. Preparad un póster con ideas, fotos, información sobre hoteles, vuelos, etc. Presentad el proyecto al resto de la clase. Elegid el mejor proyecto.**

b **Preparad un folleto informativo de varias provincias españolas.**

Aventura semanal

Mira los chistes sobre el futuro.
Describe cada uno.

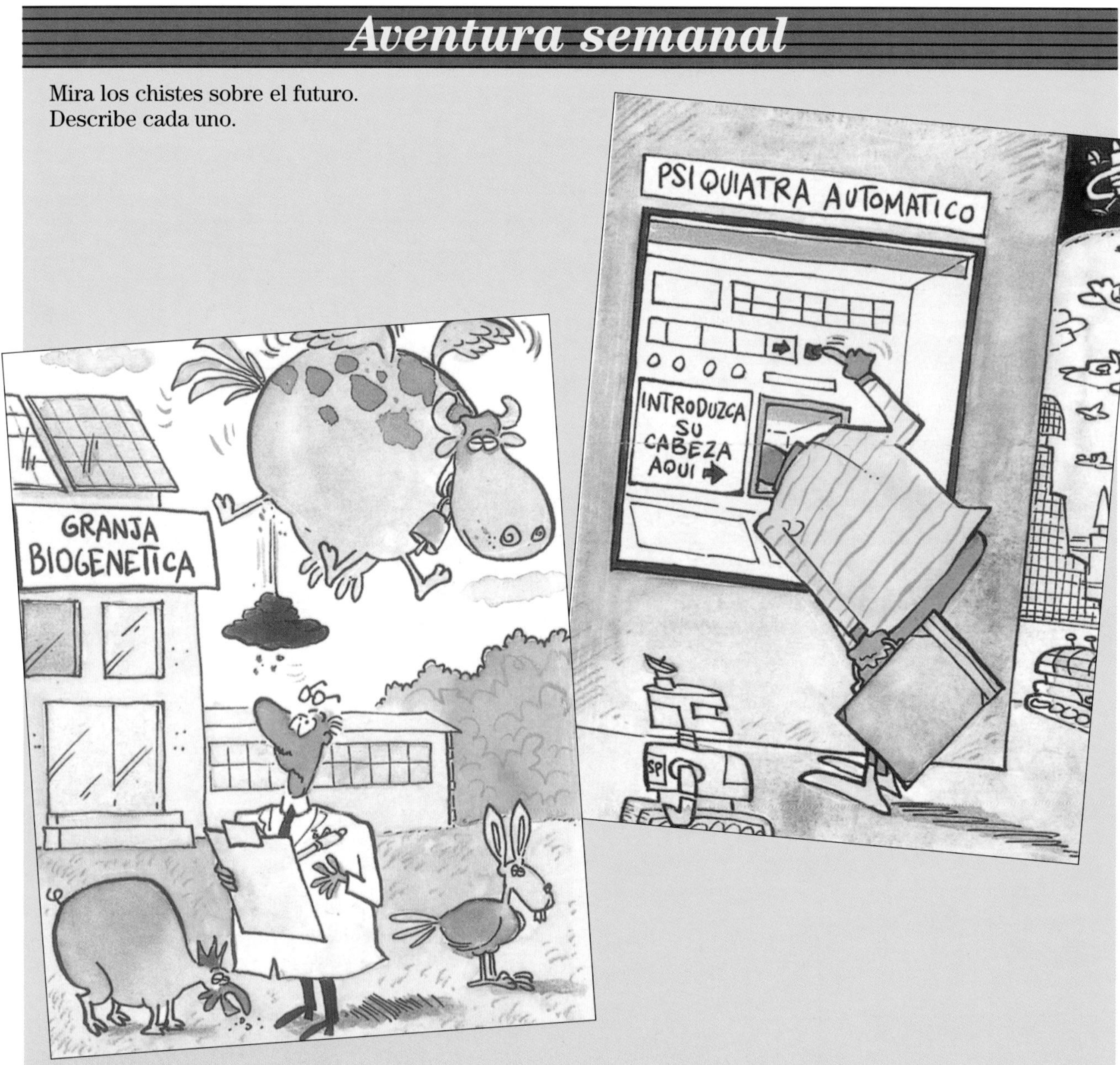

¡Ya sabes!

Repaso del futuro: estudiaré, viajaré, volveré, escribiré, saldré, tendré.

Vocabulario relacionado con el futuro: ecolimpieza, telemedicina, virus mutante, megaparques temáticos.

Todo es posible

OBJETIVOS

- *Hablar de lo que nos gusta y lo que que no nos gusta y de la personalidad.*
- *Expresar condición, deseos y sueños.*

A Mis manías

1  **a Una revista local hace el test siguiente a un personaje interesante cada semana. Lee el test que le han hecho al cantante Claudio. Une las preguntas con las respuestas.**

Preguntas	**Respuestas**
1 ¿Cuál es su color favorito?	a Que tenga mal genio.
2 ¿Cuál es su músico favorito?	b Yo mismo.
3 ¿Tiene alguna manía?	c Estar solo, no tener amigos.
4 ¿De qué se arrepiente?	d Bailar.
5 ¿Cuál es la mayor desgracia que podría ocurrirle?	e A mis amigos y mi guitarra.
6 ¿Qué es lo que más le molesta en un hombre?	f Un cantante famoso.
7 ¿Qué es lo que más le molesta en una mujer?	g Sí, al dolor.
8 ¿Qué es lo que más le divierte?	h De nada.
9 ¿Qué o quién le hubiera gustado ser?	i El rojo.
10 ¿Le tiene miedo a algo?	j Morderme las uñas.
11 ¿Qué se llevaría a una isla desierta?	k Que sea maleducado.

 **b Escucha y comprueba.**

2  **Escucha a Iván y Leticia que hacen el test. Complétalo con lo que dicen.**

'Me gusta que'/'Me molesta que' + subjuntivo
Me gusta que sean simpáticos.
Me molesta que sean vulgares.

Condicional
¿Qué llevarías a una isla desierta?/¿Qué llevarías (si fueras) a una isla desierta?
(Si fuera a una isla desierta) llevaría un libro.
¿Qué harías (si te tocara la lotería)?
Viajaría, compraría una casa.

***Nota:* 'fuera' y 'tocara' son imperfectos de subjuntivo.**

3  **Ahora tú. Haz las preguntas del cuestionario a tus compañeros/as.**

B Mis sueños

4  Haz el test. ¿Quién serías si no fueras tú?

¿Quién serías si no fueras tú?

Todos tenemos sueños secretos, habilidades desconocidas o pasiones insatisfechas. Es decir, albergamos en nuestro interior un yo secreto que ahora podrás descubrir.

1 ¿Con qué disfrutarías más?
- **A** Un crucero alrededor del mundo.
- **B** Holgazanear en una isla tropical.
- **C** Escalar una montaña.
- **D** Una expedición arqueológica.

2 Cuando planeas unas vacaciones, ¿qué consideras más importante?
- **A** El alojamiento.
- **B** La comida.
- **C** Las actividades.
- **D** El interés histórico de la zona.

3 Si tuvieras tiempo y dinero, ¿cuál de estas aficiones practicarías?
- **A** Colección de antigüedades.
- **B** Tomar saunas y masajes regularmente.
- **C** Paracaidismo.
- **D** Estudiar algo.

4 ¿Cuál de las siguientes maneras de mantenerse en forma te atrae más?
- **A** Una granja de salud.
- **B** Clases de ballet.
- **C** Entreno de boxeo.
- **D** Un programa científicamente diseñado para obtener el máximo beneficio con el mínimo esfuerzo.

5 ¿En qué te gastarías un premio inesperado?
- **A** En mejorar tu casa.
- **B** En sábanas y pijamas de seda.
- **C** En un coche.
- **D** Libros.

6 ¿Qué tipo de personas admiras más?
- **A** La gente que vive bien.
- **B** Grandes artistas.
- **C** Deportistas famosos.
- **D** Grandes músicos.

7 ¿Qué regalo te gustaría recibir?
- **A** Una caja de cava.
- **B** Un sofá de piel.
- **C** Un detector de metales.
- **D** Un buen libro.

8 ¿Qué color te gusta más?
- **A** Rojo.
- **B** Negro.
- **C** Amarillo.
- **D** Verde.

9 ¿Qué escogerías en un restaurante?
- **A** Trufas.
- **B** Ostras.
- **C** Curry.
- **D** Un bistec.

10 ¿Qué te gustaría estudiar?
- **A** Cocina.
- **B** Cerámica.
- **C** Construcción de botes.
- **D** Filosofía.

11 ¿Qué prefieres hacer para relajarte?
- **A** Pasar una velada cenando tranquilamente.
- **B** Tumbarte al sol.
- **C** Dar un paseo.
- **D** Leer.

12 ¿Qué te gusta más de la televisión?
- **A** Los concursos.
- **B** Programas artísticos.
- **C** Programas deportivos.
- **D** Los documentales.

13 ¿A quién te gustaría más conocer en una fiesta?
- **A** Un magnate rico.
- **B** Una estrella de cine.
- **C** Un político.
- **D** Un eminente científico.

14 ¿Qué coche preferirías tener?
- **A** Un Rolls Royce.
- **B** Un Mercedes deportivo.
- **C** Un coche de 16 válvulas.
- **D** Un coche pequeño fácil de aparcar.

15 ¿Qué flores prefieres?
- **A** Orquídeas.
- **B** Violetas.
- **C** Girasoles.
- **D** Rosas.

16 Piensas en un jardín como . . .
- **A** un lugar agradable para relajarse.
- **B** un lugar lleno de olores y colores bonitos.
- **C** un estímulo.
- **D** un lugar lleno de interesantes especies botánicas.

17 ¿Qué te irrita más?
- **A** La tacañería.
- **B** La brutalidad.
- **C** La timidez.
- **D** La superficialidad.

Resultados

Calcula la mayoría de letras obtenidas y lee la respuesta que te corresponde.

Mayoría A

Te gusta el lujo. Si fueras rico te comportarías de forma extravagante, malgastando el dinero. Aunque no estás loco por el trabajo, podrías convertirte en un verdadero adicto si supieras que eso te iba a hacer rico. Dentro de ti se esconde un Kennedy, un Onassis, una Madonna o un Donald Trump.

Mayoría B

Eres una persona muy sensual. Podrías haber organizado tu vida para satisfacer tus sentidos: seda y raso para cariciar tu piel, gustos y sabores exóticos, viajes a otros países . . . Con la pareja adecuada, podrías encontrar grandes satisfacciones, ya que las relaciones personales son muy importantes en tu vida. En ti se esconde una Marilyn Monroe o Greta Garbo en potencia.

Mayoría C

Eres todo un aventurero. Aunque hayas apostado por la seguridad de un trabajo estable, probablemente te gustaría dejarlo para ir a explorar regiones remotas del mundo o a conquistar montañas. Indiana Jones no sería nada comparado contigo.

Mayoría D

Eres un estudiante vocacional. Podrías haber seguido tus estudios mucho más tiempo de lo que lo hiciste o quizás permanecer toda tu vida en un ambiente académico. Es posible que vuelvas a estudiar en tu tiempo libre. Puede ser demasiado tarde para llegar a ser un entendido, pero aún puedes obtener muchas satisfacciones.

5  **Escucha a Tessa, Goreti y Carlos que hablan de sus sueños y completa el cuadro.**

6  **Escucha otra vez las entrevistas de actividad 5 y escribe las preguntas. Tu amiga española te ha escrito una carta y te hace las mismas preguntas. Escríbele una carta contestándolas.**

7  **Haz una encuesta en la clase. Completa un cuadro como el de actividad 5.**

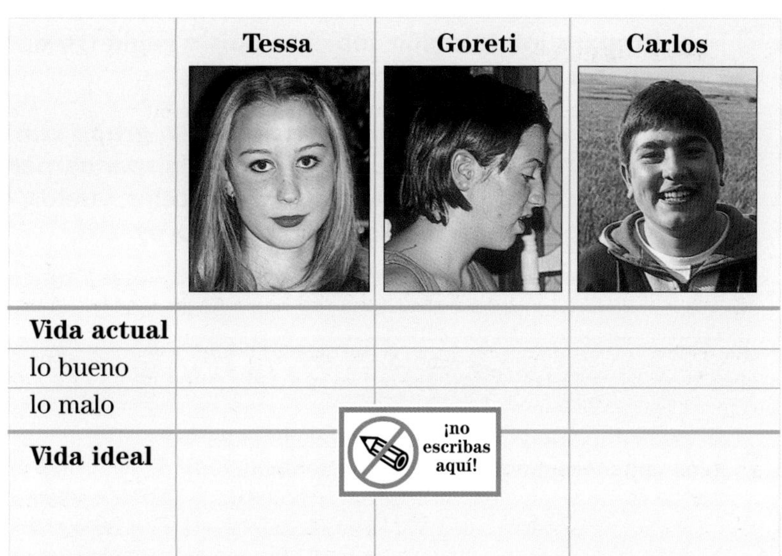

	Tessa	Goreti	Carlos
Vida actual			
lo bueno			
lo malo			
Vida ideal			

C Mis viajes por el mundo

8  **Escucha a Tessa que dice adónde le gustaría viajar. Mira las fotos de varios lugares de Hispanoamérica y toma nota de toda la información que da Tessa para cada lugar. ¿A dónde te gustaría ir a ti? ¿Por qué?**

La Habana

Cartagena de Indias

La Selva Amazónica

Machu Picchu

Playa Dorada

Iguazú

9  **Prepara información sobre tu país o región, o de algún otro país que conoces, y habla de ellos a tus compañeros/as.**

10  **a Vais a organizar unas vacaciones en grupo con los compañeros/as de clase. Queréis ir a un país (o varios) de Hispanoamérica. Preparad un póster con ideas, fotos, información sobre hoteles, vuelos, etc. Presentad el proyecto al resto de la clase. Elegid el mejor proyecto.**

b Preparad un folleto informativo de varios países de Hispanoamérica.

Aventura semanal

Lee este conocido poema de Antonio Machado, famoso poeta español (1875–1939) que habla del viaje de la vida.

Proverbios y Cantares XXIX

Caminante, son tus huellas
el camino, y nada más;
caminante, no hay camino,
se hace camino al andar.
Al andar se hace camino,
y al volver la vista atrás
se ve la senda que nunca
se ha de volver a pisar.
Caminante, no hay camino,
sino estelas en la mar.

¡Ya sabes!

'Me gusta que'/'Me molesta que' + subjuntivo: Me gusta que mis amigos sean simpáticos, Me molesta que los chicos sean machistas.

Condicional: ¿Qué llevarías a una isla desierta? ¿Qué llevarías (si fueras) a una isla desierta? (Si fuera a una isla desierta) llevaría una guitarra, ¿Qué harías (si te tocara la lotería)? Viajaría, compraría una casa.

LECCIÓN 30

La despedida

OBJETIVOS

- *Hablar sobre cómo hemos cambiado en los últimos años.*
- *Expresar deseos para el futuro y despedirse.*

A ¡Cuánto hemos cambiado!

1 Los amigos y amigas de Aventura nos hablan de cómo han cambiado en los últimos años y cómo son y piensan ahora. Escucha y contesta.

1 ¿Cómo era antes?
2 ¿Cómo es ahora?
3 ¿Qué es lo más importante que le ha pasado en los últimos años?

2 ¿Y tú? Habla con tu compañero/a. Usa las preguntas de actividad 1.

B El álbum de fotos de Aventura

3 Mira las fotos de Aventura. Tessa describe las fotos. Une cada descripción con la foto correspondiente. Después descríbelas tú.

C Hasta la vista

4 **Escucha a tus amigos y amigas de Aventura que expresa cada uno tres deseos. ¿Qué deseos son?**

5 **Escribe ahora tú tres deseos. ¿Cuáles son los deseos más populares en la clase?**

6 **¿Tienes fotos de los últimos cinco años? Recoged fotos del instituto, de viajes de estudio, de visitas, de profesores, etc. y escribid descripciones en español de cada una. Preparad un álbum de fotos y un póster de vuestra clase.**

7 **Los chicos y chicas de Aventura te dicen adiós.**

¡Ya sabes!

¡Español!

Aventura semanal

Escucha a María y a sus amigas que cantan una canción – '**jota**' – de despedida.

JOTA DE LA DESPEDIDA
Allá va, que va, que va.
Allá va la despedida.
Allá va, que va, que va.
Los amigos de Aventura.
Allá va, que va, que va.

Repaso 5

Autoevaluación

Primera parte (nivel básico)

1 Menciona cinco problemas que tiene la sociedad actual. (10)

2 Escribe cuatro frases que usamos para expresar opinión. (8)

3 ¿Qué harás en las próximas vacaciones? ¿A dónde irás? Escribe diez frases en el futuro sobre el lugar, el alojamiento y las actividades que harás. (10)

4 ¿Qué planes tienes para el futuro? Escribe una frase para cada categoría.

1 viajes
2 estudios
3 trabajo
4 transporte
5 amor y familia
6 dinero (12)

5 ¿Cómo ha cambiado tu vida en los últimos cinco años? Escribe cinco frases. (10)

Total 50 puntos

Segunda parte (nivel superior)

6 Da tu opinión. Escribe dos frases para cada tema.

1 La juventud actual
2 La pobreza
3 El racismo
4 El tabaco
5 Las drogas
6 El alcohol (12)

7 Di lo que harías si fueras presidente o presidenta de tu país. Completa las frases. Elige el verbo adecuado.

cuidar dar prohibir pagar eliminar
usar solucionar mejorar poner

1 ____ la economía.
2 ____ más dinero en el transporte.
3 ____ más dinero a los/las enfermeros/as.
4 ____ la violencia.
5 ____ el medio ambiente.
6 ____ el transporte público.
7 ____ el tráfico.
8 ____ trabajo a todos.
9 ____ el problema del desempleo. (9)

8 Contesta las siguientes preguntas. Escribe dos frases para cada pregunta.

1 ¿Qué es lo que más te molesta en una persona?
2 ¿Qué es lo que más te divierte?
3 ¿Le tienes miedo a algo?
4 ¿Qué te llevarías a una isla desierta?
5 ¿Qué manías tienes?
6 ¿Cómo ha cambiado tu vida en los últimos años? (12)

9 ¿Qué harías si te tocara la lotería? Escribe siete frases. (7)

10 Expresa cinco deseos para el futuro. (10)

Total 50 puntos

Algo más

1 Keane estuvo en Ecuador. Mira las fotos que trajo. Une cada foto con el texto que le corresponde.

1 Éstos son mis amigos ecuatorianos Vladimir y Delsie, viven en la capital de Ecuador, Quito. Yo viví con ellos varios meses.

B

A

2 Esto es un festival para los turistas, pero el vestido que llevan las chicas es el vestido que se ponen las indígenas normalmente, excepto la capa roja.

3 Ésta es la línea de la mitad del mundo en Ecuador.

D

4 Ésta soy yo delante del monumento que hay en la mitad del mundo. En el monumento hay un museo sobre la vida de las diferentes personas que han vivido en Ecuador.

C

6 Éste es un pueblo modelo, típico de Ecuador.

F

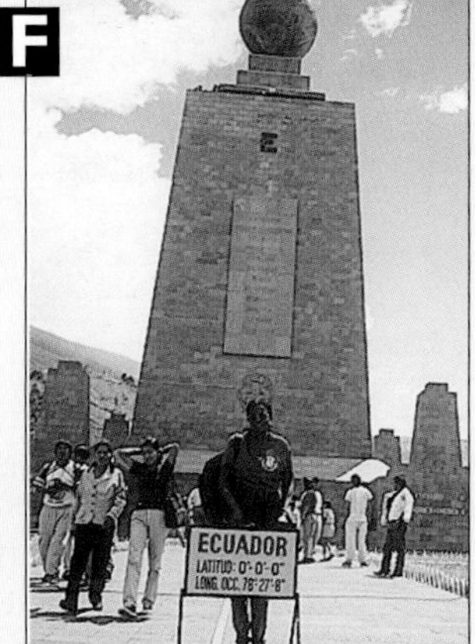

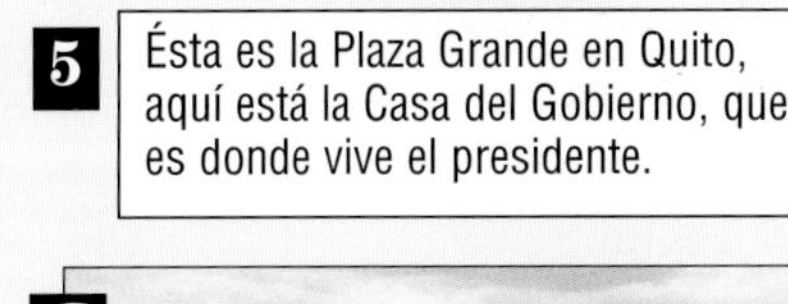

5 Ésta es la Plaza Grande en Quito, aquí está la Casa del Gobierno, que es donde vive el presidente.

E

7 Éstas son unas casas en el campo.

G

2 Los sueños de Miró. Joan Miró, uno de los pintores más famosos de este siglo, nació en 1893 en Barcelona y murió en 1983. Mira este cuadro de Miró. ¿Qué ves en él? ¿Cómo lo interpretas?

Joan Miró, *El Carnival del Arlequin*, 1924/25

Gramática

Los verbos
Verbs

El pretérito imperfecto
The imperfect

Lecciones 5, 8, 9, 11, 12, 14, 15, 25, 30
The imperfect is formed by dropping the infinitive endings (-ar, -er, -ir) and adding the imperfect endings.

	habl-ar	**beb-er**	**escrib-ir**
yo	habl-aba	beb-ía	escrib-ía
tú	habl-abas	beb-ías	escrib-ías
él/ella/vd.	habl-aba	beb-ía	escrib-ía
nosotros/as	habl-ábamos	beb-íamos	escrib-íamos
vosotros/as	habl-abais	beb-íais	escrib-íais
ellos/ellas/vds	habl-aban	beb-ían	escrib-ían

Irregular verbs

There are only two: **ser** and **ir**.

ser: era, eras, era, éramos, erais, eran
ir: iba, ibas, iba, íbamos, ibais, iban

Uses of the imperfect

1 Actions in the past (Lecciones 5, 30)

a Action in the past when we do not know or are not interested in when the action occurred or when it started or ended. It also expresses duration.

Antes vivía en un piso, **ahora vivo** en una casa.
Before, I used to live in a flat, now I live in a house.

b Habitual and repeated actions that happened in the past (the equivalent of 'used to').

Todos los días comíamos en este restaurante.
Every day we used to eat in this restaurant.

Note the difference between the imperfect and the past simple (**pretérito indefinido**):

Antes estudiaba en un colegio privado, pero **el año pasado** estudié en el instituto.
Before, I used to study in a private school, but last year I studied in the secondary school.
Todos los días íbamos a la playa, **un día fuimos** al museo.
Every day we used to go to the beach; one day we went to the museum.

Note: if we say the number of times that an action was repeated, we must use the past simple tense (**pretérito indefinido**): **Fuimos dos o tres veces de excursión** instead of **íbamos de excursión**.

2 Description in the past (places, people, objects, etc.) (Lecciones 8, 9, 12)
¿Cómo era el piso? Era bastante pequeño.
¿Dónde estaba? Estaba en un barrio cerca del centro de la ciudad.
¿What was the flat like? It was quite small.
Where was it? It was in a neighbourhood near the centre of town.
Juan era muy simpático, pero estaba triste.
Juan was very nice, but he was sad.

3 In narration, description of background and presentation of secondary actions that were going on at the same time as the main action (Lecciones 11, 15, 25)

Un día volvía del cine, iba a mi casa. No había nadie por la calle
One day I was returning from the cinema, I was on my way home. There was no one in the street.
Yo llevaba el bolso. De repente oí unos pasos, me volví y vi a un hombre.
I was carrying my bag. Suddenly, I heard some steps, I turned around and saw a man.

Note: when you want to say that something was happening when something else happened, you can also use the imperfect continuous.

Estaba duchándome cuando llamaron a la puerta.
I was having a shower when they rang the doorbell.

El pretérito pluscuamperfecto
The pluperfect

Lecciones 14, 15
This is formed with the imperfect of **haber** and the past participle of the main verb. It corresponds to the English *had done something.*

yo había cenado, tú habías comido, él había salido, nosotros habíamos hablado, vosotras habíais terminado, ellas habían estudiado
I had eaten supper, etc.
Cuando llegó la policía el hombre había desaparecido.
When the police arrived, the man had disappeared.

El imperativo
The imperative

Lecciones 2, 4, 13, 17, 21, 24

Tú: escucha, viaja en bicicleta, aprende, escribe
You (informal): listen, go by bike, learn, write

Note: if there is a pronoun with the imperative, it

goes at the end of the verb, forming one word: **ponla**, **dímela** (Lección 13).

Imperatives with **usted** and negative form of **usted** and **tú**: the form is the same as the subjunctive form (see subjunctive forms).

Usted: tome esta calle, no beba si conduce
You (formal): take this street, don't drink and drive
Tú: no comas demasiado
You (informal): don't eat too much

El subjuntivo
The subjunctive

Lecciones 17, 18, 20, 21, 22, 23, 24, 26, 29, 30

Note: verbs that end in -er take the same form as those that end in -ir.

	-ar (tomar)	-er (meter)	-ir (escribir)
yo	tom-e	met-a	escrib-a
tú	tom-es	met-as	escrib-as
él/ella	tom-e	met-a	escrib-a
nosotros/as	tom-emos	met-amos	escrib-amos
vosotros/as	tom-éis	met-áis	escrib-áis
ellos/as	tom-en	met-an	escrib-an

Note: the subjunctive is formed in the same way as the first person of the present simple tense but with a different ending.

tom-o ➜ tom-e

If the verb has an irregular form in the first person singular of the present simple, it uses the same form to form the subjunctive for all persons.

infinitive	1st person present simple	present subjunctive
poner	pongo	ponga

Present subjunctive of **poner**: ponga, pongas, ponga, pongamos, pongáis, pongan

venir ➜ venga; hacer ➜ haga; salir ➜ salga; tener ➜ tenga; querer ➜ quiera, queráis; poder ➜ pueda, podáis; seguir ➜ siga

Uses of the subjunctive

1 To give instructions (Lecciones 17, 21)
It is used in the same way as the imperative in the **usted** form.

Tome la derecha, cruce, siga todo recto.
Take the right hand turning, cross, carry straight on.

Note: to give instructions and orders in the negative, use the same form but with the word **no** at the beginning of the sentence.

No cruce (usted) la calle, no tires (tú) papeles al suelo.
Don't cross the street. (formal)
Don't throw litter on the floor. (informal)

Note: to make a 'strong' suggestion use **que** + (**no**) followed by the subjunctive (Lección 26).

que sean más estrictos, que no fumen, que no molesten
they should be more strict, they shouldn't smoke, they shouldn't annoy (people)

2 Expressing advice with the subjunctive (Lección 20)

a with **usted**
coma, beba, no compre, no regale
eat, drink, don't buy (that), don't give (him that)

d with **tú** + negative
No le compres un cinturón.
Don't buy him a belt.

c after an expression of advice
Es mejor que le compres el rojo.
It's better if you buy him the red one.
Te aconsejo que le compres un juguete.
I advise you to buy her a toy.

3 To say that something is necessary or important using **Es importante que/Es necesario que** + subjunctive (Lección 18)

Es importante que ayudemos en campañas ecologistas.
It's important that we help ecological campaigns.
Es necesario que usemos menos electricidad.
It's necessary that we use less electricity.

4 To express possibility or doubt using **Es posible que/Dudar que** + subjunctive (Lección 18)

Es posible que tengamos más contaminación.
It's possible that we may have more pollution.
Dudo que trabajemos todos en casa.
I doubt if we will all work at home.

5 **Cuando** + subjunctive in future time expressions (Lección 22)

Cuando termine el instituto iré a la universidad. Cuando termine la universidad trabajaré como profesor.
When I finish secondary school, I'll go to university. When I finish university, I'll work as a teacher.

6 To express desire, interest and likes with **querer que/desear que** + subjunctive (Lecciones 23, 30) . . .

Quiero que estudies Medicina. Quiero que seas médico. Quiero que seas feliz.
I want you to study medicine. I want you to be a doctor. I want you to be happy.

. . . and with **me gusta que/me molesta que** + subjunctive.

Me gusta que sean simpáticos.
I like them to be friendly.

Me molesta que sean vulgares.
It annoys me that they are vulgar.

But note when you are talking about yourself:

Quiero estudiar Medicina. Quiero ser médico.
I want to study medicine. I want to be a doctor.

If you want to say: *I want to do something* use **Yo quiero hacer** (infinitive). But to say: *I want you to do something*, you use **Yo quiero que tú hagas** (subjunctive).

El condicional
The conditional

Lecciones 27, 29
The conditional is used to express *would* or *could do something*. It is used to express a wish or to give advice.

Solucionaría los problemas, haría muchas cosas.
I would solve the problems, I would do many things.

In conditional sentences that are unreal or unlikely, the conditional is used with the imperfect subjunctive.

(Si fuera primera ministra) terminaría con la violencia.
(If I were prime minister,) I would end violence.
(Si fuera a una isla desierta) llevaría un libro.
(If I were to go to a desert island,) I would take a book.
¿Qué harías (si te tocara la lotería)? Viajaría, compraría una casa.
What would you do (if you won the lottery)? I would travel, I would buy a house.

Note: **fuera** and **tocara** are imperfect subjunctive forms.

Contraste de ser y estar
Ser and estar contrasted

Lecciones 7, 8, 10
Ser and **estar** can be used with the same adjectives, but give different meanings. The choice of one or the other depends on the context and changes the meaning of the word.

Ana es nerviosa. (*personality*)
Ana está muy nerviosa, porque tiene un examen. (*temporary state, can change*)

In these cases, **estar** can be translated as *to feel, to look.*

Ana feels nervous because she has an exam.
Pedro está muy joven para su edad.
Pedro looks very young for his age.

Note: pay special attention to the use of **ser** and **estar** in the imperfect and don't forget that the same rules apply as for the present.

Era muy tarde, estaba muy tranquilo.
It was very late, I was very calm.

Construcciones impersonales
Impersonal constructions

Lecciones 2, 3, 7, 12
When we don't know who does or has done something . . .

1 . . . we use the third person plural of the verb without the pronoun to mean *they did something* or *something has been done by someone* (Lección 12)

Construyeron las casas.
They built the houses or *The houses were built.*

2 . . . we use the pronoum **se** (Lecciones 2, 3, 7, 12)

Así se aprende una lengua.
That's how a language is learnt.
El catalán se habla, se escribe.
Catalan is spoken, is written.
Se alquila (un) apartamento/Se alquilan apartamentos
Apartment for rent/Apartments for rent
Se quemó la iglesia, se construyó el teatro.
The church burnt down, a theatre was built.

Nombres abstractos
Abstract nouns

Lecciones 25, 26, 27
Abstract and generic nouns are used with the article in Spanish.

La violencia es mala.
Violence is bad.
La salud es muy importante.
Health is very important.
El desempleo está aumentando.
Unemployment is growing.

Superlativos
Superlatives

Lección 15
The superlative can be formed by adding the suffix: **-ísimo, -ísima, -ísimos, -ísimas** (to the adjective or the adverb): **el pan es buenísimo, la casa es grandísima, me gustó muchísimo**.

Pronombres
Pronouns

Pronombres posesivos (ampliación)
Possessive pronouns

Lección 14
Possessive pronouns indicate possession, who something belongs to.

el mío, la mía, los míos, las mías	*mine*
el tuyo, la tuya, los tuyos, las tuyas	*yours*
el suyo, la suya, los suyos, las suyas	*his/hers/theirs/ yours* (**usted** form)
el nuestro, la nuestra, los nuestros, las nuestras	*ours*
el vuestro, la vuestra, los vuestros, las vuestras	*yours*

The use of the feminine/masculine or singular/plural pronoun depends on the object that is possessed.

Este bolígrafo es el mío.
This pen is mine.
¿Es esta cartera la tuya?
Is this wallet yours?
¿Es este paraguas el suyo?
Is this umbrella his/yours (formal)/theirs?
¿Estos pendientes son los suyos?
Are these earrings hers/yours (formal)/theirs?
Este coche no es el nuestro.
This car isn't ours.
Estas maletas son las vuestras.
These suitcases are yours.

Pronombres relativos
Relative pronouns

Lección 19
Relative pronouns refer to a noun or an action from earlier in the sentence. **Que** is the most common one and is often accompanied by the article in order to be more specific.

el que, la que, los que, las que
(translated as: *the one(s) which)*

Este coche es el que ha comprado mi madre.
This car is the one (which) my mother bought.
Esta película es la que vi el domingo.
This film is the one (which) I saw on Sunday
Los libros son los que compré para ti.
The books are the ones (which) I bought for you.
Las gafas son las que compré el verano pasado.
The glasses are the ones (which) I bought last summer.

Expresiones de opinión
Expressions of opinion

We can ask what people think about something by using the following questions:
¿Qué opinas? ¿Qué opina (usted)?
¿Qué opináis? ¿Qué opinan (ustedes)?
¿Qué piensas? ¿Qué piensa (usted)?
¿Qué pensáis? ¿Qué piensan (ustedes)?

When we want to give an opinion or say what we think about something, we use the following expressions:

(Yo) creo que (estudias muy poco).
I believe you study very little.
(Yo) pienso que (debes estudiar más).
I think you should study more.
(Yo) opino que . . .
I think that/It's my opinion that . . .
(Yo) veo que . . .
I reckon that . . .

Expresiones para la conversación
Conversational expressions

sí, bueno
This is used to qualify a statement usually made by someone else: It means 'Yes, well . . .' before you move on to make another point about the same thing.

de todos modos/de todas formas
This means the equivalent of 'in any case', 'anyway' in English.

De todos modos tenemos que ir a la boda.
Anyway/In any event, we have to go to the wedding.

Gramática

Expresiones de tiempo y frecuencia
Expressions of time and frecuency

The following expressions are used to indicate the frequency of an event.

a todas horas
Juega con el ordenador a todas horas.
He's always playing with the computer.

a menudo
Voy al cine a menudo.
I often go to the cinema.

a veces
A veces voy a visitar a mis abuelos.
I sometimes go to visit my grandparents.

cada dos semanas
Cenamos en un restaurante cada dos semanas.
We have dinner in a restaurant every two weeks.

de cuando en cuando
Veo a María de cuando en cuando.
I see María from time to time.

siempre que puedo
Ayudo a mi madre siempre que puedo.
I help my mother whenever I can.

dos veces a la semana
Hago clases de baile dos veces a la semana.
I do dance classes twice a week.

A

a la larga *in the long run*
a través de *through*
abarcar *to cover, to include*
el abono *season ticket*
abordar *to tackle, to deal with*
el acantilado *cliff*
acceder *to gain access to*
el acelerador *accelerator*
la actitud *attitude*
la actualidad *the present time, currently*
acudir *to go, to come, to arrive, to turn up*
el adelantamiento *overtaking (in a vehicle)*
adelantar *to overtake*
además *besides*
adquirir *to acquire*
afectuoso/a *affectionate*
la afición *hobby*
las afueras *outskirts*
ahuyentar *to frighten off*
ajustado/a *tight (clothes)*
albergar *to house, to accommodate*
la aldea *village*
alejarse *to distance oneself*
la alfombra *carpet*
el algodón *cotton*
el aliciente *incentive*
el/la alienígena *alien*
la alimentación *food, nourishment*
los alimentos *foodstuffs*
la almeja *clam*
el alojamiento *accommodation*
alrededor *around, in the area*
(de) alucine *fantastic, incredible, amazing*
el alucinógeno *hallucinogen*
alucinógeno/a *hallucinogenic*
el alumbrado *lighting*
amanecer *to get light*
el analfabetismo *illiteracy*
el/la animador(a) *host, leader, animateur*
anochecer *to get dark*
el anonimato *anonymity*
la antelación *notice, advance warning*
el anuncio *advertisement*
el anuncio callejero *street advertisement*
el añadido *extra piece of material*
apadrinar *to act as godparent*
el aparato *apparatus, machine*
el apartado de correos *PO box*
apenas *hardly*
el apoyo *support*
el aprendizaje *learning*
apretar *to press*
aprovechar *to take advantage of*
los apuntes *notes*
apurado/a *in a hurry, with a problem*
arrollar *to run over*
arrancar *to start off, to pull away (vehicle)*
el asesoramiento *assessment, advice*
el asma (f) *asthma*
el asombro *shock*
el aspecto físico *physical appearance*
la aspiradora *vacuum cleaner*
asumir *to take on, to assume*
asustarse *to give oneself a fright*
atravesar *to cross*
atreverse *to dare*
aumentar *to rise, to increase*
autodidacta *self-taught*
la autoestima *self-esteem*
la autoridad *authority*
la avería *fault, breakdown*
la azafata *air hostess*
azotar *to whip*

B

el bachillerato *baccalaureate*
la bañera *bath*
la barbilla *chin*
el barrio *suburb, district*
la basura *rubbish*
la beca *educational grant*
el/la bobo/a *fool*
el bolsillo *pocket*
breve *brief*

C

el caballero *gentleman*
la cabaña *cabin*
el cabeza de familia *head of the family*
cada vez más *more and more*
la cadena *chain*
caducado/a *past its sell-by date*
el caldo *broth*
calmarse *to calm down*
el/la campesino/a *peasant*
el/la canguro *babysitter*
la capa de ozono *ozone layer*
capaz *capable*
el caramelo sweet, toffee
el carbón *coal*
carraspear *to clear one's throat*
la carrera *course (university)*
el carril *lane (on a road or motorway)*
la carroza *carriage*
el casco *headphone*
el cava *sparkling wine (Spanish 'champagne')*
ceder *to cede, to assign, to transfer*

ceder el paso *to give way (driving)*
la central térmica *power station*
céntrico/a *near the town centre*
chapucero/a *slapdash, thrown together, badly done*
la chispa *spark*
el chupa-chups *lollipop*
la cifra *figure*
la clave *clue*
clave *key, important*
el cohete *rocket*
colarse *to queue-jump, to push in*
el columpio *swing*
comercializarse *to commercialise*
la comodidad *comfort*
el comportamiento *behaviour*
condenar *to condemn*
la confianza *confidence*
confundir *to confuse*
conllevar *to entail*
conseguir *to manage, to achieve*
el consejo *advice*
a continuación *below (text)*
la convivencia *coexistence*
el correo electrónico *e-mail*
la corriente *current*
costar hacer *to be difficult to do something*
costero/a *coastal*
(por) costumbre *custom, usually*
cotidiano/a *daily*
cotillear *to gossip*
el crucero *cruise*
crudo/a *raw*
el cuadro *picture, painting*
el cuarzo *quartz*
el cubo de basura *dustbin*

D

el daño *damage*
darse cuenta *to realise*
la degradación *decomposition, degradation, decay, demotion*
degradarse *to decompose*
el/la deportista *sportsman/sportswoman*
deprimido/a *depressed*
desarrollar *to develop*
el desarrollo *development*
descartar *to rule out, to dismiss*
desconocido/a *unknown*
el descuento *discount*
desempeñar *to carry out*
la desgracia *misfortune*
despeinado/a *unkempt, untidy (hair)*
los desperdicios *waste, rubbish*
despistarse *to confuse, to get in a muddle*
destacar *to stand out*
diestro/a *right-handed*
dirigir *to direct*
la discapacidad *disability*
disfrutar *to enjoy*
disminuir *to reduce*
el/la domador(a) (de leones) *(lion) tamer*
dotado/a *gifted, endowed, equipped*
el/la dueño/a *owner*

E

echar una mano *to give a hand, to help*
el /la ecologista *ecologist*
emanar *to emanate*
el embrague *clutch*
el empeño *effort*
el encanto *enchantment*
encasillar *to classify, to categorise*
enganchar *to hook*
entrelazar *to interweave*
la envidia *jealousy*
el envoltorio *packaging, wrapping*
la época *period of time, epoch*
equilibrado/a *balanced*
equipado/a *equipped*
la escalera mecánica *escalator*
el escaparate *shop window*
el escenario *stage*
escoger *to choose, to pick out*
esconder *to hide*
a escondidas *secretly, in secret*
esforzarse *to make an effort*
el esfuerzo *effort*
el espejo *mirror*
el espray *spray*
el estado civil *marital status*
estampado/a *patterned (fabric)*
el estanque *pond*
estrenar *to release (film)*
el estrés *stress*
estropeado/a *out of order*
el estuche *case, box*
etiquetar *to label*
el euskera *Basque language*
excéntrico/a *eccentric*
exigir *to demand*
explotar *to exploit*
el extrarradio *outskirts, outlying districts*

F

factible *possible, feasible*
la faena *chore*
fallar *to fail, to make mistakes*
la felicidad *happiness*
la fiereza *ferocity*
la física *physics*

el flexo *study lamp*
el folio *piece of writing paper*
en el fondo *deep down*
los fondos *funds*
la formación *training*
el/la forofo/a *fan (football)*
forrado/a *lined (clothing)*
forrar *to line (clothing)*
el fracaso *failure*
el freno *brake*
el freno de mano *hand brake*
los frutos secos *dried fruit, nuts*
en funcionamiento *working*

G

el gallego *Galician language*
la garrocha *lance*
el/la gemelo/a *twin*
el genio *mood*
la gestión *action, procedure, management*
la gira *tour*
la gira musical *music tour*
el/la grandullón(a) *big person*
la granja *farm*
la granja de salud *health farm*
la grasa *fat*
el guirigay *rumpus, gibberish, double Dutch*

H

harto/a *fed up*
la herencia *inheritance*
hermético/a *airtight*
el hígado *liver*
holgazanear *to loaf about, to laze around*

I

imprescindible *essential*
los impuestos *taxes*
inaugurar *to inaugurate*
inesperado/a *unexpected*
ingresar *to join, to admit, to enter*
el ingreso *admission*
la inmadurez *immaturity*
inmovilizar *to immobilise*
instalarse *to set up*
integral (pan, cereales, arroz) *wholefood (bread, cereal, rice)*
el intercambio *exchange*
el intermitente *indicator (car)*
el/la invasor(a) *invader*

J

la jornada *working day*
el joyero *jewel box*

L

lanzar *to launch, to drop (bomb)*
lanzarse *to throw oneself*
(a la) larga *in the long run*
las legumbres *pulses (lentils, chick peas)*
lejano/a *distant*
la lencería *lingerie*
la leyenda *legend, caption, slogan*
licenciarse *to gain a degree*
ligar *to date, to get off with*
el ligue *date (person)*
el limpiaparabrisas *windscreen wiper*
el/la locutor(a) *broadcaster, presenter*
el loto *lotus*
la luminosidad *luminosity*

M

la madurez *maturity*
mal visto *disapproved of*
malgastar *to waste*
las mangas de camisa *shirt sleeves*
la maniobra *manoeuvre*
mantener *to keep, to maintain*
la marcha *gear*
marchoso/a *lively*
la mascota *pet*
la materia prima *raw material*
la medida *measurement*
el medio de transporte *means of transport*
la melena *long, flowing hair*
la mente *mind*
el método *method*
el miriñaque *crinoline*
los mocos *snot (runny nose)*
el monedero *purse*
el monopatín *skateboard*
la mora *blackberry*
el motor de arranque *starter motor*
la mula *mule*

O

oponerse *to oppose*
la optativa *option (school subject)*
optativo/a *optional*
oscilar *to swing, to oscillate, to vary*
la ostra *oyster*

P

la paciencia *patience*
el padrino *godfather*
la palanca de cambios *gear stick*
el papel higiénico *toilet paper*
el parabrisas *windscreen*
el pasillo *corridor*
pertenecer *to belong to*

pisar *to step, to set foot in*
planificar *to plan*
plantear una pregunta *to put a question*
plantearse *to think about, to consider*
el plató set (stage set)
en pleno/a *full, in the middle of*
el polvo *dust*
posteriormente *afterwards*
la prenda *garment*
la prensa *press (newspapers)*
prestar *to lend*
pretender *to aspire, to hope, to intend (to do)*
previamente *beforehand*
la primera línea *the first line (of apartments) facing the beach*
al principio *at the beginning*
procrear *to breed*
procurar *to try*
el/la propietario/a *owner*
propio/a (su propio coche) *own (his/her own car)*
la prueba *trial, mock (exam), test*
el puesto *position*
el puesto de autoridad *position of authority*
el puesto de trabajo *work position*
el pulmón *lung*
pulsar *to press (a keyboard key)*
el puñetazo *punch*

Q

la química *chemistry*

R

la rama *branch*
la rampa *ramp*
el rato *short period of time*
realizar *to carry out*
recaudar *to collect*
rechazar *to reject*
recoger *to collect, to gather up*
recordar *to remember*
el recurso *resource*
redactar *to write*
refugiarse *to take refuge, to hide*
relajante *relaxing*
el reparo *reservation, objection, problem*
repartir *to share out*
el reparto *cast (of a film)*
repasar *to revise (piece of school work)*
repentino/a *sudden*
rescatar *to rescue*
respetar *to respect*
respetuoso/a *respectful*
el retoque *finishing touch*
el retrato *portrait*
el retrovisor *rear-view mirror*
al revés *the wrong way round, on the contrary*
el riesgo *risk*
los riñones *kidneys*
el rodaje *shooting (of a film)*

S

sacar(se) dinero *to make money*
la sala de conferencias *conference room*
sanguinario/a *bloodthirsty, cruel*
la seda *silk*
la señalización *signposting*
el signo *sign*
la silla de ruedas *wheelchair*
sin embargo *nevertheless, however*
el socorrismo *life saving*
solicitar *to ask for, to request*
de sopetón *immediately, unexpectedly*
soportar *to bear, to stand, to put up with*
subrayar *to underline*
el suceso *event*
el sueldo *pay, salary*
sujetar *to hold*
sumar *to add up*
el suplicio *torture*
la sustancia *substance*

T

la tacañería *stinginess, meanness, miserliness*
tanto . . . como . . . *as much . . . as . . .*
la tarifa *tariff*
el tatuaje *tattoo, tattooing*
teclear *to type*
la técnica *technique*
el tejado *roof*
el/la televidente *viewer*
el temario *syllabus, study programme*
tener que ver *to have to do with*
el terciopelo *velvet*
la ternura *tenderness*
la terraza *terrace*
el terreno *land*
el tiro *gunshot*
de todos modos *in any case, anyway*
la tontería *stupidity, a silly thing*
el toque *touch*
el/la toxicómano/a *drug addict*
el/la transeúnte *passer-by, non-resident*
el trastorno *disorder*
(a) través de *through*
travieso/a *naughty (children)*
el trayecto *journey, route*
la trufa *truffle*

el tubo de escape *exhaust pipe*
tumbarse *to lie down*

U

ubicado/a *located*
el umbral *threshold*

valorar *to value*
los vaqueros *jeans*
la velada *evening*
la velocidad *speed*
venenoso/a *poisonous*
vengativo/a *vengeful*
la venta *sale*
la vergüenza *shame*
verter *to spill, to discharge*
el/la viandante *pedestrian*
el vidrio *glassware*
vinculado/a *linked, associated*
el volante *steering wheel*
volverse loco/a *to go mad*
en voz alta *aloud*

el yacimiento *archaeological site*

A

accelerator *el acelerador*
to accommodate *albergar*
accommodation *el alojamiento*
to achieve *conseguir*
to acquire *adquirir*
to add up *sumar*
admission *el ingreso*
advertisement *el anuncio*
advice *el consejo*
affectionate *afectuoso/a*
afterwards *posteriormente*
air hostess *la azafata*
airtight *hermético/a*
alien *el alienígena*
aloud *en voz alta*
anyway *de todos modos*
apparatus, machine *aparato*
around *alrededor*
as much . . . as . . . *tanto . . . como . . .*
to ask for *solicitar*
assessment *el asesoramiento*
asthma *el asma (f)*
attitude *la actitud*
authority *la autoridad*

B

babysitter *el/la canguro*
baccalaureate *el bachillerato*
balanced *equilibrado/a*
Basque language *el euskera*
bath *la bañera*
to bear *soportar*
beforehand *previamente*
at the beginning *al principio*
behaviour *el comportamiento*
to belong to *pertenecer*
besides *además*
blackberry *la mora*
brake *el freno*
branch *la rama*
brief *breve*
broadcaster *el/la locutor(a)*
broth *el caldo*

C

cabin *la cabaña*
to calm down *calmarse*
capable *capaz*
carpet *la alfombra*
carriage *la carroza*
to carry out *desempeñar, realizar*
case *el estuche*
cast (of a film) *el reparto*
to categorise *encasillar*
central (near the town centre) *céntrico/a*
chain *la cadena*
chemistry *la química*
chin *la barbilla*
to choose *escoger*
chore *la faena*
to classify *encasillar*
cliff *el acantilado*
clue *la clave*
clutch *el embrague*
coal *el carbón*
coastal *costero/a*
to collect *recaudar*
comfort *la comodidad*
to commercialise *comercializarse*
to condemn *condenar*
conference room *la sala de conferencias*
confidence *la confianza*
to confuse *confundir*
to get confused *despistarse*
corridor *el pasillo*
cotton *el algodón*
course (university) *la carrera*
to cross *atravesar*
cruise *el crucero*
current *la corriente*

D

daily *cotidiano/a*
damage *el daño*
to dare *atreverse*
to decompose *degradarse*
to demand *exigir*
depressed *deprimido/a*
to develop *desarrollar*
development *el desarrollo*
to direct *dirigir*
disability *la discapacidad*
disapproved of *mal visto*
discount *el descuento*
disorder *el trastorno*
distant *lejano/a*
drug addict *el/la toxicómano/a*
dust *el polvo*
dustbin *el cubo de basura*

E

e-mail *el correo electrónico*
eccentric *excéntrico/a*
ecologist *el/la ecologista*
effort *el empeño, el esfuerzo*
to enjoy *disfrutar*
entry (to university, hospital) *el ingreso*

equipped *dotado/a, equipado/a*
escalator *la escalera mecánica*
essential *imprescindible*
event *el suceso*
exchange *el intercambio*
exhaust pipe *el tubo de escape*
to exploit *explotar*

F

to fail *fallar*
failure *el fracaso*
fan (football) *el forofo*
farm *la granja*
fat (on food) *la grasa*
fault (mechanical) *la avería*
fed up *harto/a*
ferocity *la fiereza*
figure *la cifra*
food *la alimentación*
foodstuffs *los alimentos*
fool *el/la bobo/a*
to frighten off *ahuyentar*
to frighten oneself *asustarse*
funds *los fondos*

G

garment *la prenda*
to gather up *recoger*
gear *la marcha*
gear stick *la palanca de cambios*
gentleman *el caballero, el señor*
to get dark *anochecer*
to get light *amanecer*
glassware *el vidrio*
to go mad *volverse loco/a*
godfather *el padrino*
to gossip *cotillear*
grant *la beca*

H

hand brake *el freno de mano*
happiness *la felicidad*
hardly *apenas*
to have something to do with *tener que ver*
headphone *el casco*
health farm *la granja de salud*
to help *echar una mano*
to hide *esconder*
hobby *la afición*
to hold *sujetar*
to hope (to do) *pretender*

I

illiteracy *el analfabetismo*
immaturity *la inmadurez*
to immobilise *inmovilizar*
to inaugurate *inaugurar*
incentive *el aliciente*
indicator (car) *el intermitente*
inheritance *la herencia*
to intend *tener la intención de*

J

jealousy *la envidia*
jeans *los vaqueros*
jewel box *el joyero*
to join *ingresar*
journey *el trayecto*

K

to keep *mantener*
kidneys *los riñones*

L

land *el terreno*
lane (on a road or motorway) *el carril*
learning *el aprendizaje*
legend (caption) *la leyenda*
to lend *prestar*
to lie down *tumbarse*
life saving *el socorrismo*
lighting *la luz, el alumbrado*
to line (clothing) *forrar*
lined (clothing) *forrado/a*
lingerie *la lencería*
lively *marchoso/a*
liver *el hígado*
located *situado/a, ubicado/a*
lollipop *el chupa-chups*
luminosity *la luminosidad*
lung *el pulmón*

M

machine *la máquina, el aparato*
to maintain *mantener*
to make an effort *esforzarse*
to make money *sacar(se) dinero*
to manage *conseguir*
manoeuvre *la maniobra*
marital status *el estado civil*
maturity *la madurez*
means *la medida*
means of transport *el medio de transporte*
method *el método*
mind *la mente*
mirror *el espejo*
misfortune *la desgracia*
mood *el genio*
more and more *cada vez más*
mule *la mula*
music tour *la gira musical*

N

naughty (children) *travieso/a*
nevertheless *sin embargo*
notes *los apuntes*
notice (advance warning) *la antelación*, el aviso
nourishment *la alimentación*
nuts *los frutos secos*

O

to oppose *oponerse*
option *la asignatura optativa*
optional *optativo/a*
out loud *en voz alta*
out of order *estropeado/a*
outskirts *las afueras*
outskirts, outlying districts *el extrarradio*
to overtake *adelantar*
overtaking *el adelantamiento*
own (his/her own car) *propio/a (su propio coche)*
owner el/la dueño/a, el/la propietario/a
oyster *la ostra*
ozone layer *la capa de ozono*

P

packaging *el envoltorio*
passer-by *el/la transeúnte*
patience *la paciencia*
patterned (fabric) *estampado/a*
pay (salary) *el sueldo*
peasant el/la campesino/a
pedestrian el/la *viandante*
pet *la mascota*
physical appearance *el aspecto físico*
physics *la física*
picture *el cuadro*
to plan *planificar*
PO box *el apartado de correos*
pocket *el bolsillo*
poisonous *venenoso/a*
pond *el estanque*
portrait *el retrato*
position *el puesto*
position of authority *el puesto de autoridad*
possible *posible, factible*
power station *la central térmica*
the present time *la actualidad*
to press *apretar*
to press (a keyboard key) *pulsar*
press *la prensa*
pulses *las legumbres*
punch *el puñetazo*
purse *el monedero*
to put up with *soportar*

Q

to queue-jump *colarse*

R

ramp *la rampa*
raw *crudo/a*
raw material *la materia prima*
to realise *darse cuenta*
rear-view mirror *el retrovisor*
to reduce *disminuir*
to reject *rechazar*
relaxing *relajante*
to release (film) *estrenar*
to remember *recordar*
to request *solicitar*
to rescue *rescatar*
resource *el recurso*
to respect *respetar*
respectful *respetuoso/a*
to revise *repasar*
right-handed *diestro/a*
to rise *aumentar*
risk *el riesgo*
rocket *el cohete*
roof *el tejado*
route *el trayecto*
rubbish *la basura, los desperdicios*
to run over *atropellar, arrollar*

S

salary *el sueldo*
sale *la venta*
season ticket *el abono*
secretly *a escondidas*
self-esteem *la autoestima*
self-taught *autodidacta*
set (stage set) *el plató*
to set up *instalarse*
shame *la vergüenza*
to share out *repartir*
shirt sleeves *las mangas de camisa*
shock *el susto, el asombro*
shooting (of a film) *el rodaje*
shop window *el escaparate*
sign *el signo*
silk *la seda*
skateboard *el monopatín*
spark *la chispa*
sparkling wine *el cava*
speed *la velocidad*
sportsman/sportswoman *el/la deportista*
spray *el espray*
stage *el escenario*
to stand (put up with) *soportar*
to stand out *destacar*

to start up (car) *arrancar*
starter motor *el motor de arranque*
steering wheel *el volante*
to step *pisar*
stress *el estrés*
study lamp *el flexo*
stupidity *la tontería*
substance *la sustancia*
suburb *el barrio*
sudden *repentino/a*
support *el apoyo*
sweets *los caramelos*
to swing (vary) *oscilar*
to swing (children) *columpiar*
swings (children's) *los columpios*
syllabus *el temario*

T

to take advantage of *aprovechar*
to take refuge *refugiarse*
tamer (lion tamer) *el/la domador(a) (de leones)*
tariff *la tarifa*
tattoo *el tatuaje*
tattooing *el tatuaje*
taxes *los impuestos*
technique *la técnica*
tenderness *la ternura*
terrace *la terraza*
test *la prueba*
threshold *el umbral*
through *a través de*
to throw oneself *lanzarse*
tight (clothes) *ajustado/a*
toilet paper *el papel higiénico*
touch *el toque*
tour *la gira*
training *la formación*
truffle *la trufa*
to try *intentar, procurar*
twin *el/la gemelo/a*
to type *teclear*

U

to underline *subrayar*
unexpected *inesperado/a*
unknown *desconocido/a*
untidy (appearance) *despeinado/a*
untidy (hair) *descuidado/a*

V

vacuum cleaner *la aspiradora*
to value *valorar*
velvet *el terciopelo*
vengeful *vengativo/a*
viewer *el/la televidente*
village *la aldea*

W

to waste *malgastar*
waste *los desperdicios*
wheelchair *la silla de ruedas*
to whip *azotar*
wholefood (bread, cereal, rice) *(pan, cereales, arroz) integral*
windscreen *el parabrisas*
windscreen wiper *el limpiaparabrisas*
work position *el puesto de trabajo*
working *en funcionamiento*
working day *la jornada*
to write *escribir, redactar*
writing paper (sheet of) *el folio*
the wrong way round *al revés*

Verbos irregulares

infinitivo	presente indicativo	presente subjuntivo	pretérito	participio pasado	futuro	imperativo (tú)
andar *to walk*	ando, andas, anda, andamos, andáis, andan	ande, andes, ande andemos, andéis, anden	anduve, anduviste, anduvo, anduvimos, anduvisteis, anduvieron	andado	andaré, etc.	anda
caber *to fit*	quepo, cabes, cabe, cabemos, cabéis, caben	quepa, quepas, quepa, quepamos, quepáis, quepan	cupe, cupiste, cupo, cupimos, cupisteis, cupieron	cabido	cabré, etc.	–
caer *to fall*	caigo, caes, cae, caemos, caéis, caen	caiga, caigas, caiga, caigamos, caigáis, caigan	caí, caíste, cayó, caímos, caísteis, cayeron	caído	caeré, etc.	–
dar *to give*	doy, das, da, damos, dais, dan	dé, des, dé, demos, deis, den	di, diste, dio, dimos, disteis, dieron	dado	daré, etc.	da
decir *to say*	digo, dices, dice, decimos, decís, dicen	diga, digas, diga, digamos, digáis, digan	dije, dijiste, dijo, dijimos, dijisteis dijeron	dicho	diré, etc.	di
estar *to be*	estoy, estás, está, estamos, estáis, están	esté, estés, esté, estemos, estéis, estén	estuve, estuviste, estuvo, estuvimos, estuvisteis, estuvieron	estado	estaré, etc.	está
haber *to have (aux.)*	he, has, ha, hemos, habéis han	haya, hayas, haya, hayamos, hayáis, hayan	hube, hubiste, hubo, hubimos, hubisteis, hubieron	habido	habré, etc.	–
hacer *to do, make*	hago, haces, hace, hacemos, hacéis, hacen	haga, hagas, haga, hagamos, hagáis, hagan	hice, hiciste, hizo, hicimos, hicisteis, hicieron	hecho	haré, etc.	haz
ir *to go*	voy, vas, va, vamos, vais, van	vaya, vayas, vaya, vayamos, vayáis vayan	fui, fuiste, fue, fuimos, fuisteis, fueron	ido	iré, etc.	ve
oír *to hear*	oigo, oyes, oye, oímos, oís, oyen	oiga, oigas, oiga, oigamos, oigáis, oigan	oí, oíste, oyó, oímos, oísteis, oyeron	oído	oiré, etc.	oye
poder *to be able to*	puedo, puedes, puede, podemos, podéis, pueden	pueda, puedas, pueda, podamos, podáis, puedan	pude, pudiste, pudo, pudimos, pudisteis, pudieron	podido	podré, etc.	–

Verbos irregulares

poner *to put*	pongo, pones, pone, ponemos, ponéis, ponen	ponga, pongas, ponga, pongamos, pongáis, pongan	puse, pusiste, puso, pusimos, pusisteis, pusieron	puesto	pondré, etc.	pon
querer *to love, wish, want*	quiero, quieres, quiere, queremos, queréis, quieren	quiera, quieras, quiera, queramos, queráis, quieran	quise, quisiste, quiso, quisimos, quisisteis, quisieron	querido	querré, etc.	quiere
reír *to laugh*	río, ríes, ríe, reímos, reís, ríen	ría, rías, ría, riamos, riáis, rían	reí, reíste, rió, reímos, reísteis, rieron	reído	reiré, etc.	ríe
saber *to know*	sé, sabes, sabe, sabemos, sabéis, saben	sepa, sepas, sepa, sepamos, sepáis, sepan	supe, supiste, supo, supimos, supisteis, supieron	sabido	sabré, etc.	sabe
salir *to leave, go out*	salgo, sales, sale, salimos, salís, salen	salga, salgas, salga, salgamos, salgáis, salgan	salí, saliste, salió, salimos, salisteis, salieron	salido	saldré, etc.	sal
ser *to be*	soy, eres, es, somos, sois, son	sea, seas, sea, seamos, seáis, sean	fui, fuiste, fue, fuimos, fuisteis, fueron	sido	seré, etc.	sé
tener *to have*	tengo, tienes, tiene, tenemos, tenéis, tienen	tenga, tengas, tenga, tengamos, tengáis, tengan	tuve, tuviste, tuvo, tuvimos, tuvisteis, tuvieron	tenido	tendré, etc.	ten
traer *to bring*	traigo, traes, trae, traemos, traéis, traen	traiga, traigas, traiga, traigamos, traigáis, traigan	traje, trajiste, trajo, trajimos, trajisteis, trajeron	traído	traeré, etc.	trae
valer *to be worth*	valgo, vales, vale, valemos, valéis, valen	valga, valgas, valga, valgamos, valgáis, valgan	valí, valiste, valió, valimos, valisteis, valieron	valido	valdré, etc.	vale
venir *to come*	vengo, vienes, viene, venimos, venís, vienen	venga, vengas, venga, vengamos, vengáis, vengan	vine, viniste, vino, vinimos, vinisteis, vinieron	venido	vendré, etc.	ven
ver *to see*	veo, ves, ve, vemos, veis, ven	vea, veas, vea, veamos, veáis, vean	vi, viste, vio, vimos, visteis, vieron	visto	veré, etc.	ve

Unidad A

Información personal

Trabajo los fines de semana.
Me gustan las personas sinceras y simpáticas.
Me encanta bailar en la discoteca.
La asignatura que más me gusta es el español.

Estudiar idiomas

Empecé a estudiar español hace tres/cuatro años.
Me gusta mucho el español porque es un idioma muy útil.
Es una lengua muy interesante.
Un idioma es útil para viajar/para trabajar.
Quiero conocer otros países/otras culturas.
Tengo clase de español tres días a la semana.
La clase dura tres cuartos de hora/cincuenta minutos.
Hago los deberes de español . . .
. . . dos veces/tres tardes a la semana/los fines de semana.
Me gusta mucho . . .
. . . estudiar la gramática/el vocabulario.
. . . escuchar y cantar las canciones.
No practico fuera del instituto porque no conozco a nadie español o hispanoamericano.
Busco las palabras difíciles.
Aprendo las palabras de memoria.
En mi país se hablan dos/tres lenguas.

Unidad B

Actividades diarias

(No) ayudo en casa.
Comparto las tareas de la casa con mis padres y mis hermanos.
Me levanto muy pronto.
Preparo el desayuno.
Friego los platos.
Pongo/Quito la mesa.
Paso la aspiradora.
Me acuesto muy tarde.
Por las noches cuido niños.
Los sábados trabajo en una peluquería/un supermercado.
Los domingos descanso.

Trabajo de 'au pair'

Me gustaría ir al extranjero para practicar el español.
No me gustaría trabajar como 'au pair' . . .
. . . porque no me gusta limpiar.
. . . porque hay que trabajar mucho.
Me encantaría trabajar como 'au pair' . . .
. . . para practicar mi español.
. . . porque quiero conocer otras costumbres.

La vida antes

Antes iba al colegio/jugaba con mis amigos.
Vivía en un piso/en una casa.
Yo opino que antes la vida era más interesante.

Unidad C

Alquiler de apartamentos

¿Qué tipos de apartamento tienen?
¿El apartamento es amueblado?
Queremos un apartamento con dos dormitorios y salón.
Para el quince de julio.

Descripción de casas, pisos y barrios

Mi piso era muy pequeño/grande.
Tenía cuatro dormitorios, cocina, salón y dos baños.
El barrio era muy bonito/feo.
Había mucho tráfico.
Había un parque grande.
También había muchas tiendas.
La casa estaba . . .
. . . en las afueras.
. . . cerca/lejos del centro.

Unidad D

Hotel

Quiero/Queremos una habitación doble y una individual.
¿Está incluido el desayuno?
Queremos . . .
. . . desayuno.
. . . media pensión.
. . . pensión completa.
La quiero para el cinco de mayo.
Para tres noches/dos semanas.
¿Cuánto cuesta la habitación?
¿Puede darme/darnos la cuenta?
La ducha está rota, ¿puede arreglarla?
No hay papel higiénico, ¿puede traerlo?

Viaje de estudios/intercambio

Fui de viaje de estudios a . . .
Hice/Hicimos un intercambio con un instituto de Barcelona.
Lo pasé/pasamos muy bien.
Hicimos muchas cosas.
Visitamos la ciudad.
Comimos en un restaurante típico.
Fuimos de excursión.

Ecología y medio ambiente

Antes mi ciudad era más tranquila.
Había menos contaminación y menos tráfico.
Construyeron una fábrica.
Creo que el turismo es bueno para la economía.
El turismo puede destruir el medio ambiente.

Unidad E

Objetos perdidos y robos

Ayer vi un robo.
Dos hombres le quitaron el bolso a una mujer.
Sacaba dinero del cajero automático.

Eran las doce y media más o menos.
Yo estaba sentado/en la calle/cerca del banco.
Tomaba/Estaba tomando un café.
He perdido mi mochila.
Llevaba una cartera con dinero y el pasaporte.
Tenía una agenda de piel.
Me han robado la maleta.
Era grande, de color negro, de piel.
Estaba en el suelo, a mi lado.
Había ropa, joyas, una cámara.

Correos
Quiero un sello para Inglaterra.
¿Cuánto vale un sello para Irlanda?
¿Puedo mandar esta carta certificada?
¿Cuánto tardará en llegar la carta?

Medios de comunicación
Me encanta esta película.
El argumento es excelente.
Los actores son buenísimos.
Lo que más me gusta es el protagonista.
A mí me pareció muy aburrida.
No me gustó el argumento porque es muy triste.
Me encantan los libros de terror.
Veo la televisión muy a menudo/tres o cuatro horas a la semana.

Unidad F

Viajar por la ciudad
Un billete para . . .
¿Qué línea/autobús tengo que tomar para ir a . . . ?
¿Tengo que cambiar?
¿Dónde está la parada de autobús?
¿Cuánto vale el bonobús?
¿Puede llevarme a la calle . . . ?
Es el número . . . al final de la calle.

Tren
¿Cuándo/A qué hora . . .
. . . hay trenes para Barcelona?
. . . sale el tren a . . . ?
. . . llega?
Deme un billete de ida y vuelta.
De ida solamente.
De primera/segunda clase.
¿Puedo reservar un asiento?
¿Puedo sacar el billete ahora?
¿De qué andén/vía sale?

Coche
¿Dónde está la gasolina sin plomo?
Queremos alquilar un coche pequeño.
Hemos tenido una avería/un accidente.
El motor no funciona.
No tengo carnet de conducir.
Estoy aprendiendo a conducir.

Direcciones
Siga todo recto.
A la derecha/A la izquierda.
Tome la primera calle a mano derecha.
Tuerza en la esquina.
Continúe hasta el semáforo.
Suba por esta calle hasta el final.

Medios de transporte y medio ambiente
Me gusta viajar en tren porque es muy seguro.
Prefiero viajar en avión porque es muy rápido.
Viajar en bicicleta/moto es peligroso.
Creo que hay demasiada contaminación.
Hay muchos coches y tráfico.
La lluvia ácida es muy peligrosa para los bosques.
Las fábricas producen muchos gases.

Unidad G

De tiendas
Quiero estos pantalones.
¿De qué talla es/son?
Uso la talla . . .
¿Dónde está el probador?
Me quedan muy bien/mal.
Me están pequeños.
Quiero cortarme el pelo/las puntas/el flequillo.
Quiero cambiar dinero/cheques de viaje.

Quejas
Este jersey tiene un agujero.
Los pantalones se han encogido.
La radio no funciona.
¿Puede cambiarlo?
¿Puede darme otra?

Consejos
Quiero comprar un regalo para mi hermano.
¿Qué me recomiendas?
Es mejor que le compres una camiseta.
Te aconsejo que le compres el pañuelo azul.
Te recomiendo este disco compacto, es muy bueno.

Moda
Me gusta seguir la moda, pero no siempre.
Me encanta la ropa cómoda para todos los días.
Prefiero llevar pantalones y camisetas.
Cuando salgo me arreglo más.
Ahora se llevan los pantalones y las camisetas muy grandes.
(No) me maquillo.

Publicidad
Creo que hay demasiada publicidad . . .
. . . sobre todo en televisión.
No me gusta tanta publicidad.
Hay muchos anuncios de coches y de bancos.
Lo más importante de un anuncio es . . .

Unidad H

Estudios

Estoy estudiando . . .
. . . el bachillerato/la enseñanza secundaria/ cuarto/quinto curso.
Sé la gramática, pero no sé hablar muy bien.
No sé escribir muy bien.
Hago muchas faltas.
Tengo/Saco mejores notas en español.
Prefiero estudiar solo/a . . .
. . . porque me concentro mejor.
Me gusta estudiar con mis amigos . . .
. . . porque podemos intercambiar ideas/nos ayudamos unos a otros.

Carrera y futuro

Me gustaría seguir estudiando Derecho/Medicina/ Idiomas.
Quiero seguir/continuar estudiando en la universidad.
Prefiero empezar a trabajar pronto.
Cuando termine el instituto iré a la universidad.
Cuando acabe los estudios buscaré trabajo/tendré mi propio negocio/haré una carrera.
Mi madre quiere que estudie periodismo.
No quiero ser abogada, prefiero ser profesora.
Es mejor que estudiemos idiomas.

Trabajo

No he trabajado nunca.
Sólo trabajo los sábados y en las vacaciones.
Hace dos años que trabajo en . . .
Me pagan/pagaban poco.
Quiero tener mi propio dinero.
Prefiero comprarme yo mis cosas.
Me gustaría ganar mucho dinero.

Unidad I

Temas de actualidad: expresar opinión

En mi país (no) es muy difícil encontrar trabajo.
No hay mucho paro/desempleo.
Los jóvenes no encuentran trabajo fácilmente . . .
. . . porque no tienen experiencia.
En mi país no se puede tomar alcohol hasta los dieciocho años.
Yo creo que no se debe dejar tomar alcohol antes de los dieciocho años.
Opino que los jóvenes fuman más ahora que antes.
Opino que fumar es muy malo para la salud porque . .
. . . molesta a los demás.
. . . si fumas puedes tener muchas enfermedades.
En mi opinión las drogas son muy peligrosas porque . . .
. . . causan muchos problemas.
. . . destruyen la vida/la familia.
Si fuera primer(a) ministro/a . . .
. . . daría más dinero para la educación.
. . . prohibiría el tráfico en el centro de la ciudad.
. . . construiría más hospitales.
La violencia es terrible y aumenta cada vez más.
Hay mucha violencia en las películas, en la televisión.
La violencia en los medios de comunicación afecta a los jóvenes.

Consejos para dejar de fumar

No debes ir a lugares donde hay mucho humo.
Es mejor que salgas con amigos que no fuman.
Debes hacer ejercicio físico por la mañana.
Tienes que hacer muchas actividades durante todo el día.
Hay que beber mucho zumo y agua.
Es necesario comer muchas frutas y verduras.
Haz ejercicios de relajación si tienes ganas de fumar.

Unidad J

Vacaciones

En las vacaciones iré a España.
Iré a la costa/la playa/la montaña.
Me alojaré en un apartamento.
Visitaré la ciudad/los monumentos.
Me divertiré mucho con mis amigos.
En mis vacaciones ideales iría a . . .
. . . un país donde hace calor.
. . . unas playas del Caribe.
Daría la vuelta al mundo.
A una isla desierta (me) llevaría . . .

Personalidad

Me gustaría ser más abierto/a.
No tengo ninguna manía.
Me muerdo las uñas.
En un chico me molesta/me gusta que sea . . .
Me divierte salir con mis amigos/as.
(Si no fuera yo) me gustaría ser . . .
Tengo miedo a/de la oscuridad/las películas de terror.
(Si tuviera mucho dinero) compraría un coche.
Me encantaría tener/recibir muchos regalos.

Futuro (deseos)

Deseo que mi familia sea feliz.
Quiero que mis amigos tengan buenas notas en los exámenes.
Me gustaría aprobar todas las asignaturas.
Me encantaría sacar una buena nota en español.

Pasado

Antes era más tímido/a.
He cambiado poco/mucho.
Ahora soy muy diferente.
Lo más importante que me ha pasado en los últimos años es . . .
. . . tener un hermano.
. . . cambiarme de casa.
. . . empezar a estudiar en el instituto.